CHRONOS

Seyed Mohammad Hosseini

Más allá de una cosmología
Irán, crisol de civilizaciones

europa
ediciones

© 2025 **Europa Ediciones** | Madrid

www.grupoeditorialeuropa.es

Curador: Patricia Mabel Saconi

ISBN 9791256961214

I edición: septiembre del 2025

Distribuidor para las librerías: CAL Málaga S.L.

Impreso para Italia por *Rotomail Italia S.p.A. - Vignate (MI)*

Stampato in Italia presso *Rotomail Italia S.p.A. - Vignate (MI)*

**Más allá de una cosmología
Irán, crisol de civilizaciones**

Mi pleno agradecimiento al Doctor August Monzón i Arazo, quien con sus comentarios y preciosas enseñanzas me guío en la expresión de mis convicciones intelectuales y mis intuiciones en el plano filosófico.

Mi sincero reconocimiento a la catedrática Amparo Martínez Sánchez, experta en educación y directora de numerosas tesis doctorales, quien me alentó vivamente en el desarrollo de mis investigaciones. Gracias a su apoyo, esta obra es hoy una realidad concreta.

Prólogo

Transitamos hoy un período complejo, no cabe duda. Los medios de información nos inundan de noticias; recibimos una, otra y otra en una sucesión infinita, sin casi disponer del tiempo necesario para metabolizar las anteriores. Los nacidos en la segunda mitad del siglo XX ¿no habíamos crecido con la idea de que una convivencia sociopolítica serena era posible? ¿Qué elemento ha resquebrajado esa aspiración, amenazando la aceptación de las diferencias constructivas, de los positivos intercambios que complementan y enriquecen a quienes viven en diversas latitudes y a las dispares culturas de una misma zona? Si deseamos responder a estas preguntas, debemos ahondar en nociones sobre las que se habla mucho y se reflexiona poco. Para alcanzar respuestas serias, no conviene que naveguemos en las generalidades; debemos focalizarnos en alguna realidad concreta, en una comunidad, en un sistema de pensamiento.

En nuestro mundo globalizado, donde el diálogo intercultural es crucial e imprescindible, el autor ha elegido interrogarse sobre cómo se entrelazan la espiritualidad, la filosofía y el arte en la rica tradición islámica de Irán. Ha reflexionado sobre cómo podemos comprender la rica y compleja interacción entre culturas y civilizaciones desde la perspectiva islámica en la tradición iraní. Este libro contiene la invitación para realizar un viaje fascinante a través de siglos de pensamiento y creación, explorando en particular la concepción iraní de cultura y civilización.

Tomando como punto de partida el material de una investigación doctoral, las páginas de la obra que estamos por disfrutar, escritas con la claridad y pasión de la divulgación, buscan abrir una ventana hacia un universo de belleza y sabiduría, donde la tradición islámica se encuentra con la profundidad de la cultura persa. De la mano del autor, emprenderemos esta exploración y descubriremos cómo la tradición iraní ilumina el diálogo entre culturas y civilizaciones en nuestra realidad contemporánea.

El tema es hoy más importante que nunca. Para iluminar los acontecimientos que nos atañen a curiosos, a intelectuales y científicos o, simplemente, a las personas que desean formarse una opinión bien fundamentada, es relevante explorar esta perspectiva, señalando las contribuciones únicas de la tradición iraní al pensamiento islámico. Este ejercicio, sin duda, arrojará luz sobre debates actuales acerca de identidad, pluralismo y diálogo interreligioso.

Como ya fue anticipado, esta obra se basa en una investigación doctoral. Sin embargo, el material tratado ha sido adaptado para un público mucho más amplio, evitando la jerga académica y enfocándose en la claridad y la accesibilidad.

¿Quién no quedó fascinado por los intrincados diseños y los simbolismos que nos deleitan desde aquella alfombra persa, en nuestra casa o en casa de amigos, auténtica representación del arte y la cultura de Irán? ¿Qué médico, químico o biólogo no admira a Avicena, quien sentó las bases del método científico y nos legó estudios de óptica y astronomía resultantes de observaciones y registros rigurosos que están a la base de trabajos modernos; qué filósofo no le agradece que haya mantenido vivo el espíritu helénico libre durante el medioevo? ¿Quién no ha viajado con la fantasía al son de las emotivas, melancólicas cadencias interpretadas con el santur y el tar? ¿Quién no leyó en algún momento de su adolescencia un poema de Omar Kahyyam?

La tradición iraní –con su rica historia de interacción con otras culturas de la zona mesopotámicas en el pasado remoto, con las del Mediterráneo luego y, en fin, con las de habitantes de todos los continentes después– sigue viva y vigente, ofreciendo un modelo de pluralismo y tolerancia.

Introducción

Para comenzar con el análisis de palabras a las que se recurre demasiado y que se conocen poco, conviene recordar que el lenguaje se va conformando a partir de lo tangible, de lo que se les ofrece a los sentidos de modo evidente. Nuestro cerebro animal recibe la conexión más básica entre sonido y significado, la aprueba, la usa en el sentido original directo. Luego, a medida que la mente reflexiona y "descubre" una nueva noción, la nombra echando mano al léxico conocido y la denomina mediante la extrapolación de los atributos primarios sobre los que existe un consenso. Esto se llama –como ya muchos han adivinado– "abstracción". Es curioso que a lo largo de la evolución del lenguaje, el significado de miles de palabras se haya retirado tanto del lejano punto de partida concreto y tangible hasta el punto de que, sólo los expertos en etimología son capaces de reconocer a primera vista el hilo conductor.

Uno de los mejores ejemplos que ilustran este proceso es la formación y evolución de "cultura". La raíz indoeuropea *kwel, que nace como "girar/dar vueltas". Un primerísimo desplazamiento nos conduce a "habitar" ya que moverse dando vueltas en una zona podría llevarnos a habitarla. Para encontrarnos con la bisabuela de "cultura" tenemos que viajar hasta la antigua Roma: "colere" –palabra paroxítona o grave si se desea pronunciarla–, que significa "cultivar la tierra". En el Renacimiento, pensadores como Masilio Ficino y el mismo Petrarca propusieron el "cultivo del espíritu" con los instrumentos de las letras y las artes. Más adelante, la Ilustración del siglo XVIII se refirió a "cultura" como el conjunto de conocimientos y costumbres sociales. Tuvimos que llegar al siglo XIX para considerar desde un enfoque antropológico la cultura como **el conjunto de todas las manifestaciones de cada una de las dimensiones de la vida humana**.

Ahora sí estamos en condiciones de aplicar el término "cultura" para analizar las diversas corrientes de valores y matices cultivados en los períodos anteriores al Islam los cuales, fluyendo desde sus vertientes, se fusionaron y conformaron lo que se denomina civilización islámica y, asimismo, determinar cuál fue el factor que les dio la cohesión indispensable para la constitución de una única civilización universal. El material de análisis es vasto. En esta obra nos detendremos en el que nos ofrece la civilización persa.

La cultura persa –concretamente sus concepciones y valores– fue un factor determinante e indispensable en el crisol de culturas de al-Ándalus donde, durante siglos (711-1492), cohabitaron musulmanes, cristianos y judíos. La convivencia de estos grupos humanos en la península ibérica dio lugar a un período de gran esplendor debido al riquísimo intercambio, que se tradujo en manifestaciones que seguimos admirando en el arte, la arquitectura, la literatura, la tecnología y la ciencia. Es importante recordar que tras la caída de Granada, una parte significativa de la población musulmana permaneció en la península Ibérica. Este grupo, llamado mudéjar y posteriormente morisco, mantuvo vivas las tradiciones y costumbres de al-Ándalus, hasta que los expulsaron en el siglo XVII.

A la luz de esta realidad concreta, se comprueba que el dialogo interreligioso es posible. El estudio comparativo tanto como el de los puntos comunes y de intersección entre religiones monoteístas –creencia en un dios único–, no monoteístas –politeístas, panteístas y animistas– y cósmicas –la contemplación del cosmos y la naturaleza confieren el poder y la sabiduría–, pueden generar consenso respecto al diálogo interreligioso. Los resultados establecen bases y aspectos comunes entre diferentes religiones y ponen de relieve valores superiores que posibilitan el entendimiento recíproco para construir la paz duradera en el mundo. Sepa el lector escéptico que en la actualidad existe un interesante e importante movimiento ecuménico en el ámbito intelectual y espiritual, que está trabajando en ello.

Más adelante, presentaremos los puntos de vista de diferentes intelectuales y pensadores que promueven el diálogo entre culturas y civilizaciones. La situación actual del mundo es muy delicada. El escenario en que nos toca vivir hoy se fue gestando a partir de la hegemonía militar, ideológico económica y política de los Estados Unidos de América en creciente aumento desde la finalización de la Segunda Guerra Mundial. Igualmente relevante es el protagonismo de los movimientos terroristas de matriz islamista, quienes consideran inevitable el choque entre la civilización occidental y la civilización islámica. Por lo tanto, si se desea formarse una opinión fundamentada de lo que hay detrás de las noticias superficialmente presentadas, es indispensable conocer de la mano de un experto la existencia de los movimientos y los pensadores reformistas del mundo islámico, especialmente aquellos cuya finalidad está basada en el consenso y actúan sin responder a intereses sectarios.

Cabe señalar que el marco geo histórico trazado da cohesión a las líneas generales de los cinco mil años en que se gestaron y desarrollaron las grandes religiones en el Próximo Oriente –tanto en la meseta irania como en la zona de la Mesopotamia– dando sentido al modelo de convivencia y tolerancia que representa el Islam para con las minorías religiosas en esta zona, cuna de algunas de las principales civilizaciones antiguas.

Capítulo I. DE CULTURA Y CIVILIZACIONES

1. El A B C de la interacción entre grupos humanos

Podemos visualizar el término "cultura" como si se tratara de una orquesta en que cada integrante aporta sus rasgos distintivos –ya sea espirituales, materiales, intelectuales y/o afectivos– para conformar un resultado: el carácter de una particular sociedad o grupo social. En esta orquesta participan las artes, las letras, los modos de vida, el derecho y las instituciones, los sistemas de valores, las tradiciones y las costumbres. La cultura confiere una impronta determinante al grupo social en que se materializa. Por eso es imposible separar el concepto de cultura del de "civilización", otra palabra acuñada por unos especialistas en propagar lo suyo, como han sido, los romanos.

Del mismo modo que el término "cultura", también "civilización" hunde sus raíces en los albores del estadio del sedentarismo indoeuropeo: *kei-[1] es el "lugar de descanso", "el asentamiento", "el hogar". Evoluciona hasta el latín clásico en que nos encontramos a *civitas*, "ciudad" –no, en cuanto al aspecto material arquitectónico, la *urbs*– que se refiere al espacio que comparten los "ciudadanos", el conjunto de personas con derechos y deberes. Así, son evidentes las connotaciones sociales y políticas de *civitas* y sus múltiples derivados.

---

[1] Las raíces indoeuropeas no son palabras que puedan leerse en documentos antiguos. Cada raíz indoeuropea, con la propia carga semántica, es el resultado de un proceso de reconstrucción lingüística realizada por los especialistas en lenguas indoeuropeas comparadas. El asterisco que se antepone a dicha raíz sirve para indicar que se trata de una forma hipotética existente en la protolengua indoeuropea.

Curiosamente (o no tanto), el término comenzó a utilizarse durante la Ilustración, en el siglo XVIII, especialmente en Francia, para superponer "civilización" a la idea de progreso y evolución de la humanidad en ámbito artístico, tecnológico, legislativo y de organización moral y socio política. Y este es el significado con el que lo utilizamos actualmente. Todo lleva a pensar que cuanto más civilizado es un grupo, más adelantado es culturalmente y mayor es su progreso intelectual.

Aquí nos adentramos en un terreno delicado. Si ponemos en una balanza la palabra "civilización", probablemente surja de modo espontáneo colocar en el otro platillo términos como "incultura", "barbarie" y peor aun, "salvajismo", todas cargadas de connotaciones negativas. Pero acabamos de decir que, prescindiendo del juicio de valor que cada época haga de las manifestaciones de los diversos grupos, la cultura y el desarrollo humano tuvieron y tienen una correlación inseparable. En otras palabras, la cultura es el hijo precoz de la civilización. Todos pertenecemos a una u otra cultura, pero –dependiendo de los parámetros manejados– no todos los seres llegamos a ser "civilizados" y no todas las culturas se convierten en civilizaciones. La cultura celta, por ejemplo, con sus tradiciones, creencias, música, lenguaje, no llegó a adquirir el *status* de "civilización" como sí la de los incas con su compleja organización socio política, la magnitud de sus conocimientos matemáticos, astronómicos, su despliegue vial y su sistema financiero. A la luz de estas características, "cultura" tiene una connotación que apunta a lo "espiritual", mientras que "civilización", a lo "material"[2].

---

[2] A este respecto, Thomas Mann (1875-1955), en *Las confesiones de un apolítico*, 1922, contraponía la "cultura" germánica a la "civilización" francesa e inglesa, que consideraba espiritualmente

Estamos todos de acuerdo en que hay culturas diferentes –por lo menos en cuanto a lo que se refiere a la cultura espiritual, calificada por Marx dentro del sistema de su concepción materialista como "producción espiritual"–. Si concebimos la cultura como la totalidad de los esfuerzos, de las actividades, de los intentos realizados en los campos del pensamiento, la imaginación y la intuición, mediante los cuales un pueblo o un grupo social, aprehende, evalúa y justifica su propia existencia y su progreso, resulta perfectamente comprensible y, desde ya positivo, que existan culturas diferentes.

La "identidad cultural" tiene un contenido más amplio; puede incluso coincidir con la "identidad nacional". Asimismo se puede hablar de culturas específicas –nacionales– y de subculturas de clase (en el sentido de las clases sociales). Desde esta óptica, a una entidad cultural, a una cultura entendida en sentido espiritual, pueden corresponderle varias entidades nacionales o varias nacionalidades. El mejor ejemplo es que hoy, nacionalidades diferentes como las iraníes, egipcias, pakistaníes, malayas entre otras, reconocen su identidad cultural en la cultura islámica.

Los análisis de la historia y sus conclusiones llevados a cabo por Jacob Christopher Burckhardt (Basilea, Suiza, 1818-1897), en especial, a partir de la historia del arte (un campo de estudio novedoso en su época) contienen puntos de vista que se revelan hasta hoy de suma importancia para la investigación histórica. En 1839 se traslada a la Universidad de Berlín donde asiste a las conferencias de

---

inferior. Cf Casanovas, Pompeu, *Gènesi del pensament jurídic contemporani*, Proa, Barcelona, 1996, p. 257.

Leopold von Ranke (1795-1886), el fundador de la historia como disciplina académica respetable que debe poner su énfasis en las fuentes y documentos y no en las opiniones e interpretaciones.

Las investigaciones de Burckhardt y su método objetivo fueron determinantes para que la historia del arte alcanzara el estatus de disciplina académica. Sus análisis de los acontecimientos subyacentes a las tendencias sociales y políticas constituyeron una gran innovación en el método de la investigación histórica, acentuando el valor de la cultura y del arte. Consideraba que el estudio de la historia antigua era nada menos que una necesidad intelectual. Estaba enterado ampliamente de los rápidos cambios políticos y económicos que se sucedían en la Europa del siglo XIX y, como Spengler, era permeable al nacionalismo alemán y su ostentación de superioridad cultural e intelectual.

Consideraba –igual que Hegel (1770-1831)– que la progresión del espíritu era un proceso necesario en la historia, que la evolución se manifestaba en su tiempo por medio de los espíritus nacionales. Sostenía así la idea de que el Renacimiento había sido únicamente un retorno a la vida de la antigüedad. Suponiendo la unidad de todas las manifestaciones de una cultura, podemos ejemplificar el caso de la arquitectura y la filosofía griega y demostrar que estas y aquellas son expresiones del mismo espíritu. En su libro *Del paganismo al cristianismo. La época de Constantino el Grande*, Burckhardt analiza esa época de transición tan decisiva en la historia del Occidente. Allí hace un estudio detallado de las religiones paganas anteriores a la aparición del cristianismo, la influencia de las diosas en las culturas del Oriente Próximo y Asia Menor y la posterior influencia en la civilización romana.

Burckhardt analiza los diversos matices que fue adquiriendo en las sucesivas etapas el culto de Mitra, uno de los dioses más antiguos en la cultura indoirania, la divinidad solar persa. Su culto se propaga en Occidente asociado a prácticas mistéricas gracias a la difusión realizada por la antigua Roma. Citando al mismo Burckhardt: "Unos cien relieves e inscripciones demuestran la extensión de este culto por todo el Impero; acaso haya miles todavía escondidos bajo tierra y sólo es de desear que las excavaciones se lleven a cabo por manos tan expertos como las de Heddernheim, Neunheim y Osterburken"[3].

El culto de Mitra llegó a Roma mediante un partido herético persa, enemigo de los sacerdotes de Zoroastro, y con los piratas procedentes de Cilicia. Sin embargo, nos equivocaríamos si pretendiéramos encontrar rasgos incambiables entre el Mitra de los persas ortodoxos y el Mitra del Imperio romano decadente[4]. En otro capítulo, Burckhardt analiza las religiones antiguas que surgieron en Persia. Con la llegada al poder, los Sasánidas restauraron no sólo el Estado de los espléndidos Aqueménidas y todas sus instituciones, sino también sus doctrinas religiosas. "(…) la vieja doctrina de Zoroastro tenía que vencer la idolatría y el culto de los astros de los partos"[5].

---

[3] Burckhardt, Jacob, "La inmortalidad y sus misterios. Los demonios invaden el paganismo, sección sexta de *Del paganismo al cristianismo. La época de Constantino el Grande*, Fondo de Cultura Económica, Madrid, 1982. p. 199.

[4] Ibidem, p.193.

[5] "Algunas provincias y países vecinos. El Occidente", sección tercera de *Del paganismo al cristianismo*, op. cit., p. 97.

Burckhardt se detiene también en la figura de Mani, el líder religioso persa, fundador del maniqueísmo. En su doctrina religiosa reformista se mezclaban elementos del cristianismo, el parsismo y el budismo. No faltaban incluso puntos de contacto con la herejía del mazdeísmo, que predicaba la comunidad de mujeres y el comunismo. Mani se consideraba a sí mismo un profeta sucesor de Buda, Zoroastro y Jesucristo. Los Sasánidas fueron intolerantes con doctrinas religiosas semejantes, sin embargo el maniqueísmo se conservó a pesar de que Mani murió en la cárcel de muerte martirial y se infiltró muy pronto en el Imperio romano gracias a los apóstoles enviados a Occidente por Mani. Dice Burckhardt que "apenas diez o veinte años después de su martirio (272-275), su doctrina se hallaba muy extendida por todo el Imperio"[6].

Otro autor que también se dedicó al estudio de la historia del arte fue el intelectual y pensador austríaco de origen judío, Ernst Hans Joseph Gombrich (Viena, 1909 - Londres, 2001). Siguiendo la concepción hegeliana de *Zeitgeist* y *Volkgeist*[7] considera que todas las manifestaciones de una época –filosofía, arte, estructuras sociales, etc.,– son las diversas expresiones de una misma esencia o espíritu. Hegel se inspira a su vez en las ideas del abate, teólogo y filósofo calabrés medieval, Gioachino da Fiore (1131-1202) que, en una novedosa división trinitaria de la historia, asimila la Edad del Padre a la del Antiguo Testamento, La Edad del Hijo a la del Nuevo Testamento y la Edad del Santo Espíritu a la época de la libertad, la paz y la contemplación, por él fijada alrededor del 1260.

---

[6] Op. cit., p.202.
[7] Espíritu del tiempo y espíritu de un pueblo.

Para Hegel los persas se refieren a la representación del Padre, los griegos a la del Hijo y los romanos a la del Espíritu. Si bien un poco forzado –puesto que el dogma cristiano indica que Dios es uno y trino, es decir simultáneo en cuanto a sus tres manifestaciones– las divisiones tripartitas de la tradición judeocristiana[8], en la cual se inscriben los filósofos mencionados, hacen una jerarquización implícita, ubicando en el nivel superior de la clasificación de la evolución, el espíritu de Persia. De Persia evoluciona el espíritu griego y del griego, el romano.

Un lector del siglo XIX, al leer "espíritu persa/griego/romano", no puede evitar la correspondencia mental casi automática con "civilización persa/griega/romana". Lo de "espíritu" hoy conlleva ecos románticos ya superados. Por eso, debemos poner una vez más la definición de "civilización" bajo el microscopio.

Si la civilización es el grado de maduración cultural efectiva que tiene una determinada sociedad, puede afirmarse que aquella que tiene un escaso grado de maduración cultural es una "sociedad primitiva" y que, aunque haya pasado al estadio sedentario, no ha llegado a conformar la "ciudad", cuya etimología acabamos de explicar. A este punto surgen las preguntas de cuándo y cómo se produce el salto cualitativo, cuándo es lícito calificar de "civilización" a ese grupo social y cuál es, en consecuencia, la conducta que le conviene seguir para afirmarla. Los antropólogos explican que se trata de un proceso lento, gradual, el del paso, digamos, del "estado

---

[8] Vidal Gil, Ernesto J., "Lacroix en 'Esprit'", cap. II de *Filosofía, Derecho y Política en Jean Lacroix*, Dykinson, Madrid, 1998, p. 39.

salvaje" a la "barbarie" y de esta, a la civilización, aspecto y demostración externa de la cultura.

La de civilización es una noción muy compleja. Su significado no es unívoco y del mismo modo que a un objeto multifacético, la podemos explicar y describir desde diferentes perspectivas. Podemos decir que la civilización es el desarrollo de todos los aspectos que alcanza la humanidad en su continua evolución hacia el progreso. Podemos también decir que es el estado de la humanidad en cuanto a su desarrollo en cierto lugar o en cierto momento. Jean Lacroix (1900-1986), partiendo de una concepción abierta de la civilización, subraya su carácter humanista y universal que se traduce en la superación del Estado nacional burgués y cerrado. Postula la idea de civilización como encarnación del hombre en la historia que, como sabemos no está limitada en el tiempo, sino que permanece abierta a lo eterno y trascendente[9]. Entonces, la civilización es, por un lado, un hecho y una realidad histórica y, por otro, el conjunto cultural más abarcador, más alto y global de la identidad de un pueblo.

La civilización no está plenamente realizada, falta mucho camino por recorrer hacia consumación universal. No ha llegado a todos los ángulos de la Tierra, hay pueblos que la desconocen, mientras que en los pueblos que disfrutan de los adelantos de la civilización coexisten errores que se deberían corregir y tendencias que se deberían ajustar en beneficio del orden moral, base y fundamento de toda civilización verdadera. Aún contemplamos las discriminaciones raciales y la xenofobia en los

---

[9] Vidal Gil, Ernesto J., "Lacroix en 'Esprit' ", cap. II, *Filosofía, Derecho y Política en Jean Lacroix*, Dykinson, Madrid, 1998, p. 39

países "civilizados" del mundo. Jean Lacroix propondrá la rehabilitación de la civilización, entendida como un producto de la técnica, las artes, las ciencias, la religión, que, sometidas y gobernadas por el Derecho, contribuyan a la liberación del pensamiento[10]. Para analizar los orígenes de una civilización, nos ayuda la observación de los vestigios pertenecientes a la Edad de Piedra. Los utensilios, instrumentos rudimentarios y armas suponen un grado de cultura alcanzado tras una larga etapa de gestación y desarrollo. Si consideramos que el agua es fundamental para la vida y que la naturaleza desempeña un papel esencial en la aparición de las civilizaciones, no sorprende que las primeras grandes civilizaciones hayan surgido en las zonas fértiles del sudoeste de Asia, Asia menor y en el norte de África. Así es, nos referimos a Egipto y su río Nilo y a los sumerios y acadios en Mesopotamia.

Edgar Sanderson indica en una descripción muy completa que "La palabra civilización, por su origen (del latín *civitas*, adjetivo derivado de *civis*, que significa ciudadano, individuo de la *civitas*, de la ciudad) expresa la idea de sociedad civil y política organizada. Pero también significa el conjunto de usos, costumbres, creencias, opiniones, artes y ciencias que constituyen y caracterizan el estado social de un pueblo o de una raza. Tiene la civilización, como el hombre, espíritu y materia. Por eso se ha dividido en interna y externa. La interna comprende todo cuanto la formación espiritual o educación perfecciona la naturaleza humana: religión y moral, idioma, familia, Estado y gobierno, ideales, enseñanza, legislación, ciencias, arte y deporte. La externa, o cultura, abarca los progresos y adelantos de la humanidad fuera del hombre mismo:

---

[10] Ibid., p. 38.

arquitectura (vivienda, templo y sepulcro), indumentaria, armas y fortalezas, obras públicas, agricultura y pastoreo, industria y comercio e invenciones de todo género"[11]. Este autor dice que "Historia es el relato de los hechos de la humanidad civilizada en su progreso hacia la más grande de las adquisiciones políticas y sociales: la libertad racional de pensamiento y de acción"[12].

Seyed Mohammad Khatami, expresidente de República Islámica de Irán[13], comparte con Sanderson la noción de civilización. Según Sanderson, cada civilización se basa en una visión mundial específica, moldeada por una experiencia histórica de la idiosincrasia de un pueblo[14]. También Khatami hace referencia a los aspectos interior y exterior de cada civilización.

Otro término que nos ocupa es "ecumenismo" pues su significado y uso tienen una relación sustancial con la civilización. Si aspiramos a su universalización, necesitamos el ecumenismo. Sin él, en efecto, resultaría imposible la creación de una civilización universal. "Ecumenismo" deriva de οἰκουμένη –participio pasivo del verbo

---

[11] Esprit y el Frente Popular: "La adhesión crítica. La guerra civil española", Capítulo II de *Filosofía, Derecho y Política en Jean Lacroix*, Editorial Dykinson, Madrid, 1998, p. 38

[12] Ibid., p. 39.

[13] Gobernó entre 1997 y 2005. Es reconocido en la comunidad internacional por su ideología reformista y su llamado al "diálogo entre civilizaciones". Sus esfuerzos por moderar la política iraní y su apertura a las discusiones le valieron el enfrentamiento con la oposición de ciertos grupos conservadores.

[14] Sanderson, Edgar, *Outliness of the World's History*; traducción castellana por A. Herrero Miguel, "El universo y el mundo en que vivimos", introducción a la *Historia de la civilización*, Sopena, Barcelona, 1941, p. 27.

οἰκέω, habitar– que indica, primero, la casa y luego, el área habitada porque es apta y adecuada para la vida humana. De esta noción estamos a un paso de avistar la "zona civilizada". *A posteriori*, en sentido más estricto y técnico, designará el movimiento para restablecer la unidad entre las Iglesias cristianas. A fines del siglo XX volverá a utilizarse en su sentido más amplio y general[15].

El filósofo, jurista e historiador alicantino Rafael Altamira y Crevea (1866 - 1951), se dedicó a analizar, comprender y explicar la civilización y, en especial, la española. Además, como juez del Tribunal Permanente de Justicia Internacional de La Haya, se empeñó personalmente comprender los presupuestos que existen a la base de las diversas sociedades para intentar resolver conflictos internacionales. Consideraba que la historia era un elemento indispensable a la hora de formar ciudadanos responsables, capaces de tomar decisiones para el bien común. Según su punto de vista, el historiador no debe prejuzgar el pasado, sino, como hace un naturalista que observa la naturaleza, comportarse como un puro testigo de los hechos, observarlos desde diferentes perspectivas y analizarlos críticamente.

En sus trabajos profundiza, entre otros temas, la necesidad del conocimiento recíproco entre los integrantes de la compleja realidad hispánica (peninsular e hispanoamericana). Consideraba a la civilización como un estado de vida humana integrado por diversos elementos, todos

---

[15] Salas, María, "Ecumenismo. Nociones básicas. Instituciones fundamentales. Apuntes históricos", en *Mujeres, diálogo y religiones* (María José Arana, dir.), Desclée, Bilbao, 1999, p. 5. Véase también Juan Bosch, *Para comprender el ecumenismo*, Verbo Divino, Btella.

fundamentales: el desarrollo material, intelectual, moral, artístico y social. Todos son necesarios ya que responden a condiciones también fundamentales de la vida humana, se corresponden con diferentes órdenes o manifestaciones de la actividad humana y tienen una modalidad, una determinada manera de ser que los hace aptos o ineptos para alcanzar el ideal de vida que se aspira.

Según Altamira y Crevea la civilización responde a una ley general: procede de la influencia recíproca y el magisterio mutuo, unos enseñan a otros y son enseñados a su vez, en un flujo y reflujo de sugerencias, rectificaciones, imitaciones y experiencias reflejadas, de la que cada cual se aprovecha más o menos según el poder asimilado y la fuerza de reacción de su espíritu.

Hablando de civilizaciones, es necesario, sin duda alguna, recordar a un controvertido filósofo alemán. Se trata de Oswald Spengler (1880-1936), la publicación de cuyo libro *La decadencia de Occidente* lo convirtió en autor de fama mundial. El motivo se vuelve evidente cuando pensamos que en esta obra se dedica exclusivamente al estudio del grupo de las "culturas superiores" y al sustrato histórico de tales culturas. Despliega su doctrina de la "revolución conservadora", la cual va de la mano con el imaginario mítico de las virtudes prusianas tradicionales: el trabajo, la disciplina y el respeto a la autoridad, que posteriormente el nacionalsocialismo adoptó como emblema. De nada sirvió que, más tarde, Spengler criticara firmemente al movimiento y en particular a causa del racismo. La doctrina del Nacionalsocialismo se basa en que cada pueblo generará para a sí mismo el tipo de socialismo en función de su propia esencia, inimitable, diferente y distinguible. Lo que para Spengler fue el "socialismo prusiano", hoy se lo decodifica en sentido amplio como Nacionalsocialismo, precisamente, convertir la sociedad, en función de sus características inherentes, en una Nación en particular.

Spengler defiende la idea del socialismo y la moral social en tanto ideología universal que debe regir el mundo. Hace una declaración sorprendente cuando sostiene que "suponiendo que el socialismo entendido en sentido ético, no económico, sea el sentimiento cósmico que persigue la opinión propia en nombre de todos, somos, sin excepción, socialistas, sepámoslo o no." (…) "Y esto justamente, esta transvaloración *universal* es *monoteísmo ético* y tomando la palabra en un sentido nuevo y más profundo socialismo" [16]. Spengler admira a Zaratustra como reformador social que quiere cambiar a los hombres en el sentido que él considera mejor, estando allende el bien y el mal.

A partir de la famosa obra de Goethe, cuyo protagonista, Fausto, le vende el alma al diablo a cambio del conocimiento supremo, Spengler acuña el término "fausticismo". Habla del "hombre fáustico", del "alma fáustica" que impulsa la cultura occidental en la búsqueda insaciable de lo infinito, movida por la voluntad de poder y el deseo de expansión ilimitada. La ética fáustica tiene un propósito de superioridad y, como el socialismo, es un sistema de la voluntad de poder sobre el destino de los demás. Siguiendo esta línea de pensamiento, resulta que para Spengler el socialismo es fáustico porque en su sentido superior es un ideal exclusivo. El cristianismo

---

[16] Spengler; Oswald, "Budismo, estoicismo, socialismo", apartado II del Capítulo V de *La decadencia de Occidente*, p.188.

constituye la nueva religión que orienta al hombre fáustico hacia el norte de una nueva moral. Se trata de una moral universal que sostiene la realidad fáustica. Para Spengler, todo hombre, aunque no sea consciente de ello, tiene una base religiosa. Contrapone los valores de la cultura y de la civilización cuando indica que "la esencia de toda cultura es religión; por *consiguiente, la esencia de toda civilización es irreligión*"[17].

Observando las manifestaciones de la cultura occidental, Spengler contrapone la visión limitada y definida de la realidad apolínea que apunta al aquí y ahora –pues persigue la belleza ideal y la forma perfecta, materializada en el arte escultórico griego, la geometría y la filosofía racional– al ideal de la cultura fáustica de la pura infinidad del espacio. Lo apolíneo será siempre una manifestación de algo que ya ha sido producido, mientras que lo fáustico es la manifestación de un inagotable producirse.

En *El hombre y la técnica*, Spengler analiza el destino del hombre que, gracias a lo que llama "herramienta perfecta", la mano, ha modificado el mundo en todas las esferas a través del tiempo. Resta importancia a la teoría de la evolución darwiniana porque el esqueleto humano, a lo largo de la historia, no muestra cambios determinantes que justifiquen su control de la naturaleza e, incluso, de otros grupos de pares humanos. En cambio, el manejo de la técnica, según Spengler, sí que les ha dado a los seres humanos enormes ventajas sobre otras especies y mayor control sobre las fuerzas naturales. El otro lado de la medalla es que la creciente dependencia de la máquina

---

[17] Spengler, O., *La decadencia de Occidente*, Madrid, 1923, p. 103.

tendría una consecuencia negativa para el destino de la sociedad y la cultura pues la civilización maquinista occidental se ha convertido ella misma en una maquinaria: la obsesión por la técnica la conducirá a su decadencia. El resultado será catastrófico para el hombre, pues el vencido terminará por enterrar al vencedor. Él cree que la revolución fáustica ha cumplido su fin y el hombre volverá a encontrar su destino. La descripción de este destino tiene connotaciones de una profecía apocalíptica: "La lucha contra la naturaleza es una lucha sin esperanza; y, sin embargo, el hombre la lleva hasta el final"[18]; "esta técnica maquinista acaba con el hombre fáustico y llegará un día en que se derrumbará, y se olvidarán los ferrocarriles y los barcos de vapor, como antaño las vías romanas y la muralla de China, y nuestras ciudades gigantescas con sus rascacielos, lo mismo que los palacios de la vieja Memphis y de Babilonia"[19]

Con respecto al arte –que hoy consideramos un testimonio de civilización–, Spengler sostiene que es una invención del hombre gracias a su manejo técnico. El arte es artificial, antinatural a toda labor humana, una rebeldía del hombre contra la naturaleza, una sublevación de la creación contra el creador. Habla también sobre el derecho, enmarcado en otra técnica, la de la dirección-ejecución de la práctica económica y política: por naturaleza unos hombres nacen para mandar y otros hombres, para ser obedientes. A esta empresa la llamamos organización

---

[18] Spengler, Oswald, "El advenimiento del hombre. La mano y la herramienta", cap. III de *El hombre y la técnica*, Editorial Espasa-Calpe, Madrid, 1932, p. 48.

[19] Spengler, Oswald, "El final: ascenso y término de la cultura maquinista", cap. V op. cit. p. 124.

y aclara que "el derecho humano es siempre un *derecho del más fuerte*, derecho que el más débil ha de seguir"[20].

Las ideas de Spengler tuvieron influencia en el pensamiento del historiador inglés Arnold Toynbee (1899-1975), quien hizo un estudio exhaustivo de la evolución de las civilizaciones a lo largo del tiempo. En su *Estudio de la Historia* se propuso demostrar cuáles son "los campos inteligentes" de la comprensión histórica. Según él, "las sociedades" son un género que comprende dos especies: las sociedades primitivas y las civilizadas o "civilizaciones". Indicó que hasta el momento en que escribía su obra, habían existido veintitrés civilizaciones en distintos puntos del globo en que se había puesto en marcha el proceso que había quedado estabilizado en los pueblos primitivos. Toynbee, influenciado por la visión filosófica de Spengler de las culturas, escinde el curso universal en diversos grupos culturales, sometidos a un análogo proceso de nacimiento, crecimiento, decadencia y muerte.

Para Toynbee, ciertas civilizaciones se relacionan con otras por un lazo de "paternidad y filiación" y la sociedad "paterna", constituida por minorías dominantes, produce edades heroicas. Cuando una civilización, tras una etapa de conflictos internos, se encamina hacia su decadencia, aparecen los llamados Estados Universales, donde un poder centralizado, con una única ideología dominante, intenta mantener la paz y el orden por medio de la fuerza militar. Están muy burocratizados y son geográficamente extensos. Si bien, en un primer momento los Estados

---

[20] *Decadencia de Occidente*, tomo III, cap. I, n° 15; tomo IV, cap. IV, n° 6; Citado por Spengler, Oswald, El segundo grado: hablar y emprender, Cap. IV de *El hombre y la técnica*, op. cit., p. 80.

Universales logran su objetivo, la rigidez ideológica y sus métodos llevan justamente al declive de esa civilización.

El filósofo, intelectual y político Roger Garaudy (1913 -2012) nació en Marsella. Fue un pensador en constante evolución a lo largo de su vida. Llegó a ser presidente de la Acción Católica francesa. Posteriormente, en 1933, se afilió al Partido Comunista Francés (PCF) en cuyos comités Central y Ejecutivo participó activamente desde la finalización de la Segunda Guerra Mundial. En 1970 el Partido lo expulsa como consecuencia de su denuncia abierta sobre la actuación de la Unión Soviética en Praga en 1968 y de los debates mantenidos a propósito de algunas de sus obras. Su voluntad conciliadora se manifestó en los numerosos intentos que realizó para que los representantes del marxismo y el humanismo cristiano dialogaran públicamente esperando que alcanzaran un entendimiento pacífico. Fue director del Instituto Internacional para el Diálogo de las Civilizaciones con sede en Ginebra y fundador del Centro Cultural de la Torre de la Calahorra (Córdoba) en el cual se encuentra el Museo Vivo de al-Ándalus, el único en España enteramente destinado a la presencia islámica en el país.

La conversión de Garaudy al Islam (1982) abrió una puerta esencial, la del universo islámico, a la crítica situación de la intelectualidad europea y occidental en general. Afirmó que el Islam es la más ecuménica de las religiones, que no establece separación entre la política, la razón, la justicia, los negocios, la familia y la fe. Si bien transitó por diferentes etapas ideológicas, Garaudy siempre fue coherente con la idea de un proceso de intercambio y comprensión mutua entre diferentes culturas y sociedades del mundo. Hizo una fusión entre la espiritualidad del cristianismo y el materialismo del marxismo. Según Garaudy, Marx asume el aspecto espiritual del ser humano. *"La verdadera alternativa a una religión opio del pueblo no es un ateísmo positivista*, porque el positivismo no es solamente un mundo sin Dios, sino también un mundo sin el hombre"[21]; *"lo esencial en la herencia de Marx no es el marxismo, sino la prospectiva"*[22].

Considera al capitalismo un sistema demencial e inhumano que adquirió la estatura de una nueva religión, "el monoteísmo del mercado" y ofrece al mundo el culto de numerosos ídolos, como el dinero, el poder, los nacionalismos o los integrismos. No se trata sólo de un sistema económico: implica también una estructura social, unas relaciones sociales jerarquizadas entre el poder correspondiente a la minoría posesora y la dependencia de quienes no poseen los medios de producción; una estructura política que bajo formas diferentes refleja esta dependencia económica y social y, en fin, un modelo de cultura y civilización en el cual los hombres son modelados según las exigencias del mercado[23].

El filósofo Garaudy expresa con vehemencia: "Y no una unidad de dominación, sino una unidad sinfónica, a la que cada pueblo aporte su contribución propia de trabajo, de cultura y de fe. (...) el obstáculo principal, hoy,

---

[21] Garaudy, Roger, "Cambio de conciencias: ni 'religión, opio del pueblo' ni ateísmo positivista", cap. II de *La alternativa*, Cuadernos para el Diálogo, Madrid, 1973, p. 132.

[22] Garaudy, Roger, "Cambio en el proyecto de civilizador: una revolución cultural", op. cit., p. 155.

[23] Garaudy, Roger, "Cambio de estructuras: ni capitalismo ni tecnoburocracia staliniana", op. cit., pp. 63-64.

respecto a este objetivo, es la imposición del liberalismo económico que pretende identificarse con la libertad humana y la democracia, cuando es todo lo contrario: la libertad que tienen los más ricos y los más fuertes para devorar a los más pobres y a los más débiles"[24].

Sostiene Garaudy que Occidente, al haber rechazado la herencia semítica transmitida por el Islam, optando de manera excluyente por la greco-latina, se privó del aporte fecundo de otras culturas para lanzarse en la aventura mortal de la hegemonía, que lo condujo hacia un modelo suicida de crecimiento y de civilización. "Córdoba y al-Ándalus fueron no solamente las sucesoras de las culturas y civilizaciones de Grecia y Oriente en Europa, sino que su aportación en el terreno de las matemáticas, de la astronomía, de la química, de la agronomía y medicina y, en general en todos los campos de la ciencia fue muy destacada."[25]

Terminada la serie de las sucesivas Campañas Normandas (1061 a 1091), aprovechando las divisiones internas del gobierno en la isla, los normandos expulsaron a los árabes de Sicilia. Sin embargo, no movieron a los maestros árabes de sus puestos en ninguna disciplina, por el contrario, los mantuvieron y, además, adoptaron la Medicina islámica en sus escuelas.

Entonces, desde esta singular perspectiva es lícito afirmar que el primer Renacimiento europeo no comenzó –

---

[24] Garaudy, Roger, "Introducción: Réquiem por una decadencia", *¿Hacia una guerra de religión? El debate del siglo*, PPC, Madrid, 1995, p. 19 y 20.

[25] Garaudy, Roger, Introducción a *El Islam en Occidente*, Breogan, Madrid, 1987, p. 11.

como se suele afirmar– en Florencia en el siglo XV, sino mucho antes, en el siglo XIII, en el sur de España. "Del siglo VIII al siglo XV nacerá y se desarrollará la más bella y la más opulenta civilización conocida en Europa durante la Edad Media..."[26]. "La aportación más fecunda del Islam en Occidente, del Islam en al-Ándalus, tal y como se expresa en las obras de los más altos genios que lo ilustraron, es la de no haber confundido el mensaje universal del Corán con las tradiciones y el folklore de una parte u otra de la comunidad musulmana"[27]. En esta misma obra, considera la *Sharía* como fuente de prosperidad para toda comunidad propiamente humana: "(...) la *Sharía* coránica le proporciona los principios directores de una indispensable búsqueda de los *medios* para lograr otra 'modernidad' distinta de la de Occidente"[28].

La palabra *Sharía* en su sentido etimológico significa "el camino al manantial". *Sharía* o ley islámica es para los musulmanes la ley de Dios revelada al profeta Mohammad (la paz sea con él y con sus descendientes). Denota un modo islámico de vivir, que trasciende el mero sistema de justicia penal. *Sharía* es un código religioso para vivir según la voluntad de Dios, del mismo modo que otro código, el de los mandamientos y preceptos contenidos en la Biblia, ofrece un sistema moral para los cristianos. La *Sharía* es la Ley Divina, tanto para la persona individual con su conciencia personal como para la vida

---

[26] Blasco Ibáñez: *"A la sombra de la Catedral"*, pp. 201-204; citado por R. Garaudy, ¿Por qué esta enorme diferencia?, cap. 1 de *El Islam en Occidente*, op. cit., p. 22.

[27] Garaudy, R., Conclusión, *El Islam en Occidente*, op. cit., p. 261.

[28] Garaudy, Roger, "El islamismo, enfermedad del Islam", capítulo primero de *¿Hacia una guerra de religión?...*, op. cit., p. 37.

social con estatura de institución legal para los Estados, por lo cual, incluso los tribunales deben velar por su cumplimiento. Lo interesante es que no se trata de un conjunto de enseñanzas genéricas, sino de un compendio de saberes concretos: no se le ordena a las personas que sean bondadosa, justas y humildes, se les explica la manera, el método para llegar a serlo. Este código abraza todos los aspectos particulares de la vida humana confiriéndoles un significado religioso.

La virtud de la *Sharía* –ley divina– es la de unir a todos los creyentes. Paralelamente, la *Sharía*, tal y como la define el *Corán*, condena todas las corrupciones del poder, del tener y del saber. En el concepto coránico de la *Sharía*, Dios es el único dueño de todo. La aleya[29] 284 del sura[30] 2 del Sagrado Corán dice: *"De Dios es lo que está en los cielos y en la tierra. Lo mismo si manifestáis lo que tenéis en vosotros que si lo ocultáis, Dios os pedirá cuenta de ello. Perdona a quien Él quiere y castiga a quien Él quiere. Dios es omnipotente"*[31]. Es la misma, idéntica noción sobre la que se insiste en la Biblia, tanto el Antiguo como el Nuevo Testamento. Sin embargo, Garaudy hace una crítica exhaustiva sobre la aplicación de la *Sharía*: dado que se desarrolló históricamente en cierto marco sociocultural y político, para utilizarla en otras circunstancias espaciotemporales, es necesario hacer una relectura que permita adaptarla a los tiempos modernos. En otras palabras, la interpretación de la *Sharía* no es

---

[29] "Aleya" (árabe, آية, āyah: signo/evidencia) es el término que se utiliza en el Islam para referirse a los versículos del Corán. Cada una es un signo por el que Dios se manifiesta.

[30] "Sura" equivale a "capítulo. El Corán consta de 114 suras.

[31] Cortes, Julio, *El Corán*, Herder, Barcelona, 1999, p. 61.

inmutable, tiene la potencialidad de ser aplicable en cualquier época.

El monoteísmo del mercado es la idolatría del dinero que priva de sentido a la vida y ofrece como única perspectiva el crecimiento cuantitativo de la producción y del consumo. Para Roger Garaudy el monoteísmo del mercado es el único enemigo del hombre y el Dios. Para superar este obstáculo, los hombres de fe necesitan unir todas sus fuerzas. En otra parte del libro, escribe sobre el sentido de Dios en todas las religiones: "Tradicionalmente, las religiones –todas las religiones– han designado a Dios como un ser que da a nuestras vidas personales y a la comunidad los mandamientos necesarios para que tengan sentido y unidad."[32] Todos los profetas nos recordaron la unidad de la fe, se trate tanto de la fe de Abraham y de Jesucristo como la de los Upanishads y del Zend Avesta. Para conocer a fondo el pensamiento de Garaudy respecto al problema de Dios, vemos que se ocupa incluso de quienes intentan negarlo, dice: "Somos conscientes de no ser nuestros propios creadores, de pertenecer a un todo mayor que nosotros mismos"[33].

Garaudy critica a San Pablo[34] por cimentar la teoría de las *teologías de la dominación* (versus las teologías de la liberación) y, asimismo, la romanización de la Iglesia. También hace un análisis sobre la existencia o no de la continuidad entre el Antiguo y el Nuevo Testamento.

---

[32] Id., "Qué Dios necesitamos", capítulo cuarto de *¿Hacia una guerra de religión?*..., op. cit., p. 106.

[33] Id, "¿Hay 'pruebas' de la existencia de Dios?", Apéndices de *¿Hacia una guerra de...?* , op. cit., p. 165

[34] La crítica a Pablo aparece primero en *¿Tenemos necesidad de Dios?* y luego en *¿Hacia una guerra de religión?*

"Aunque Pablo (Mateo, etcétera), se preocupe mucho por convertir a Jesús, en contra de la ortodoxia judía, en el capítulo final del Antiguo Testamento y en la culminación de las promesas hechas a Israel, es fácil mostrar que los evangelistas hicieron una lectura selectiva del Antiguo Testamento"; advierte que "(…) después de la mutación radical anunciada por Jesús, lo más peligroso en el restablecimiento de la continuidad entre el Antiguo y el Nuevo Testamento es que ha servido de base a todas las teologías de la dominación"[35].

En el prefacio del libro "El dia de l'home" de Jaques Leclercq, Garaudy habla de un cristianismo cuya fuente principal es el amor humano. A partir de aquí, rechaza la falsa religión positivista de la técnica y de los medios. "El enemigo de toda fe continua siendo la autosuficiencia y la satisfacción de sí mismo"[36]. La fe es una necesidad que surge a partir de la experiencia cotidiana de la vida de las multitudes y no, como en las sociedades anteriores a la aparición de la técnica, un consuelo a la pobreza o por el sentimiento de impotencia frente a las fuerzas de la naturaleza.

Garaudy, considera que tanto el marxismo como el cristianismo se han dogmatizado cuando ambas ideologías se han occidentalizado, es decir, se han reducido a sus componentes culturales occidentales. Las falsas oposiciones entre el cristianismo y el Islam acerca de la

---

[35] Garaudy, R., "¿Hay continuidad entre el Antiguo y el Nuevo Testamento? ¿Es Jesús el heredero de David?", Apéndices de ¿Hacia...?, p. 196 y 202.

[36] Roger Garaudy, prefacio a Jaques Leclercq, El dia de l'home, Claret, Barcelona, 1977, p. 9 (edición original: le jour de l'homme, Seuil, 1976).

encarnación de Jesucristo y la concepción cristiana de la Trinidad y, en general, la occidentalización históricamente ha conformado una identidad propia que permitió a Occidente justificar la cruzada, expulsar a los musulmanes en España, luchar contra los turcos, iniciar la colonización, etc.

El marxismo y el cristianismo son compatibles y convergentes. El marxismo incluye una dimensión de trascendencia pues tiene fe en un mundo nuevo, inédito pero posible, "utópico". Asimismo, en el cristianismo Jesucristo revoluciona la idea de Dios y la práctica religiosa desde el momento en que el respeto de Dios se identifica con la fraternidad entre los hombres.

Samuel P. Huntington (1927-2008) fue uno de los más importantes estudiosos de las civilizaciones. Nacido en Nueva York, fue catedrático y director del Centro de Estudios Internacionales en la Universidad de Harvard e integró el Consejo de Seguridad Nacional durante la administración del presidente Carter. Se especializó en el análisis de la política internacional a través de las influencias culturales. Vaticinó que en el futuro, no las ideologías sino las diferencias entre identidades culturales y religiosas serán el motivo de conflictos de todo tipo. Las grandes divisiones en el mundo serán culturales en función de que los elementos objetivos comunes a los grupos –lengua, historia, religión y costumbres– que definen al ser humano. En el plano subjetivo, las personas se colocan en diversas categorías de identificación en función de los elementos objetivos. Entonces, un residente de Roma puede definirse, según diversos grados de intensidad como romano, italiano, católico, cristiano, europeo y occidental.

La civilización es el nivel más amplio de la identidad de una persona. Una civilización puede incluir varios Estados, como en el caso de las civilizaciones occidental, islámica y latinoamericana; o solamente uno, como en el de la civilización japonesa. La gente de las diversas civilizaciones tiene creencias diversas sobre las relaciones entre el Dios y el hombre, el individuo y el grupo, el ciudadano y el Estado, los padres y los hijos, el marido y la esposa, así como diferentes puntos de vistas sobre derechos y responsabilidades, la libertad y la autoridad, la igualdad y la jerarquía, etcétera.

En su tesis de 1993, editada como libro en 1996 con el título *El choque de civilizaciones*, Huntington presentó un escenario de lo que habría de ser el mundo en la post Guerra Fría y ciertamente generó críticas y discusiones. En el período siguiente a este enorme conflicto, las relaciones internacionales ya no se organizarían según una lógica bipolar, sino una multipolar con el protagonismo de las civilizaciones. En el nuevo orden mundial las ideologías pasan a segundo plano y las causas profundas de los conflictos son de índole cultural y religiosa. En este momento en que nos encontramos escribiendo el presente libro, podemos afirmar que Huntington había acertado. No es necesario que nos extendamos en ejemplos sobre lo que viene sucediendo en el mundo, sin ir más lejos, en el período post Covid.

Para Huntington, la Nación y el Estado-Nación son las unidades más importantes para el análisis y la comparación de las culturas y sus efectos en el desarrollo humano. La importancia de los Estados descansa en que controlan las civilizaciones. Por otra parte, la religión es el factor más importante para distinguir diferentes civilizaciones.

"Las civilizaciones se diferencian entre sí por la historia, la cultura, la tradición y sobre todo, la religión"[37]. La cultura y la religión son la base para la cooperación económica, de lo cual son ejemplos los bloques económicos como la Comunidad Económica Europea, el CARICOM (Comunidad del Caribe), el Mercado Común de América Central, el MERCOSUR (Mercado Común del Sur) y la ECO (Organización para la Cooperación Económica) formada por diez países islámicos no árabes de Oriente Medio y Asia Central.

Las diferencias culturales y religiosas son decisivas cuando hay que tomar posición política sobre temas conflictivos a nivel mundial como los derechos humanos, la inmigración, el comercio, el medio ambiente, la proliferación de armas nucleares, etc. En el mundo moderno la religión es la fuerza central que motiva y moviliza a la gente y se manifiesta cada vez más abiertamente a nivel del individuo y la sociedad debido a que, como ya hemos señalado, los seres humanos se identifican con grupos culturales: tribus, grupos étnicos, comunidades religiosas, naciones y, en el nivel más amplio, civilizaciones. En este mundo naciente, la política local es la política de la etnicidad (o de la cultura) y la política mundial es la política de la civilización.

La política mundial, debemos confesarlo, hoy atraviesa una fase de reconfiguración en que la cultura es la fuerza que, a la vez, unifica y divide. Según Huntington, cada civilización está formada por varios Estados, en ellos existe un Estado central y los Estados miembros. Si

---

[37] Francis Fukuyama (1989) "The End of History", *The Nacional Interest*, verano 1989, pp. 3-18; cit. por Llobera, Joseph R., "Contes de paradigmes perduts", cap. 5, *Xoc de Civilitzacions*, op. cit., p. 204.

nos focalizamos en la civilización islámica, no es posible identificar un Estado núcleo central. Dos países, Irán y Arabia Saudita–por extensión y situación geopolítica– pueden ambos desempeñar la función de Estados núcleo del mundo islámico. Irán como centro mundial de la confesión chiita y Arabia Saudita, en cuyo territorio se ubican los lugares santos de La Meca y Medina, sunnita.

Dentro de cada cultura, la sangre y la razón humanas no son "puras" sino "impuras" ya que de la capacidad de aprender, de adoptar lo mejor de los otros y hacerlo propio, procede una de nuestras mayores fuentes de riqueza. Por esto, una de las críticas a Huntington radica en que las culturas comparten muchos más aspectos de los que él admite. Según la tesis de Francis Fukuyama en el artículo "El fin de historia"[38], hay un consenso creciente en que la democracia liberal está imponiendo su hegemonía alrededor del mundo, habiendo primero triunfado sobre la monarquía absoluta, después, sobre el fascismo y finalmente venciendo batalla contra el comunismo.

Sin duda, las relaciones interculturales pueden realizarse de manera dialogante, es decir, no violenta, y ejercerse con un espíritu de tolerancia que utilice la diferencia en el sentido de la complementariedad. Dialogar quiere decir reconocer otros puntos de vista y otras experiencias en su honestidad y coherencia. El diálogo es inestimable pues permite integrar en la propia tradición elementos valiosos de otras tradiciones sin por ello perder la identidad. El diálogo entre las religiones para llegar a un consenso ético universal es de suma importancia ya que todas las grandes tradiciones religiosas universales

---

[38] Llobera, Joseph R., op. cit., p. 222.

son portadoras de mensajes que invocan la paz y el amor. "Si las religiones se distancian del extremismo y del fanatismo se llegará a nueva etapa histórica en la cual la violencia queda desautorizada"[39].

Las diversas espiritualidades religiosas afectan decisivamente las interpretaciones de la realidad y la inspiración moral de creyentes y de no creyentes. Por esta razón pueden contribuir a alentar fanatismos religiosos o a incentivar la tolerancia y el espíritu de la paz. La paz y el dialogo entre las religiones garantizan la paz entre las culturas y las civilizaciones. La paz religiosa es imprescindible para fundamentar la cultura de la paz entre naciones, es necesario que se defina de común acuerdo el conjunto de criterios éticos aceptados universalmente que constituyan los pilares para que la paz en el mundo se convierta en realidad. "Si imaginamos una autoridad internacional consensuada por una gran mayoría de las comunidades culturales, con procedimientos democráticos, las hipótesis de Huntington serán anacrónicas"[40].

Las pequeñas victorias de diálogo, respeto y amor hacia los "otros" son las bases de una nueva democracia internacional intercultural y de modestas metas en el camino hacia la paz universal. Las influencias recíprocas de las culturas cimientan la formación de las civilizaciones futuras. Al final de la Edad Media, el Islam era el elemento constitutivo de la formación de Europa: "Los pueblos y los gobiernos de las civilizaciones no occidentales ya no son objeto del colonialismo occidental, sino que se están uniendo a Occidente como motores y diseñadores

---

[39] Huntington, Samuel P., "El debat a *Foreign Affairs*", cap. 3 de *Xoc de civilitzacions*, Proa, Barcelona, 1997, p. 60.
[40] Ibid., p. 226.

de la historia" (…) "la dificultad en trazar límites entre las civilizaciones queda ilustrada incluso con mayor claridad por el hecho de que el mundo árabe y los eruditos musulmanes alimentaron y administraron la herencia de la antigua Grecia, a la que consideramos la base de la civilización occidental"[41].

Mientras tanto, nación, religión y particularismos culturales representan una realidad enraizada dentro de las profundidades de la condición humana. "Porque la ética mundial tiene una perspectiva exterior común a todas las religiones, pero tiene al mismo tiempo una perspectiva interior específica para cada religión"[42].

Seyed Mohammad Khatami (1943-) expresidente de la República Islámica de Irán, ya mencionado por su interés en el diálogo como estrategia para la paz, fundó el Instituto Internacional para el Diálogo entre Culturas y Civilizaciones y la Fundación Baran para promover el diálogo, la democracia y el desarrollo en Irán. Ambas instituciones fomentan el entendimiento y la tolerancia dentro de la sociedad iraní, promueven el estudio de diversos temas de la cultura, la política y la sociedad, ofreciendo talleres, conferencias, seminarios y publicando las obras sobre temas relacionados con sus objetivos. Khatami da una definición amplia sobre la civilización basada en la visión mundial de un pueblo y en la experiencia que ha tenido en su vida social. Cree que la conciencia colectiva y el alma de un pueblo crecen y superan las limitaciones

---

[41] Karlsson, Ingman, "El choque de civilizaciones: ¿un escenario realista?", cap. 6 de *Xoc de Civilitzacions*, op. cit., p. 270 y 277.

[42] Küng, Hans, "¿Guerra de civilizaciones?", cap. 6 de *Xoc de Civilitzacions*, op. cit., p. 322.

de una civilización; es su pueblo el que decide que avance o se paralice la civilización.

Khatami considera cierta la idea de que una civilización incorpora los valores de otras civilizaciones. El pensamiento vivo de una civilización existente hace propios todos los aspectos positivos de las civilizaciones previas. El dar y el tomar entre las civilizaciones es la norma de la historia.

El Islam, influido fundamentalmente por la civilización griega, jugó un papel mediador central para los europeos al presentarles e introducirles los logros de la filosofía y del pensamiento griegos. Por una parte el Islam fue el vehículo de las obras propiamente dichas, mediante las traducciones de los filósofos griegos; por otra, dando una nueva linfa a aquellos pensamientos, como en el caso de Platón que llega reinterpretado por los seguidores de Plotino. Plotino (Egipto, 204 o 205 – Italia, 270), fundador del Neoplatonismo, postula la existencia de un principio supremo, el Uno, que es la fuente de todo ser y realidad. El neoplatonismo tuvo significativa influencia en el sufismo, la dimensión mística del Islam, en especial las ideas neoplatónicas relacionadas con la ascensión del alma y la unión con lo divino, que estaban en perfecta armonía con las prácticas y las enseñanzas sufíes. Los filósofos musulmanes se basaron en la "Teología de Aristóteles", una adaptación de las "Enéadas" de Plotino, estudiada y comentada por filósofos musulmanes de relevancia universal, como Abu Yusuf Ya'qub ibn Ishaq al-Kindi, Avicena y otros que dejaron su impronta indeleble en el pensamiento europeo medieval.

La siguiente figura que nos interesa es el profesor español Fernando Savater (1944-), para quien la civilización, por definición, es universal y única, mientras que la cultura, por más o menos completa que la considere, nunca podrá ser universal, puesto que mantiene fuera de su ámbito a la multitud de seres humanos que no la comparten. El compendio de historias, tradiciones, costumbres y valores que dan cohesión a una sociedad constituyen la cultura, que da la identidad propia a un grupo (sea un pueblo, país o nación) diferenciándolo de otros. Entonces, la cultura puede ser diversa y plural. Por otra parte, la civilización se construye a partir de la cultura, pero la trasciende, porque busca asentarse sobre principios universales que permitan la convivencia pacífica y el progreso de la humanidad.

Con respecto a la idea del posible choque de civilizaciones de Samuel Huntington y de otros intelectuales, Savater cree que el enfrentamiento se produce entre culturas y no entre civilizaciones, porque la civilización es tendencialmente única. Considera que los derechos humanos, hoy en día, constituyen el criterio principal para medir la aproximación de las culturas y los Estados a un ideal civilizatorio. La *humanidad* no es innata en las personas, se adquiere en el proceso de la Ilustración, se "contagia" por medio de la educación, las relaciones culturales y sociales. Según él, los seres humanizados son los responsables de, a su vez, humanizar a los otros educando en el respeto, la tolerancia y el diálogo.

Es indiscutible que los derechos de que gozan las mujeres en una sociedad –en lo jurídico, lo político y lo educativo– son una unidad de medida indispensable para evaluar la distancia de tal cultura respecto al ideal civilizatorio. En cada cultura tales derechos se encuentran inspirados en las creencias, religiosas o ateas, y por las visiones de tales creencias acerca de esos derechos.

2. Nociones sobre la historia de la civilización

"Fue primero en las fértiles regiones de Egipto, Siria y Mesopotamia –en las que un clima más venturoso, sustraído a los rigores de los períodos glaciales, permitió a los hombres formar grandes aglomeraciones duraderas y prósperas- y después, en las islas del Egeo, donde nacieron las grandes civilizaciones de las que la Grecia joven se nutrió"[43]. Durante el séptimo milenio anterior a nuestra era empezaron a surgir pueblos agrícolas, hasta entonces confinados en los Montes Zagros, al norte del Golfo Pérsico. Estos pueblos bajaron a la llanura de Mesopotamia (hoy Irak y parte de Irán y Siria). El desarrollo de sistemas de irrigación permitió que la agricultura se extendiera por su zona central para alcanzar, posteriormente, las fértiles tierras de aluvión del sur, donde, más tarde, se edificaron las primeras ciudades, comenzando, así, la creación de los primeros núcleos urbanos y la formación de los primeros Estados.

Las culturas antiguas surgieron y se fueron sucediendo 6.500 años a. C. en Mesopotamia. La primera cultura fue la **hassuna**, que se asentó en el norte en la zona de lluvias. Su actividad se basaba en el cultivo de cereales, la cría de ganado ovino, bovino y de cerda. La segunda cultura fue la **samarra**, parcialmente coincidente con la localización

---

[43] Satriaux, Félix, "Papel e importancia del Asia menor en la historia de la civilización. La arqueología anatólica", capítulo I de *Las civilizaciones antiguas del Asia menor*, Labor, Barcelona, 1931, p.12.

de la hassuna. La cultura samarra se asentó en la región central-septentrional del curso del Tigris, más al sur de la zona de lluvias; allí inició sencillos procedimientos de irrigación artificial y el cultivo de híbridos, tales como la cebada de seis carreras, trigo para la elaboración de pan y lino de semilla larga.

La tercera cultura fue la **halaf**, que surgió hacia el 6000 a. C. Sustituyó a la hassuna extendiéndose más hacia el norte y occidente. Abarcaba casi todo el territorio que hoy ocupan Irak y Siria y sobrevivió durante unos 600 años. La cuarta cultura fue la **ubaid**, que apareció unos 5.800 a. C. y se prolongó 1.500 años. Alcanzó las llanuras áridas de Mesopotamia en que practicaba una economía basada en la agricultura de regadío. Es posible encontrar sus huellas y los signos de su cultura en la mayor parte del territorio de actual Irak; en cuanto al bienestar de sus poblados, se dice que no tenían nada que envidiar al de muchos de los de las naciones modernas. Al final del periodo ubaid, había comenzado una nueva era (año 3500 a. C.) con el desarrollo de la primera civilización urbana en el sur de Mesopotamia.

Y por fin, la quinta cultura surgida en Mesopotamia era la del pueblo **eridu**, ocupaba una superficie de diez hectáreas con una población de 4.000 vecinos, Comenzaron a comerciar con pueblos de otras regiones, para obtener materias primas no disponibles en su zona. El rasgo más importante del pueblo eridu es que con él nació la civilización con auténtica explosión cultural; crearon tablillas de cerámica para registrar una rudimentaria contabilidad comercial con la escritura llamada cuneiforme.

Todas aquellos grupos se encontraban en tierras muy fértiles e hicieron nacer las llamadas "Civilizaciones Fluviales": en el sur de Mesopotamia y con su sistema de escritura (aprox. 3500 a. C.); en Egipto, con un proceso de desarrollo similar e independiente (aprox. 3200 a. C.), en el valle del Indo (aprox. 2500 a. C.) y en el área septentrional de China (aprox. 1800 a. C). Estos grupos humanos realizaban prácticas religiosas colectiva. Dado que vivían en zonas muy fértiles, su actividad agrícola permitía sustentar poblaciones numerosas. Algunas de estas civilizaciones se agrupaban en ciudades gobernadas como Estados independientes, otras formaban parte de un reino o de un imperio. Inicialmente, en Mesopotamia y en el valle del Indo las ciudades luchaban unas contra las otras por la hegemonía. La revolución económica y social de las cuatro Civilizaciones Fluviales señaló el principio de una nueva fase del desarrollo de la humanidad.

Edgar Sanderson sitúa la historia de la civilización en un contexto más amplio: "Este estudio, llamado también filosofía de la historia, es más amplio que el de la historia del mundo civilizado. Como hemos visto, abarca el bosquejo del Universo y requiere el examen de ciencias que, como la Astronomía, Geografía, Geología y otras muchas, aportan sucesivamente nuevos hallazgos y sugestiones para la mejor situación del Cosmos y del mundo en que vivimos. Nuestro intento al escribir la presente obra, ha sido precisamente hermanar en lo posible ambas disciplinas, trazar un cuadro de conjunto que sirve al lector de punto de partida para ulteriores y propias indagaciones"[44].

---

[44] Sanderson, Edgar, *Outliness of the World's History*, traducción castellana por A. Herrero Miguel, "El universo y el mundo en que

3. La Civilización de Jiroft: una maravilla legendaria se convierte en realidad

Muchísimas de las civilizaciones antiguas han sido ya descubiertas y los exploradores y los arqueólogos siempre disfrutan intentando –y a veces consiguiendo– develar los enigmas de sus numerosos secretos ocultos. Hay otras que están esperando todavía ser descubiertas. Mientras algunas otras civilizaciones, hasta determinado momento desconocidas, se descubren por sorpresa, a veces, tal vez, con la ayuda de eventos climáticos. Esto es exactamente lo que sucedió con la civilización de Jiroft: quedó develada por casualidad total durante una gran inundación natural. Ahora veremos cómo fue descubierta la civilización de Jiroft.

En la década 2000, en la zona desértica de Kerman, tras dos años de sequía, llovió. En el sur de esta región, a lo largo del río Halilrud, se produjo una gran inundación, cuya enorme extensión produjo el lavado de suelos del desierto. De un momento a otro, de forma repentina y claramente accidental, irrumpen en la superficie los restos de una civilización extraña, muy antigua y hasta entonces desconocida. Los arqueólogos ponen manos a la obra y, después de haber recuperado y analizado el material de las excavaciones, determinan que la antigüedad de esta civilización, la civilización de Jiroft, es incluso anterior a las sumeria y asiria.

En las inscripciones de Asiria y Babilonia ya se mencionaba una misteriosa y avanzada civilización llamada

---

vivimos", en *Historia de la civilización*, Sopena, Barcelona, 1941, p. 27.

Aratta[45], pero hasta el año 2003 en ningún lugar del mundo se había descubierto la evidencia de tal civilización. Durante milenios los investigadores creyeron que Aratta había sido una civilización fabulosa, escenario de los relatos míticos. Gracias al casual descubrimiento de los objetos expuestos por la inundación en Jiroft, se comprobó que aquella era justamente la (¡hasta ahora fabulosa!) civilización de Aratta. Sin duda, a partir de este gran descubrimiento inesperado, debe reescribirse el principio la historia de civilización de la humanidad.

Esta civilización arcaica se encuentra en la provincia Kerman –Irán–, cerca de la ciudad de Jiroft y próxima a las ruinas de Daqiano, la antigua ciudad perteneciente a la época de la dinastía Seleúcida. Equipos de arqueólogos e investigadores de varias nacionalidades continúan trabajando; los resultados hoy obtenidos datan los objetos en el 3000 a. C., es decir que la civilización de Aratta tiene unos 5000 años de antigüüdad.

4. La civilización siria: preludio de las civilizaciones persa e islámica

Para Toynbee, la hoy extinta civilización siria se extendió en dos direcciones por vía marítima y en una, por vía terrestre. Los fenicios la propagaron hacia el oeste hasta las costas atlánticas europeas y africanas; posteriormente, los himparitas y nestorianos hacia el sudeste hasta el extremo de la península india de Asia.

---

[45] "Enmerkar y el señor de Aratta" es un poema sumerio de 636 versos. Encabeza el ciclo épico que desarrolla el conflicto en que, alrededor del año 3000 a. C., se enfrentan los soberanos de las ciudades de Uruk y Aratta, llamados Enmerkar y Ensuh-keshdanna.

Para ejemplificar en encuentro fructífero concreto entre civilizaciones, señala Toynbee: "En las inscripciones trilingües de la dinastía manchú de China en Pekín los textos manchú y mogol están grabados en la forma siria de nuestro alfabeto y no, en caracteres chinos". "Estos encuentros entre civilizaciones son históricamente iluminadores, no sólo porque ponen en un único foco de visión cierto número de civilizaciones, sino también porque de los encuentros entre civilizaciones han nacido las religiones superiores: el culto, quizá originariamente sumerio, de la Gran Madre y su Hijo que sufre y muere y resucita; el judaísmo y el zoroastrismo, que surgieron de un encuentro entre las civilizaciones siria y babilónica; el cristianismo y el Islam, que surgieron de un encuentro entre las civilizaciones siria y griega ..."[46].

---

[46] Toynbee, Arnold J., La civilización puesta a prueba, capítulo VIII de Estudio de la Historia, Emecé, Bs. As., 1960, p. 121-123.

Capítulo II. EL ISLAM COMO CIVILIZACIÓN

1. Carácter eterno de la religión generadora

El hecho de que la antigua civilización islámica haya desaparecido, mientras que el Islam, en cuanto religión, sigue existiendo, confirma la idea de Seyed Mohammad Khatami de que la religión está por encima de las civilizaciones, contrariamente a lo que Toynbee indicaba. La antigua civilización islámica ha desaparecido y se han marchitado las interpretaciones específicas de la religión en sus estadios iniciales, pero el Islam siguió vivo y es capaz de generar nuevas civilizaciones.

Lo que da nacimiento a una civilización es la visión y el esfuerzo de los seres humanos, mientras que la religión está por encima y más allá de la visión de los individuos y sociedades, por eso trasciende las civilizaciones. Si consideráramos la religión como idéntica a la civilización o a la cultura, entonces la extinción de la civilización implicaría el fin de aquella religión. Pero desde la perspectiva de que la religión trasciende la civilización y los valores comunitarios, entonces la religión ofrece interpretaciones diferentes que serán los cimientos para muchas civilizaciones. En otras palabras, las transformaciones inevitables de la vida humana no dañarán la vida eterna de la religión. "Sociedad islámica" es un concepto amplio que aúna a todas las comunidades musulmanas del mundo, caracterizadas por la práctica del Islam, religión monoteísta basada en la creencia de un solo Dios –Alá (الله, *Allāh*)– y en la autoridad del Corán, palabra emparentada con el verbo árabe *qara'a,* que significa "leer/recitar". El término *Allāh, Dios, es absolutamente indicador del carácter monoteísta e inclusivo, hasta el punto de*

que la unicidad divina no tiene en árabe ni género ni nú-
mero plural. Más adelante analizaremos la importancia
que adquiere de la recitación de su libro sagrado para la
comunidad musulmana en su conjunto.

Khatami considera que la revolución islámica en Irán es fuente de grandes transformaciones en muchos rincones del mundo y germen de la futura civilización islámica. Pero esto sólo será posible si tenemos la capacidad de absorber los aspectos positivos de la civilización occidental y la sabiduría de reconocer los aspectos negativos de ella, procurando no incorporarlos. Él diferencia el Occidente político del Occidente cultural pues Occidente utiliza la máscara de la ciencia y la cultura en sus confrontaciones políticas contra el Islam.

La historia de la antigua civilización islámica[47] muestra que los pueblos, liberados de esperanzas mesiánicas sectarias y de vocaciones políticas que esconden pretensiones hegemónicas y dominantes, se han vuelto a encontrar plenamente gracias a los fundamentos sociológicos y culturales del Islam. Así, la noción de la Tierra Prometida perteneció en igual medida a judíos, a cristianos y a musulmanes; durante mucho tiempo la coexistencia pacífica, en el respeto de las creencias de cada religión, ha permitido la realización de un verdadero ecumenismo. Esta coexistencia no se limita a la Tierra Prometida sino

---

[47] La "antigua civilización islámica" no tiene una fecha de finalización exacta, ya que su legado se transformó y continuó en diferentes formas y regiones. Los historiadores indican como fecha clave del fin de la Edad de Oro el año 1258. La invasión de los mongoles –con el saqueo, la destrucción de Bagdad, la masacre de los habitantes y el asesinato del último califa abasí– produjo el debilitamiento de la unidad política y de la vida intelectual de la región central.

que se extiende a todos los rincones del territorio del Islam: "Durante siglos, tanto Jerusalén como el Bagdad abasida no fueron ciudades de discordia sino de encuentro y de enriquecimiento"[48]. la civilización musulmana fue, ante todo, una civilización urbana. Los conquistadores, desde el momento que comenzó la expansión del Imperio árabe, sintieron la necesidad de instalarse en las ciudades que ya existían o de fundar otras nuevas. Es, por tanto, la mezquita mayor, no la residencia gubernamental, la que debe servir como punto de partida, por ejemplo, para los estudios de la topografía histórica de la ciudad musulmana.

El período abasí, como otras épocas preislámicas, habla a favor de la idea de que las guerras y los enfrentamientos seculares entre culturas se han visto felizmente interrumpidos por largos periodos de cooperación que se traducen en inmortales florecimientos de la civilización humana[49]. Es cierto que este Estado revolucionó las relaciones sociales y políticas de la comunidad musulmana, negándose a admitir algunas prácticas hasta entonces usuales con los omeyas, para quienes todos los árabes se identificaban con el Islam. Este concepto estrechamente racial y dominador –hoy deberíamos calificarlo de etnocentrismo– no era compartido por los abasíes, quienes recuperaron así la legítima contestación de los mawali[50] en

---

[48] Boumaza, Bachir, "A propósito de una controversia histórica: Islam y arabismo", cap. II de la tercera parte de *Ni emires ni ayatollahs*, Encuentro, Madrid, 1984, p. 206.

[49] Boumaza, Bachir, "Siglos de enfrentamientos árabe-persas y árabe judíos, ¿Se trata de una fatalidad?", cap. III de la tercera parte de *Ni emires ni ayatollahs*, op. cit., p.208.

[50] "Mawali" (موالي) es una palabra árabe que significa "clientes" o "protegidos". En la historia islámica temprana, se refiere a las

virtud del *Hadith* (dicho del profeta): "no hay ninguna diferencia entre un árabe y un no árabe, si no es en la piedad". La aparición del Estado abasí, –árabe en sus estructuras pero abierto a los musulmanes no árabes e incluso a los árabes que conservaban sus antiguas creencias– constituyó una auténtica revolución y una demostración de plena democracia.

El Estado abasí realizó la síntesis de civilizaciones más formidable de todos los tiempos. Bachir Boumaza (1927-2009) explicita que esto fue posible porque mantuvo sus fundamentos lingüísticos y culturales y sus tradiciones árabes y, al mismo tiempo, se abrió de la manera más amplia posible a la clientela mawali –y de árabes no convertidos al Islam, en particular cristianos–. Esta apertura fue igualmente favorable para las comunidades que no se consideraban ni árabes ni musulmanas, por ejemplo, los judíos o los zoroastrianos. La dinastía abasí supo conciliar con gran armonía el nacionalismo árabe y la visión universalista del Islam, practicando la tolerancia religiosa y asegurando la colaboración de razas. "(...) Esta praxis hizo grandes servicios, con una inteligencia notable, a la programación de una civilización que iba a rebasar rápidamente los límites de la Península arábiga y del Oriente Medio árabe para extender su mensaje hasta los confines de China y al norte de los Pirineos"[51].

Si usáramos el vocabulario actual para hablar de las dos dinastías que se disputaron el naciente poder del Islam, podríamos decir que los omeyas de Damasco profesaban un nacionalismo árabe chauvinista y dominador,

---

personas **no árabes convertidas al Islam** y asociadas a tribus árabes a cambio de protección y estatus social.

[51] Ibid., p. 210.

bajo capa del mantenimiento íntegro de la "pureza" de los valores y de los hombres a los que les estaba encomendada la misión de propagar la nueva civilización; por el contrario, los abasíes elaboraron y llevaron a la práctica una política nacional abierta al resto del mundo y respetuosa con las identidades no árabes. El relativo alejamiento del elemento árabe de la dirección de los asuntos públicos, culturales y religiosos en beneficio de una clientela no árabe, la apertura hacia otras culturas y civilizaciones –en particular persas, helénicas, indias–, la recuperación de un número de tradiciones, no "*desarabizaron*" ni "*desislamizaron*" este imperio cuya política se basó en una continua expansión territorial[52].

Cuando el imperio abasí perdió su carácter unitario y centralizado, el califa de Bagdad no podía dirigir su califato ni en su propia capital y la desobediencia se extendía por todos los lados, se evitaron rupturas brutales y definitivas dentro del territorio islámico gracias a dos factores: la unidad de lengua árabe y la religión del Islam.

El Islam siguió extendiéndose a distintas capas de la población y la lengua árabe, como un medio privilegiado de las nuevas entidades políticas no árabes. "Tal fue el caso, en particular, del conjunto iraní, donde el resurgir de una literatura nacional persa iba a ir a la par de un florecimiento de obras maestras, universalmente conocidas hasta nuestros días, que fueron pensadas y redactadas en árabe, lengua-vehículo por excelencia"[53]. Para la mayor parte de los iraníes el Islam ha sido y es una fe siempre viva y esa fe dio origen a su espléndida literatura.

---

[52] Ibid., pp. 210-211.
[53] Ibid., p. 211.

En Persia y luego en Turquía, tuvo lugar una dicotomía "desligando, otra vez en palabras de H. Djait, el Islam religioso de la lengua árabe y de sus bases históricas, mientras que en el área arabizada, se asistía a una afirmación orgánica entre religión islámica y cultura árabe"[54].

El Islam es una civilización cuyas marcas más visibles son las numerosas generaciones de filósofos y de sabios que ha suscitado la interpretación del Corán y un arte de inspiración religiosa, en el que está prohibida la representación de seres animados.[55] Hans Küng en su libro titulado *El Islam. Historia, presente, futuro* divide la historia del Islam en cinco paradigmas:
1-El de la comunidad proto islámica.
2-El del impero árabe.
3-El del Islam clásico como religión universal.
4-El de ulemas y sufíes.
5-El paradigma islámico de la modernización.
A ello añade la posibilidad de incluir un nuevo paradigma por el conflicto de Oriente Próximo y la existencia del Estado de Israel en territorio palestino. Asimismo, Hans Küng cree que después del paradigma del Islam clásico como religión universal y su regionalización, la literatura mística puramente árabe se convierte en una mística escrita en numerosos idiomas, sobre todo, en persa.

2. Cohesión de las sociedades: la familia en el Islam

Al abordar el tema de la familia en el Islam, cabe preguntarse "(...) si el sistema familiar es independiente de

---

[54] H. Djait, "La personnalité arabo-musulmane et son devenir", Seuil, París; cit por Boumaza, Bachir, op. cit., p. 211.

[55] Brosse, Jacques, *Islam. Los maestros espirituales*, Alianza Editorial, Madrid, 1994, p. 95.

otros sistemas sociales y si el mismo emplea una lógica y criterio especiales, distinto a las de otras instituciones sociales"[56]. Sin lugar a duda, la familia es un núcleo independiente, cuya cabeza y responsable es el padre de la familia. El estatus de la familia también es diferente del social. La responsabilidad del padre de familia proviene de su condición de sustentar la familia y de educar e instruir a los hijos. "Según el Corán, la persona del creyente, su familia y sus propiedades son *haram*, es decir, inviolables o sagradas"[57].

En esta relación, la mujer, por ley de la Creación, ha sido diferente que el varón, y por eso tiene derechos disímiles respecto al varón. En otras palabras, podemos decir que el derecho natural ha compuesto los derechos familiares con un diseño especial. "A la luz de profundas investigaciones médicas, psicológicas y sociales, se han descubierto más y múltiples diferencias entre el hombre y la mujer"[58]. En este respecto hay que añadir que los hombres y mujeres tienen muchas diferencias físicas y sus mentalidades y actuaciones son muy distintas. "Los dos sexos son hechos con el deseo de vivir juntos y para hacer el plan totalmente práctico se establecen notables diferencias físicas y mentales entre ellos para que sus cuerpos y almas puedan unirse mejor"[59]. La unión familiar (marido y mujer) tiene un sentido mayor que la pasión. El Sagrado Corán habla de la esposa como una

---

[56] Motahari, Morteza, Prefacio, Los derechos de la mujer en el Islam, Ediciones Resalat, Madrid, 1985, p.5.

[57] Serjeant, R. B. (ed.), Fez, Segunda Parte de *La ciudad islámica,* Ediciones del Serbal, Barcelona, 1982, p. 210.

[58] Motahari, Morteza, Las diferencias entre el hombre y la mujer, Séptima Parte de Los derechos..., Op. Cit., p. 124.

[59] Ibid., p. 129

fuente de quietud para el marido. En el sura 30, la aleya 21 dice al respecto: "Y entre sus signos está el haberos creado esposas nacidas de vosotros mismos, para que os sirvan de quietud y el haber suscitado entre vosotros el afecto y la bondad. Ciertamente, hay en ello signos para gente que reflexiona"[60].

En el Islam la mujer tiene derecho a recibir la dote por parte del varón con motivo del matrimonio. Es es una de las costumbres más antiguas que existe en las relaciones entre los seres humanos. Otro derecho islámico en la vida matrimonial es el acuerdo de manutención del marido hacia la esposa. "Hay una serie de aleyas en el Sagrado Corán disponiendo que la dote de la mujer pertenece a ella y a nadie más y que mientras el matrimonio dure, el hombre también es responsable del pago de los gastos de manutención de su mujer"[61]. Se puede pensar la dote como una especie de seguridad financiera para la mujer. "Los musulmanes creen que la introducción de la dote es el resultado de un plan muy sabio que fue diseñado en el contexto de la Creación para guardar un equilibrio en la relación del varón y la mujer y para mantenerlos unidos"[62].

Según el Islam, el matrimonio es el estado ideal del musulmán. "En relación con la herencia paterna, de la cual corresponde a las mujeres la mitad de la que obtienen los varones, cabe destacar que a los hombres recae en exclusiva el peso de mantener a su familia y esta responsabilidad merece ser recompensada"[63].

---

[60] Cortés, Julio, El Corán, Barcelona, 1999, p. 533.
[61] Motahari, Morteza, Dote y manutención, Octava Parte de Los derechos de..., Op. Cit., p. 140.
[62] Ibid., 142.
[63] Crítica, Mujeres e Islam: Una mirada histórica, N.º 911, p. 45.

El Islam tiene su propio sistema de dote. La mujer tiene derecho sobre la propiedad o trabajo y las ganancias que obtiene de ellos. "Por sí mismo, esto evidencia que el sentido de la dote en el Islam no significa que el hombre debe obtener beneficios financieros de la mujer o explotarla físicamente"[64]. A comienzos del siglo XVIII, la señora Lady Montagu, esposa del embajador británico en Estambul, envía cartas a sus amigos que contienen comentarios reales sobre la situación de las mujeres turcas, integrantes de la *Ummah* o comunidad islámica: "Estas señoras son ricas y disponen por sí mismas de su dinero, que se llevan consigo cuando se divorcian, además de tomar lo que sus maridos están obligados a entregarles"[65]. "El reconocimiento de la autonomía económica de las mujeres forma parte del marco legal islámico, establecido sobre la base del mensaje coránico y del ejemplo de vida del profeta Mahoma."[66].

Respecto a la cuestión de la poligamia, hay que aducir que esta práctica no se limita a la cultura islámica. En períodos precedentes al Islam existía entre diferentes naciones y culturas como en Persia sasánida, Arabia, Israel y entre los nobles que debían asegurar la descendencia en China, Egipto faraónico, entre los mayas y los aztecas. Un ejemplo histórico y religioso de la poligamia es el del profeta Abraham, padre de las religiones abrahámicas, que compartía su vida matrimonial con Agar y Sara. También el profeta Jacob era polígamo, dividía su vida matrimonial con Lía y Raquel.

---

[64] Motahari, Morteza, Dote y manutención, Octava Parte d Los derechos de la mujer..., Op. Cit., p. 150.

[65] Critica, Op. Cit., p. 42.

[66] Id.

Algunas personas piensan que la poligamia en la sociedad islámica existe entre la gente adinerada. Si bien la riqueza es un factor que favorece a un hombre para ser polígamo, la poligamia no es exclusiva de la gente rica, existe en todos los estratos sociales. La poligamia es una estrategia para mantener el linaje. "Históricamente, la poligamia se ha dado, sobre todo, en familias aristocráticas y de buena posición económica, capaces de sustentar grandes establecimientos domésticos; en otros casos, se ha considerado como un atuendo para mujeres en situación de precariedad, como las viudas o las casadas estériles (que corrían el riesgo de ser repudiadas; un segundo matrimonio del marido no las forzaba, en cambio, a abandonar su hogar)"[67].

El Islam establece que la dote existe tanto en el matrimonio por tiempo determinado como en el permanente. Es una ley divina y no se puede abolir con el pretexto de la igualdad entre el hombre y la mujer. "La fuente de la ley de la dote, hecha obligatoria en el Derecho Civil iraní, es el Corán"[68]. El Sagrado Corán habla de la independencia económica de la mujer. El sura 4, aleya 32 dice: "No codiciéis aquello por lo que Dios ha preferido unos de vosotros a otros. Los varones tendrán parte (en la recompensa) según sus méritos y las mujeres también. Pedid a Dios de Su favor. Dios es omnisciente"[69]. Los árabes, antes del Islam, consideraban que la mujer no tenía derecho a la herencia. El Sagrado Corán insiste firmemente en el derecho de herencia para la mujer. "El Islam trajo una gran revolución social pero completamente pacífica, sin

---

[67] Critica, Op. Cit., p. 45.

[68] Motahari, Morteza, Dote y manutención, Op. Cit., p. 152.

[69] Cortés, Julio, El Corán, Op. Cit., p.105.

prejuicios y segura"[70]. La aleya 7 de este mismo sura se ocupa del derecho a la herencia tanto para hombres como para mujeres: "Sea para hombres una parte de lo que los padres y parientes más cercanos dejen; y para las mujeres una parte de lo que los padres y parientes más cercanos dejen. Poco o mucho, es una parte determinada"[71].

Desde el punto de vista jurídico, el advenimiento del Islam proporcionó a la mujer un estatus del que antes no disfrutaba. Por otra parte, el Islam, teniendo en cuenta lo que considere la naturaleza de la mujer, fijó límites que un occidental pueden considerar como una desigualdad de derechos. "Sin embargo, algunas disposiciones de la ley islámica, como por ejemplo, la poligamia, la herencia atribuida a las niñas inferior a la de los niños varones, la incompatibilidad entre ser mujer y juez y su incapacidad legal para ser testigo en los juicios, son casos que no se corresponden con la sensibilidad moderna"[72]. Por ejemplo, "A los ojos del Islam, la mujer, aunque de acuerdo con el instinto humano tiene derecho a guardar lo que gane, no es de ninguna manera responsable de conseguir los medios de vida de la familia"[73].

La *Shari'a*, la expresión de la voluntad divina, transmitida a la humanidad a través del Sagrado Corán y de la tradición del profeta y de los Imames Infalibles del Islam, ha favorecido y favorece a la mujer en cuestiones económicas. La intención de la *Shari'a* no es en absoluto favorecer a la mujer o al hombre, su objetivo es la prosperidad de toda la humanidad. "Otra razón por la que la

---

[70] Motahari, Morteza. Dote y manutención, Op. Cit., p. 159.

[71] Ibid., p. 98.

[72] Crítica, Charia y derechos humanos, Op. Cit., p. 38.

[73] Motahari, Morteza, Dote y manutención, Op. Cit., p. 160.

manutención es obligatoria para el varón es que el dolor, sufrimiento y pérdida de energía que envuelve al nacimiento de la generación siguiente son soportados por la mujer por decreto de la naturaleza"[74].

En esta dirección, y según el Derecho laboral internacional, el salario mínimo concedido al hombre trabajador incluye lo necesario para que vivan su mujer e hijos. Esto significa que ese Derecho reconoce oficialmente el derecho de la manutención de la mujer e hijos por parte del marido. "Asimismo, en la Declaración de los Derechos Humanos, a pesar de la explícita mención de que el hombre y la mujer tienen iguales derechos, el hecho de dar el marido la manutención a la mujer no ha sido considerado incompatible con la igualdad de derechos"[75].

El matrimonio por tiempo determinado es una de las cuestiones que ha causado más discusión en el seno de la sociedad islámica, especialmente entre sunnitas y chiitas. Para los sunnitas, el decreto del segundo califa Omar lo prohíbe; mientras que según la jurisprudencia chií, el matrimonio por tiempo determinado es un decreto divino que existía en el tiempo del Profeta del Islam y no puede ser derogado de ninguna manera. Otra crítica al matrimonio por tiempo determinado es la que resulta al compararlo –rebajándolo y rebajándolo– a un caso de prostitución. Sin embargo, esta crítica tampoco tiene base lógica pues, tras acabar el tiempo acordado en el matrimonio por tiempo determinado, la mujer tiene que guardar *iddah* (periodo de abstinencia legal) y si durante el matrimonio por tiempo determinado la mujer queda embarazada, el

---

[74] Ibid., p. 164.
[75] Ibid., p. 170.

hijo tiene los mismos derechos que el nacido del matrimonio permanente. "Así como la esposa del matrimonio
permanente tiene que observar un periodo de *iddah*, durante el cual no puede casarse después del divorcio, también tiene que observar dicho periodo la mujer de matrimonio por tiempo determinado, es decir, luego del término del periodo acordado o de la disolución"[76].

Algunos critican al matrimonio por tiempo determinado como si se tratara de alquilar a una mujer mediante
el pago. Sin embargo, si esta fuera la intención, dicho matrimonio sería nulo. "El matrimonio por tiempo determinado ha sido permitido en la *Shari'a* (ley islámica), solamente porque el matrimonio permanente, por sí mismo,
no puede hacer frente a las necesidades humanas en todas
las circunstancias y condiciones, y el matrimonio permanente como única alternativa crearía ineludiblemente una
situación en la que, para la gente, sería aconsejable un
ascetismo temporal o se precipitaría en el pozo de la promiscuidad sexual"[77]. El Islam es una religión en armonía
con las necesidades naturales, instintivas y físicas del ser
humano; en tal sentido no permite ni ascetismo y mortificación ni promiscuidad. "Según el Islam, todos los ins-
tintos, sexuales u otros, se deberían satisfacer dentro de
los límites de las necesidades y del goce"[78].

Vamos a analizar el punto de vista de la jurisprudencia
sunnita donde el decreto del segundo califa Omar ha
prohibido el matrimonio por tiempo determinado. Entonces, cabe preguntarse: ¿Es que el califa puede intervenir

---

[76] Motahari, Morteza, Matrimonio por tiempo determinado, Segunda Parte de Los derechos de la mujer..., Op. Cit., pp. 19-20.

[77] Ibid., pp. 26-27.

[78] Ibid. p. 36.

y abolir una parte de la *Shari'a*? La respuesta será contundente: "no", porque la *Shari'a* es la ley divina y nadie puede suspenderla. "Todos los musulmanes creen unánimemente, y yo soy de la misma opinión, que en el primer período del Islam el matrimonio por tiempo determinado fue permitido y el santo Profeta, durante uno de sus viajes, cuando los musulmanes estaban lejos de sus mujeres y en medio de muchas incomodidades, les dio permiso para el matrimonio por tiempo determinado"[79].

Uno de los más famosos eruditos religiosos de la ciudad santa de al-Nayaf al-Ashraf, en Irak, Allamah Kashif al-Ghita[80] (1877-1954), explicó que el califa Omar "(...) asumió la responsabilidad de anular la *mutah* (matrimonio por tiempo determinado), bajo la impresión de que esta cuestión se incluía en las materias que entraban en el campo autorizado a su control como gobernante y guardián de los asuntos de los musulmanes"[81]. "Porque este publicó una ordenanza temporal de prohibición respecto al matrimonio por tiempo determinado, pero los demás no deberían haberle asignado un carácter permanente"[82]. Dicha prohibición fue una medida cautelar que obedeció a las circunstancias y exigencias de su tiempo.

Una prohibición más reciente, con similares características, fue la del tabaco. Todo se originó con la concesión exclusiva del tabaco en Irán a una compañía británica, la Imperial Tobacco Corporation of Persia, llamada simplemente "Regie". El rey Naser od-Din Sha, en 1890,

---

[79] Ibid., p. 38.
[80] Sheykh Mohammad Hossein ibn Sheykh Ali al-Kashif al-Ghita
[81] Id.
[82] Motahari, Morteza, Matrimonio por tiempo determinado, op. cit., p. 39.

accedió a tal monopolio, a cambio de un considerable soborno[83]. El Estado se comprometía a sancionar y castigar severamente a quienes negociaran con el tabaco sin licencia del Monopolio. El contrato, firmado el 20 de marzo de 1890 –en la víspera del Nowruz, el nuevo año persa–, le costó a la Regie un total de 400.000 tomanes (moneda local hasta 1932). Esta cifra contemplaba las propinas y sobornos que estaban obligados a dar a los numerosos cortesanos e intermediarios. Esta concesión, claramente injusta desde todo punto de vista, sea social que económico, provocó un movimiento masivo de oposición al monopolio que triunfó en los años 1891-1892. El instrumento con que la protesta se impuso fue la *fatwā* publicada por el entonces dirigente chiita *mujtahid* (jurisconsulto religioso) Mirza Mohammad Hasan Shirazi, en la que se prohibía fumar tabaco.

Volviendo al matrimonio por tiempo determinado, este constituye uno de los rasgos distintivos de la jurisprudencia chiita. Está permitido para los hombres solteros que no tienen capacidad económica para afrontar un matrimonio permanente y para aquellos hombres cuyas mujeres no están con ellos.

La familia, como núcleo con estatuto especial, disfruta de derechos naturales. "La raíz y fundamento de los derechos familiares, que es la materia en discusión, deberían ser siempre buscados en la naturaleza, al igual que todos los otros derechos naturales"[84]. Por derecho natural, los individuos integrantes de la unidad familiar

---

[83] Percibió 25.000 libras, a las que se sumaban otras 15.000 libras anuales y el 25 % de las ganancias de la compañía.

[84] Motahari, Morteza, Los fundamentos naturales de los derechos familiares, Sexta Parte de Los derechos de la mujer..., op. cit., p. 110.

disfrutan de idénticos derechos naturales fundamentales. La diferencia se presenta con respecto a los derechos adquiridos. Podemos decir que el derecho natural ha conformado los derechos familiares con un diseño especial.

Con respecto a los derechos familiares, otro punto de discusión es la posición del Islam sobre los derechos que tienen el hombre y mujer en caso de divorcio. "La diferencia entre el punto de vista del Islam y otros puntos de vista para la solución de los problemas sociales es que alguna gente, sosteniendo una visión distinta a la islámica, imagina que todos los problemas se pueden resolver mediante la reforma y aprobación de leyes"[85]. Según el Islam, cuando en un problema se advierte la presencia de elementos del plano afectivo –sentimientos afectuosos, amor, simpatía o aborrecimiento–, en resumen, en casos en que las emociones tienen gran importancia, la ley por sí sola no será efectiva. Deberán ser analizados otros motivos y factores y para eso hay que recurrir a otros instrumentos disponibles para resolver el problema y llevarlo a buen término.

El Profeta dijo: "Jabra'il (Gabriel) tanto alabó la causa de la mujer y tanto me aconsejó, que me dio la impresión de que, excepto en caso de adulterio, la mujer no merece ser repudiada" (…) "De cualquier modo, lo que no se puede negar, es que el divorcio y la separación del marido y la mujer es detestable y odioso a los ojos del Islam".[86]

Los fundamentos de la familia son algo más que la igualdad. Esta, por sí sola, no basta para mantener y

---

[85] Motahari, Morteza, El derecho al divorcio, Décima Parte de Los derechos de la mujer..., Op. Cit., p. 189.
[86] Ibid., p. 191 y 195.

regular la familia. "La naturaleza ha decretado solamente la igualdad en la vida social, pero en la unidad familiar ha diseñado otras leyes, además de la igualdad" (…) "Estoy completamente seguro y puedo afirmar con confianza que, por medio del esclarecimiento científico, el mundo occidental aceptará gradualmente los principios islámicos en la regulación de su vida familiar"[87].

"Además de aconsejar a quienes toman el juramento del matrimonio (*sighah*), a los testigos y a otros, que se esfuercen por disuadir al hombre del divorcio, el Islam ha ordenado que el mismo no se debería considerar legal y correctamente aplicado a menos que sea en presencia de dos testigos honrados"[88]. En la aleya 35 del sura 4 del Sagrado Corán en cuanto a evitar el divorcio dice lo siguiente: "Si teméis una ruptura entre los esposos, nombrad un árbitro de al familia de él y otro de la de ella. Si desean reconciliarse, Dios hará que lleguen a un acuerdo. Dios es omnisciente, está bien informado"[89].

Hay que subrayar que el Código Civil de la República Islámica de Irán indica que existe el derecho de divorcio por parte de la mujer con las siguientes premisas: haber solicitado a su marido el permiso de divorcio en las condiciones del acta del matrimonio (Art.1119 del Derecho Civil); la ausencia del marido durante cuatro años consecutivos y con paradero desconocido (Art.1029 del Derecho Civil); la falta de suministro de gastos de manutención por parte del marido durante seis meses (el Art.1129 del Derecho Civil); la incapacidad del marido en mantener relaciones sexuales con su mujer (Art. 1122 del

---

[87] Ibid., p. 203.

[88] Motahari, Morteza, El derecho al divorcio, Op. Cit., p. 209.

[89] Cortés, Julio, El Corán, Op. Cit., p. 106.

Derecho Civil). También puede recurrir al juez legítimo y solicitar el divorcio en el caso de que la permanencia en el matrimonio le cause dificultades y situaciones indeseables (Art.1130 del Derecho Civil), en tal caso, el juez se reserva la facultad de concedérselo.

El Art. 1133 del Código Civil de la República Islámica de Irán indica que el hombre puede divorciarse de su mujer cuando quiera sin necesidad de presentar justificaciones al tribunal. Este derecho se ejerce sólo en el caso del matrimonio permanente.

La legislación de la República Islámica se ocupa especialmente de los hijos de los matrimonios que se divorcian. El Art. 1158 indica que el hijo pertenece al marido si ha nacido dentro del lapso comprendido entre los 6 y los 10 meses a partir de la relación sexual que lo concibió. Si el niño nace después de la disolución del matrimonio, pertenece al marido siempre que la madre no se haya casado de nuevo (Art. 1159). En el caso especial en que el hijo pudiera ser atribuido en igual medida a ambos maridos, el hijo pertenece al segundo marido, a menos que se presenten los indicios definitivos que prueben lo contrario (Art. 1160).

El Islam concede el mismo rango espiritual a hombres y mujeres, pero, en cuanto al divorcio, traza una gradación diferente entre ambos. Así muestra la aleya 228, sura 2: "Las repudiadas deberán esperar tres menstruaciones. No les es lícito ocultar lo que Dios ha creado en su seno si es que creen en Dios y en el último Día. Durante esta espera, sus maridos tienen pleno derecho a tomarlas de nuevo si desean la reconciliación. Ellas tienen derechos equivalentes a sus obligaciones, conforme al uso, pero los hombres están un grado por encima de ellas"[90].

3. Condición de la mujer en el siglo XXI

Actualmente las mujeres musulmanas están reivindicando sus derechos en el mundo islámico a través de fundaciones y movimientos. En algunos países árabes como Arabia Saudí y Kuwait, donde hasta hace poco las mujeres no tenían derecho a votar o conducir, las agrupaciones que reivindican la igualdad están consiguiendo estos y otros derechos civiles. En Irán, donde se pone en práctica una interpretación del Islam mucho más abierta que en otros países islámicos, las mujeres tienen derecho al voto, al trabajo, al divorcio y a la participación en las instituciones del Estado como por ejemplo, a proponerse como diputadas del Parlamento y miembros del Gobierno. Estamos hablando de derechos de los que, hasta hace pocas décadas, carecían incluso en muchos países occidentales.

Este es un punto muy delicado, hay que separar la religión islámica de la práctica política. Según las circunstancias históricas de cada tiempo, el matiz político puede variar –en Irán como en cualquier otro punto del globo– y poner en acto conductas y procedimientos que garanticen continuidad al partido o al grupo de poder de turno. Los políticos pueden justificar sus decisiones apelando a una interpretación u otra de los textos sagrados, los consejos de los profetas y las varias visiones de una única circunstancia. Es lo que sucede con el modo en que ciertos grupos leen La Biblia cristiana –católicos en época del Santo Oficio, protestantes que renuncian a la

---

[90] Ibid., p. 45

73

electricidad o el uso del automóvil, testigos de Jehová que rechazan la medicina contemporánea, etc.,–; con la variedad de sistemas políticos que se auto encuadran en diversas interpretaciones del Islam; con los fundadores del Imperio Budista de Ashoka (India, siglo III a.C.), el budismo nacionalista de Myanmar o el partido político japonés Nuevo Kōmeitō, ideológicamente basado en el budismo Nichiren y fuertemente vinculado a la organización budista laica Soka Gakkai.

En el caso particular de Irán, el movimiento de derechos de la mujer tiene una larga historia, con importantes hitos alcanzados antes de la Revolución Islámica de 1979. A pesar de la represión posterior, el movimiento sigue activo y bien organizado, utilizando diversas estrategias para abogar por reformas y concientizar sobre la discriminación. La campaña del "Millón de Firmas" (2006) contra la discriminación es un excelente ejemplo de las iniciativas de la sociedad civil. Una de sus primeras impulsoras fue la abogada Shirin Ebadi (1947-).

Shirin Ebadi (1947-) se recibió de abogada en la Universidad de Teherán y fue la primera mujer que alcanzó el rango de juez en Irán, su país natal. Actualmente continúa desde Londres defendiendo los derechos de los menos afortunados. Como activista pacifista iraní, le fue otorgado el Premio Nobel de la Paz en el año 2003, siendo la primera mujer musulmana e iraní en recibir un premio Nobel. Este un ejemplo de mujer educada e intelectual en un país cuyo sistema político y social está basado en la *Sharía* (ley coránica). Ella cree que no existe conflicto alguno entre el Islam y los derechos humanos fundamentales. Es también fundadora de la Asociación de Apoyo a los Derechos de los Niños en Irán. A lo largo de la historia de la humanidad, los derechos de niños y mujeres fueron sistemáticamente pisoteados debido a que son físicamente diferentes de los hombres adultos. Shirin Ebadi defiende –desde el auto exilio– que se ponga en acto una interpretación más abierta de la ley coránica que esté "en armonía con los derechos humanos fundamentales como la democracia, la igualdad y la libertad de religión y de pensamiento".

Desde abril de 2025, bajo la administración del presidente Masoud Pezeshkian, tres mujeres ocupan cargos importantes en el gobierno iraní: Zahra Behrouz Azar, vicepresidenta de Asuntos de la Mujer y la Familia; Shina Ansari, jefa del Departamento de Medio Ambiente con rango de vicepresidenta; Farzaneh Sadegh, ministra de Carreteras y Desarrollo Urbano (desde agosto de 2024) convirtiéndose en la segunda mujer que ocupar un cargo ministerial desde la Revolución Islámica de 1979. Vale la pena señalar que las agrupaciones siguen trabajando para aumentar el número de mujeres en roles gubernamentales importantes de alto nivel en Irán.

Los movimientos feministas de las Iglesias cristianas en Occidente reivindicaron y siguen reivindicando los derechos de la mujer cristiana y la igualdad de los géneros. Sin duda, el tema del ecumenismo y el diálogo interreligioso es, en la teología cristiana, la base para el acercamiento profundo de ideas en un mundo plural de culturas y religiones. "Quisiera hacerlo desde una llamada del Dios único, que podemos ir sintiendo a través de todas estas situaciones nuevas"[91]. El movimiento ecuménico

---

[91] Arana, María José, "Nuevo Testamento, la universalidad y diálogo interreligioso", *Mujeres, diálogo y religiones*, (Ma. José Arana, dir.), Desclée, Bilbao, 1999, p. 4

del siglo XX –iniciado por los protestantes y llegando a su cúspide con el concilio del Vaticano II[92]–, es considerado para la teología feminista como uno de sus fines prioritarios y una de sus mayores preocupaciones.

Cabe señalar que el Concilio Vaticano II no adoptó las demandas específicas del feminismo contemporáneo –como la igualdad al acceso en sacerdocio ministerial–. Sin embargo, su énfasis en la dignidad bautismal[93], en el papel de los laicos[94] y en la lectura de los signos de los tiempos conformó un marco teológico que ha sido luego desarrollado por teólogas feministas católicas para argumentar a favor de una mayor igualdad y participación de las mujeres en la Iglesia y en la sociedad. "Para la teología feminista, el ecumenismo es también hablar de unidad, pero adquiere matices de la nueva espiritualidad feminista pues, siendo consciente de las divisiones que existen y lo difíciles que son a veces de superar, las teólogas feministas cristianas saben muy bien que la unidad tiene que ser, sobre todo, una obra de Dios"[95].

Las reflexiones teológicas acerca de los peligros que acechan en Occidente, al alejarse la gente de la trascendencia divina, han obligado a las mujeres occidentales a concebir una nueva espiritualidad feminista para moverse en el escenario de un mundo cada vez más materialista. "La nueva espiritualidad feminista, que hunde sus raíces en la experiencia de las mujeres, consiste en una nueva

---

[92] Octubre, 1962 (Juan XXIII) – diciembre, 1965 (Pablo VI).
[93] Documento: *Lumen Gentium.*
[94] Documento: *Apostolicam Actuositatem.*
[95] Bautista, Esperanza, "El ecumenismo y la teología feminista", *Mujeres, diálogo y religiones*, op. cit., p. 11.

relación con el cuerpo y la naturaleza y en una búsqueda de la totalidad, de la integración y de la paz"[96].

Elisabeth Schüssler Fiorenza (1938-) es una feminista rumano-estadounidense que sostiene la lucha político-religiosa de las mujeres para que sea posible transformar la cosmovisión patriarcal occidental. Acuñó el término **kyriarquía** que describe un sistema social de dominación interconectada y jerárquica, basado en género, raza, clase y otras formas de poder; en este marco, analizó cómo operan múltiples formas de opresión y cómo se entrelazan en los textos bíblicos y en la historia del cristianismo. Por otra parte, plantea el modelo de *ekklesia* de mujeres –propuesta teológica y sociopolítica que intenta cambiar el orden tradicionalmente aceptado–. "Para ella, el concepto de 'iglesia de las mujeres' tiene mucho que ver con la democracia radical, por eso, el sentido de la *ekklesia* es el de una asamblea democrática, el sínodo o el parlamento de las mujeres, que se contrapone a la Iglesia patriarcal" (…) "... la presencia de Dios se manifiesta a través del reconocimiento mutuo y del respeto de sí mismo y de los demás, es decir, en el reconocimiento y el respeto de la propia identidad y en el respeto de las diferencias"[97].

La *ekklesia* de las mujeres debe ser ecuménica, un espacio de diálogo, de encuentro y respeto recíproco en el cual debatir diversas opiniones, "(…) campo en donde la lucha democrática por la justicia, la libertad y el bienestar para todos, pueda contribuir a moderarla como un centro espiritual de dimensiones globales que, en su lucha contra la opresión y la deshumanización patriarcal, busca una

---

[96] Ibid., p. 12.
[97] Ibid., p. 15 y 16.

iglesia y una sociedad radicalmente democráticas que sirvan para el presente y el futuro"[98]. A través de la *ekklesia* de las mujeres no sólo se puede alcanzar la unidad de las Iglesias, sino también corregir nuestro conocimiento y nuestra visión sobre el mundo.

Los análisis de Schüssler Fiorenza fueron el punto de partida para un cambio paradigmático en el modo en que hoy se lee la Biblia, se hace teología y se concibe el papel de las mujeres dentro del cristianismo. Diversas teólogas comparten perspectivas similares. R. Radford Ruether (1936-2022), centrada en la justicia social, realizó la crítica profunda del patriarcado en la tradición cristiana. La teóloga feminista y ecumenista Letty M. Russell (1929-2007) se posicionó en la teología de la liberación y la justicia, trabajando con las perspectivas de género en la fe cristiana. Ada María Isasi-Díaz (1943-2012) desarrolló la teología *mujerista*, diálogo teológico feminista desde la experiencia de las mujeres latinas en los Estados Unidos

Dios ha creado tanto a hombres como a mujeres a su imagen y son iguales según la creación. "..., la discriminación de la mujer interpela nuestra aceptación pasiva de la injusticia que supone menos oportunidades de vida y de desarrollo para la mitad de la humanidad por razón de sexo"[99]. Sin embargo, la discriminación de la mujer, sea tanto en función del aspecto físico como moral, ha sido y es tema de discusión en ámbitos sociales. académicos y familiares. Los profetas y los grandes hombres han sido justos con las mujeres. El tratamiento injusto hacia las

---

[98] Ibid., pp.17.

[99] Ramón, Lucía, "Crezcamos hasta alcanzarle del todo..." (Ef. 4,15). "Oportunidades y desafíos del decenio ecuménico de las mujeres" *Mujeres, diálogo y religiones*, Desclée, Bilbao, 1999, p. 24.

mujeres es contrario a la voluntad de Dios y su obra de ecuanimidad. "En la mayoría de los casos, las mujeres experimentan los peores efectos de la pobreza, la injusticia económica, el racismo, el sistema de castas, el militarismo y la privación de la tierra de los derechos de las minorías"[100].

Las mujeres son víctimas de todo tipo de violencia física y psíquica. Cada día, recibimos noticias desde los medios de comunicación sobre mujeres sometidas a golpes y asesinadas, violaciones, incesto, tráfico de seres humanos, su venta a redes de prostitución, la mutilación genital, los ritos de viudez, como la "limpieza" ritual, el aborto de sexo femenino o el infanticidio de niñas, las muertes en relación con la dote, las quemaduras infligidas a la consorte y los suicidios que tantas mujeres cometen como única salida. Asimismo, junto con la violencia anexa al hombre existen el agotamiento, la ignorancia, la enfermedad y la muerte como doble violencia a la que se condena a ser pobre y mujer.

Pero el género femenino está doblemente en la mira de la violencia: la irresponsabilidad de los hombres con respecto a la familia, su desinterés por los niños, su alcoholismo, su propia soledad, su falta de autoestima, la falta de reconocimiento de su trabajo y la insuficiencia de oportunidades laborales son todas formas de violencia que afectan indirectamente a la mujer. La injusticia económica impuesta en el mundo por la globalización y mundialización de la economía y la inestabilidad, las políticas de ajuste estructural, la privatización y la desregulación, los recortes en los servicios sociales, el aumento

---

[100] Ibid., p. 9

del subempleo y el desempleo o el traslado de industrias, afectan especialmente en la vida de las mujeres y de sus hijos. "Sin justicia económica las mujeres están totalmente a merced de los hombres de los que dependen durante toda su vida"[101].

La opresión sobre las mujeres, en ciertas sociedades, se ejerce también mediante su imposibilidad de heredar propiedades o medios de producción, administrar las finanzas de la familia, hacer un negocio o un proyecto y tener acceso a préstamos. En las "normales sociedades civilizadas" están a la orden del día los casos de *stalking* en el ambiente laboral que van desde las molestias constantes hasta el abuso sexual como parte de las condiciones para tener un contrato de trabajo.

Otro tipo especial de discriminación de la mujer nace de las interpretaciones erróneas de la Biblia, del Corán y otros libros sagrados con la consecuente teología opresiva que se deriva cuando se las aplica. "En muchos contextos, la sexualidad y las funciones biológicas de las mujeres se consideran impuras y sucias, mientras que la sexualidad masculina y las funciones de los hombres no reciben un tratamiento tan infamante"[102].

El Nuevo Testamento habla de toda la comunidad humana como de una única familia, habla de la **ecumene**. La palabra procede del verbo griego οἰκέω (habitar), οἰκουμένη –su participio medio pasivo– puede traducirse como "tierra que está siendo habitada". En el Nuevo Testamento indica el mundo todo, habitado por la comunidad

---

[101] Ibid., p. 16
[102] Ibid., p. 23.

humana: la "casa", **οἶκος**, que acoge a la familia extendida y todos los que viven bajo el mismo techo. Si hubiéramos obrado bien, de manera justa, en esta nuestra casa/planeta Tierra no existía la deplorable triple explotación: de las mujeres, del Sur Global y de los recursos de Naturaleza. La triple explotación perpetúa la dependencia económica y el subdesarrollo de grandes grupos humanos que sostienen a otros grupos, que se benefician en diversos planos de sus recursos, trabajo y sumisión.

Para modificar tal engranaje injusto, un instrumento imprescindible es el diálogo. Sin duda, el diálogo, especialmente el de tipo interreligioso ilumina la comprensión de la condición de la mujer y el enriquecimiento de puntos de vista. "La exégesis feminista de los diferentes Libros Sagrados –del judaísmo, cristianismo, Islam, religiones orientales– se realiza aún de forma excesivamente minoritaria, pero se ve urgente no sólo para una clarificación y nueva interpretación en vistas a una teología feminista liberadora, sino como un elemento fundamental para profundizar en el 'diálogo interreligioso' y que ayuda a enriquecer enormemente la experiencia de Dios y comenzar a buscar nuevos símbolos e imágenes"[103].

El estancamiento en el problema responde a la insistencia en aplicar interpretaciones estrictas sobre la mujer en todas las religiones. Por inercia, o pereza, o conservadorismo, o negación del problema, o terror al cambio, las religiones del mundo están miopes a la hora de iluminar todos los elementos religiosos de liberación que ellas mismas ya poseen. Así, identificar desde la religión

---

[103] Arana, María José, "La mística y el trabajo del corazón para revitalizar el mundo" *Mujeres, diálogo y religiones*, Desclée, Bilbao, 1999, p. 22.

elementos de liberación, reavivarlos y fortificarlos de manera creciente haría posible, a su vez, identificar los elementos de opresión, evidenciarlos y, de este modo, debilitarlos para finalmente extender el dominio generalizado de elementos liberadores dentro de la sociedad. "La profunda religiosidad y riqueza de la cultura asiática debería ayudarnos a reclamar y defender la dignidad de las mujeres y el compañerismo de hombres y mujeres, construir juntos un arco–iris anunciador de paz, de armonía, de solidaridad y unidad entre las gentes y Dios"[104].

Los movimientos migratorios en nuestras ciudades y sociedades constituyen otro factor de acercamiento entre mujeres de distintas razas y culturas; el conocimiento recíproco reduce entre ellas la percepción de las diferencias. Sin embargo, en la realidad de estos movimientos existe un aspecto negativo: la violencia contra los derechos de las mujeres dentro del propio grupo de los inmigrantes indocumentados. En otras palabras, esta violación de género existe en el seno de las familias inmigrantes. Con frecuencia vemos, por ejemplo, que una mujer inmigrante está mendigando en la calle de cualquier ciudad europea; la mayoría de las veces se trata de mujeres rumanas de etnia Rom, mientras que raramente vemos que un hombre del grupo haga lo mismo.

"Vamos a tratar de acercarnos a la humanidad, a las Iglesias y religiones, a las mujeres, a las situaciones de angustia y sufrimiento...; vamos a intentar entrar en contacto, vamos a procurar sentir una conexión profunda, una 'sim-patía' profunda con todos y todo...; vamos a tratar de escuchar atentamente desde el corazón y dejar que

---

[104] Ibid., p. 23.

fluyan las lágrimas o/y, quizás, que asoma la sonrisa y la ternura: '¿Por qué lloras?' ... ¿qué te pasa?, ¿qué te conmueve? ... ¿qué sientes? ... ¿Podremos aliviar el dolor y el llanto?, ¿podremos llegar a oír, a intuir lo que ni siquiera llega a ser formulado?, ¿podremos llegar a descubrir los gérmenes de alegría y esperanza?"[105].

Sin duda ya existen dentro de los colectivos religiosos movimientos feministas que se ocupan de teología desde la perspectiva de la liberación de la mujer. Tienen un rol activo en las prácticas rituales, participan en actividades didácticas y sociales para alentar el diálogo con bases sólidas. "También existe el intercambio y la comunicación entre comunidades de monjas y religiosas de diferentes confesiones y religiones"[106]. Hay que pensar y creer en un solo Dios como punto de partida común para entablar un diálogo interreligioso fructífero entre las mujeres de diferentes naciones.

Las mujeres no pueden bajar los brazos, han de seguir motivadas en este compromiso tanto para el presente como para el futuro, son ellas las que deben tener conciencia de ser el principal factor para el cambio. La estrategia consiste en recordar los sufrimientos del pasado y las injusticias que padecieron para trasladar sus experiencias a las nuevas generaciones. En esta relación, la mística puede ser el elemento que permita discernir cuál es el camino adecuado, que nos lleve a encontrar el camino recto y verdadero, como lo hace la antorcha en la oscuridad de la noche.

---

[105] Ibid., p. 12.
[106] Ibid., p. 22.

Capítulo III. LA SOCIEDAD IRANIANA. LA REVOLUCION ISLAMICA

1. La mujer y la familia en Irán después de la Revolución islámica.

Como resultado de una serie de levantamientos populares que tuvieron lugar durante el año 1978, el **11 de febrero de 1979** marcó la fecha del triunfo definitivo de lo que luego se denominó Revolución Islámica: cayó el gobierno del Shah Mohammad Reza Pahlavi (1919-1980) y se establece la República Islámica bajo el liderazgo del ayatolá Ruhollah Jomeini (1902-1989). Tras la revolución, en la sociedad iraní se manifestaron cambios significativos para la situación de las mujeres como consecuencia de las reivindicaciones dinámicas realizadas por las mujeres islamistas.

Las reivindicaciones de las mujeres iraníes surgidas a partir de la Revolución islámica en Irán abren un nuevo horizonte de valores particulares y sociales para las mujeres musulmanas, valores hasta entonces nunca imaginados. Para comenzar, uno que tiene que ver con el aspecto exterior, el vestido islámico. El tema del uso o no del velo adquirió dimensiones políticas y sociales más allá de los límites del Irán islámico, su consideración se extendió a todos los rincones del mundo. El respeto de esta práctica generó reflexiones de todo tipo, por ejemplo, sobre la conveniencia o no de aceptarlo en escuelas de los países occidentales, especialmente en las escuelas secundarias italianas y francesas.

A lo largo de la historia, las mujeres iraníes tomaron posturas políticas y sociales con total independencia de criterio en diversas coyunturas. "Unas veces las mujeres islamistas fueron el factor potencial de radicalización de la revolución, como al ponerse el hiyab, y otras fueron un factor potencial de moderación o liberalización, como con su debate sobre la prohibición de la función de juez" (...) "La gente acude al Islam en respuesta a una llamada que llega muy hondo en el alma humana"[107]. Las mujeres han participado activamente en la Revolución islámica para oponerse al orden imperial. Pero no sólo, han percibido que era una oportunidad para reivindicar ciertos valores, sino también convirtiendo la Revolución en una herramienta para elaborar y establecer un nuevo orden social y, en especial, una nueva identidad femenina basada en la ética islámica. Durante la Revolución islámica las mujeres iraníes se encontraban en las primeras filas de las manifestaciones de protesta en contra del régimen monárquico de Pahlavi; una gran parte de los mártires de la Revolución han sido mujeres. Fueron verdaderas protagonistas, no solamente sus "víctimas"–según la idea que propaga un sector tendenciosamente parcial– del mundo occidental.

Desde los primeros momentos de la Revolución islámica en Irán, Occidente ha cometido dos errores importantes que le impidieron realizar la interpretación correcta de esta revolución. El primero de ellos es compararla con un terremoto imprevisible, un sacudón de las bases en que uno está parado brusco e inesperado. Y, tras hacer una comparación semejante, luego asustarse por la irrupción en el escenario nacional iraní y posteriormente, mundial, de lo que algunos dieron en llamar "unos locos

---

[107] Burgat, 1988, p. 72. Citado por Adelkhah, Fariba, Introducción, *La revolución bajo el velo. Mujer iraní y régimen islamista*, Ediciones Bellaterra, Barcelona, 1996, p. 17-18.

de Dios", personas cuyo comportamiento era calificado como "totalmente irracional".

En cambio, hay que saber que el movimiento se produjo gracias al dinamismo de la escuela chiita, abanderada por el clero desde hacía más de un siglo –desde el famoso y ya mencionado "movimiento de tabaco"–, que se convirtiera posteriormente en movimiento institucional. Ya había organizado la "Insurrección del 15 de Jordad" (fecha que corresponde al 5 de junio de 1963), un levantamiento sangriento como reacción al arresto del ayatolá Jomeini, quien había criticado abiertamente la política del Shah Mohammad Reza Pahlavi con respecto a la llamada "Revolución Blanca" –sistema de reformas con que su gobierno aparentemente había modernizado Irán–. En este contexto es donde se inserta la Revolución islámica, a la que se suman tanto hombres como mujeres de todas las edades. La unidad religiosa es, y siempre ha sido, un factor fundamental de cohesión para las movilizaciones masivas en Irán, pues se manifiesta de manera excepcional, incluso si se la compara con la unidad de otros países islámicos en que coexiste una inmensa cantidad de pequeñas minorías religiosas no islámicas, o islamizadas muy tardíamente, que alientan, tal vez, la occidentalización de aquellos países, como es el caso de Turquía. En Irán, las mujeres islamistas se rebelaron de modo frontal contra el régimen monárquico del Shah Mohammad Reza Pahlavi y sus cómplices, calificados de corruptores.

El segundo error a la hora de considerar la Revolución iraní es partir del presupuesto de que Irán en 1979 era un país retrasado de instituciones anticuadas y que la acción modernizadora la había planificado con esfuerzo el Shah.

En tal contexto, la Revolución habría sido una especie de revancha de la tradición contra el esfuerzo modernizador del Shah. Para enmendar este error, hay que recordar que las instituciones de la República Islámica de Irán no tienen nada de tradicional, y el propio término "república" debería bastar para atestiguarlo. Por lo tanto, no había nada que modernizar, se trataba de vaciar de sus valores a la comunidad. Para las mujeres, el Islam es un modo específico y alternativo de socialización, tanto en la esfera privada como en la pública. Las mujeres intervinieron en la Revolución para reivindicar su plena participación en las responsabilidades sociales. "La mujer musulmana también ha visto cómo su vida daba un vuelco a causa de la revolución, sin que esto signifique que actúe como islámica-islamista." (...) "Este deseo es más vivo desde el momento en que su reivindicación del Islam supone para ellas una novedad y una ruptura con el pasado"[108].

Para las mujeres islamistas lo importante es su presencia y su acción diaria en la sociedad. La conversión y renacimiento de las mujeres islamistas se apoya en tres dinámicas distintas:
- el enfrentamiento con el mundo exterior,
- el deseo de cambio social,
- el afán de intercambio y diálogo.

El modo en que se comportan las mujeres islamistas en sus vidas cotidianas son la puesta en práctica de su ideología. En el caso específico de la Revolución de 1979, las mujeres dan respuestas ideológicas, políticas y sociales a la problemática del período prerrevolucionario, en especial, a la modernización autoritaria y forzada que estaba

---

[108] Ibid., p. 25

llevando a cabo el régimen Pahlavi, la cual las enfrentó a contradicciones insostenibles en la sociedad civil y contra la cual, tuvieron que responder.

La Revolución islámica produjo una ruptura y un cambio político total; generó determinadas transformaciones culturales y sociales. Tres pilares servían de apoyo al régimen monárquico de Pahlavi, con los que pretendía establecer su legitimidad como jefe del Estado y que su investidura trascendiera la sociedad civil:
- la glorificación del pasado preislámico,
- el proyecto de la "Gran Civilización",
- la cooperación con el Islam basada en su manipulación.

El último Shah Mohammad Reza Pahlavi ascendió al trono durante la Segunda Guerra Mundial después de que las fuerzas aliadas obligaran a abdicar a su padre. Ciertamente había sido designado gracias a una parte de clero y, para asegurarse el control de la totalidad de los religiosos, burocratizó la institución de modo que él, en la punta de la pirámide jerárquica, pretendía mantener una relación directa y milagrosa con Dios.

El régimen Pahlavi –igual que Mustafa Kemal Atatürk (1881-1938) en Turquía– quiso por la fuerza occidentalizar la nación. Atatürk llevó a cabo las reformas ejerciendo un estricto liderazgo, ya que, aunque contaba con el apoyo de un sector de intelectuales, militares y de la población, no obtenía un consenso unánime pues, en general, nadie consideraba que tales cambios fueran necesarios por diferentes motivos. Por un lado las zonas rurales, en que residen los sectores más conservadores de la sociedad, se resistían, por otro lado, muchos de entre los líderes religiosos percibían los cambios como amenaza a su influencia. No dudaron Atatürk y su gobierno en recurrir a la fuerza para implementar las reformas: promulgaron leyes y decretos de necesidad y tomaron medidas enérgicas contra la oposición con la excusa de que amenazaban la modernización del país.

En Irán, el 7 de enero de 1973 se declaró el "Día de las mujeres" y a partir de ese momento, el gobierno de Pahlavi, por decreto de ley, prohibió el uso del velo en los lugares públicos. Sin embargo, la letra del decreto, en la realidad, no se respetaba y el intento quedó frustrado repetidas veces. Siguiendo esa misma lógica, con una disposición equivalente, los hombres debían seguir la moda occidental para vestirse y llevar, quienes desearan cubrirse la cabeza, sombrero en vez de turbante.

Para comprender el desconcierto que provocó en las mujeres la prohibición del velo, hay que saber que el término *hiyab* se utiliza, ya sea, como "velo/cortina", ya sea, de manera más amplia, para referirse al código de vestimenta de las mujeres musulmanas, que pone el acento en la modestia. Para algunas, el *hiyab* es un modo de expresar su identidad musulmana, una manifestación del orgullo de pertenecer a la fe islámica obedeciendo a Dios, que así lo ha manifestado en el Corán. Para otras, es una especie de protección contra la mirada inapropiada de ciertos hombres y la garantía de que ellas son tenidas en cuenta por propio intelecto, su manera de pensar y no por la apariencia externa. Para el pueblo musulmán iraní, el *hiyab* es el símbolo y la síntesis de los valores tradicionales que le son más preciados: la castidad –*effat*–, la modestia –*haya*– y la nobleza –*neyabat*–. Desde este punto de vista, se trata de un código de vestimenta que no implica en absoluto las mujeres islamistas el estar en contra del progreso y de la modernidad, sino no adherir a lo obsceno, inmoral, abiertamente sucio. Para el Imam Jomeini (que Dios lo bendiga), cuyo liderazgo político se enraizó en su sólido conocimiento como intelectual religioso, la *hiyab* forma parte del orden puro y simple requerido por el Islam. El régimen monárquico de Pahlavi había pisoteado la identidad islámica y se había empeñado en hacer todo lo posible para que esta desapareciera ahogada entre decretos de prohibiciones y restricciones. La Revolución de 1979 en Irán volvió a restituir la especial identidad islámica de que gozan mujeres y hombres. El poder islámico concedió a las mujeres una importancia especial desde sus discursos hasta en las prácticas sociales.

En el chiismo se da dignidad a la mujer porque se honra a Fátima (la paz sea con ella), hija del profeta, como modelo de la forma de ser, pensar y vivir de las mujeres. Para el sabio Motahari, la cuestión del género sólo puede abordarse dentro del marco del aspecto complementario del que gozan en la sociedad ambos sexos, subrayando el rol de la mujer como madre y esposa.

Mucho tiempo antes, el 27 de enero de 1963 las mujeres iraníes habían obtenido el derecho a votar y a ser elegidas diputadas del parlamento. Después de la Revolución islámica hubo más cambios institucionales. "Estos cambios en las prácticas sociales de las mujeres después del triunfo de la revolución estuvieron acompañados de transformaciones más fáciles de registrar en el ámbito de la ley, la prensa, las asociaciones y la educación"[109]. Hay un apartado dedicado a "la mujer en la Constitución" en

---

[109] Adelkhah, Fariba, "Las mujeres, el Imperio y la república", capítulo I de *La revolución...*, p. 69.

la introducción de la Constitución de la República Islámica de Irán, votada en noviembre de 1979. En él, el tema de los derechos de la mujer se plantea en el marco de los derechos de los seres humanos: la familia es el núcleo básico de la sociedad y el marco principal para la evolución y el progreso armonioso de los seres humanos. Partiendo de esta premisa, después de la Revolución islámica las mujeres ganaron en seguridad y protección para salir de casa, participar y ser protagonistas en las actividades sociales. En el plano público, al ya conocido ámbito de la producción, se sumó otro espacio de socialización femenino autónomo, ajeno al mundo asalariado.

Después de 1979 fueron creados distintos organismos revolucionarios con diversos fines sociales. En ellos, se fundaron secciones femeninas para llevar a cabo lo relacionado con los asuntos de las mujeres. Estas secciones están subordinadas a la dirección del organismo y tienen escasa autonomía a la hora de tomar decisiones.

Los iraníes que tomaron parte de la Revolución, sin distinción de tendencias, tienen un sentimiento de orgullo por haber protagonizado lo que consideran un renacimiento. Según el punto de vista de las mujeres islamistas se puede evocar la Revolución a partir de tres focos motivados entre sí. El primero es la visión de la Revolución como movimiento de **impugnación y de cuestión**. En él intervienen tres niveles de análisis:
1. La crítica del campo social y de la corrupción (*fesad*).
2. La crítica del campo religioso y de la obediencia formal (*ta'abbod*).
3. La búsqueda del derecho y de la equidad (*haqq*).

El segundo foco asimila la Revolución a la **noción de "necesidad"**. Una necesidad cuya fuerza radica tanto en el pasado como en las formas que adquiere el movimiento revolucionario y remite a la búsqueda del sentido del presente. El tercer foco se ocupa de la **dimensión económica** de la Revolución. Aquí es necesario subdividir de nuevo en tres niveles de análisis:

1. La relación consigo mismo.
2. La relación con el otro.
3. La relación con Dios.

Para hablar del primer foco –*fesad*– hay que considerar que la corrupción invade toda la sociedad, ningún rincón y hogar familiar se liberaba de ella. La corrupción es el vacío que se crea cuando no se encuentra un significado adecuado a la vida. La corrupción también marca una clara separación de lo privado y lo público con respecto a los valores, así como entre la tradición que sustenta el pasado y la modernidad que caracteriza el momento transitorio del presente.

Ta'abbod, es una palabra de origen árabe cuya raíz es *abd*, esclavo o criatura, que expresa la idea de una obediencia total, casi servil. Quien practica la religión con *ta'abbod*, actúa mecánicamente, sin utilizar el juicio crítico para seguir lo que indica Dios. El activismo se convirtió en una cualidad nueva de las mujeres musulmanas que buscan ir mucho más allá de la mera superstición y, en casos peores, del fanatismo religioso. El activismo de las mujeres islámicas persigue la purificación para sacudirse de todo lo que impide alcanzar el verdadero sentido de la religión. Al contrario de este *ta'abbod* estático, es necesario practicar un *ta'abbod* con conocimiento y así vislumbrar la lógica de las prácticas religiosas que hacen del Islam el modelo de vida del creyente.

Con respecto al tercer nivel de análisis, es decir, la búsqueda del derecho (*haqq*), la Revolución preparara y siembra el terreno fértil para alcanzar los mejores resultados. La Revolución, lejos de negar un momento histórico, realiza una crítica radical de cierto estado de la sociedad en ese momento histórico. En la ética iraní, como en la ética islámica en general, existen dos tipos de *haqq*: el derecho de Dios y el derecho del pueblo. En el marco del *haqq* de Dios, la criatura que desea mostrarse agradecida a su Creador debe realizar ciertas prácticas, tal como los rezos diarios, el ayuno en el mes de Ramadán, la peregrinación a la Meca, etc. En el marco del derecho de la esfera humana –que podemos llamar *haqq* del pueblo– se vuelve concreta y tangible la concesión que Dios hace de su propio *haqq* a la gente. Aquí aparecen las normas de convivencia que apuntan a la idea de comunidad, de colectividad, que contrastan al individualismo egoísta que caracteriza a los tiempos modernos. Entonces, en la vida de las personas se manifiesta, por ejemplo, el *haqq* del vecino, el del cónyuge, el de los hijos, el de los padres, el de la amistad, etc. Es por eso por lo que cualquier *haqq* (derecho) trae consigo un deber (*taklif*) para con los otros.

Las mujeres islamistas para reivindicar sus derechos apelan a los versículos coránicos referentes al destino del hombre y del pueblo, como la aleya 30 del sura 2 del Sagrado Corán, que habla del hombre como califa de Dios en la tierra: "Y cuando tu Señor dijo a los ángeles: 'Voy a poner un sucesor en la tierra', dijeron: '¿Vas a poner en ella a quien corrompa en ella y derrame sangre, siendo así que nosotros Te glorificamos y proclamamos Tu

santidad?' Dijo: 'Yo sé lo que vosotros no sabéis'"[110].
Asimismo, las aleyas 20 a 24 del sura 13 definen el destino de los hombres: "Quienes observan fielmente la alianza con Dios y no violan lo pactado, quienes mantienen los lazos que Dios ha ordenado mantener y tienen miedo de su Señor y de que les vaya mal al ajustar las cuentas, quienes tienen paciencia por deseo de agradar a su Señor, hacen el *azalá*, dan limosna, en secreto o en público, de lo que les hemos proveído y repelen el mal con el bien, eso tendrán la Morada Postrera, los jardines del Edén, en que entrarán, junto con aquéllos de sus padres, esposas y descendientes que fueron buenos. Los ángeles entrarán en donde ellos estén, por todas partes: '¡Paz sobre vosotros, por haber tenido paciencia!' ¡Qué agradable será la Morada Postrera!"[111].

Por otra parte, la universidad, como lugar por excelencia del conocimiento y de apertura hacia el exterior, donde se propagan las ideas de democracia y libertad de opinión, parece haber tenido un papel fundamental para la ilustración de las masas y, sobre todo, de los jóvenes. Es importante considerar que, ningún motivo para explicar el origen de la Revolución islámica en Irán puede limitarse a la esfera económica. La causa profunda de la Revolución islámica no fue económica; su origen está en motivos éticos y morales que causaron la movilización y el levantamiento popular. La Revolución, como renacimiento, confirió a las personas que la protagonizaron una identidad que se declina en tres planos:
1. Las relaciones sociales (consigo mismo y con los hombres).

---

[110] Cortés, Julio, *El Corán*, Herder, Barcelona, 1999, pp. 7-8.
[111] Ibid., pp. 324-325

2. La relación con Dios.
3. La relación con los demás.

Para el plano de las relaciones sociales, hay que tener en cuenta que la naturaleza humana se conforma de dos aspectos diversos y necesariamente complementarios: la apariencia externa, que se refiere al cuerpo, y la interioridad, o sea, la dimensión pensativa y reflexiva. La sexualidad y la familia se vinculan con el aspecto exterior del hombre, mientras que del interior parte la búsqueda del *haqq* (derecho), de la justicia, y de todo lo que tiene un alcance social. Cada aspecto funciona siguiendo una lógica que le es inherente. La legitimidad de ambas lógicas está plenamente reconocida e identificada como "la ley de la naturaleza", específicamente, "la naturaleza del hombre". En torno a estas nociones se articulan sea la lógica familiar como la social y, en consecuencia, la debilitación de la familia equivale a la negación de los valores sociales islámicos.

"La relación con lo social humano (consigo mismo y con los demás hombres) y la relación con Dios están estrechamente unida en el planteamiento de las mujeres islamistas"[112]. La fe en Dios motiva la búsqueda incesante de *haqq*, es decir, la justicia y el derecho. Las causas de la Revolución islámica en Irán tuvieron dos evocaciones simultáneas: la visión religiosa, destacando su carácter novedoso, y la visión humana del iraní a través de la historia de los movimientos rebeldes. La noción humana y la religiosa son inseparables.

---

[112] Salman, Zahra, 1983. p. 22. Citado por Adelkhah, Fariba, op. cit., p. 104.

La historia refiere que las mujeres iraníes en el período anterior al Islam llevaban el velo, que era símbolo de castidad y pudor. Esto muestra que existe una esencia del hombre, por su naturaleza, independientemente del Islam. Algunas mujeres de pueblos no musulmanes, incluso no religiosas, también llevan el velo respondiendo a la esencia del hombre: en ciertas ramas del cristianismo ortodoxo, algunas mujeres adultas se cubren la cabeza con un velo durante los servicios religiosos como signo de modestia y respeto. El hábito religioso de varias órdenes de monjas católicas también incluye el velo. Muchas mujeres judías ortodoxas, después del matrimonio, se cubren el cabello por razones de modestia utilizando pañuelos –tichel–, sombreros o pelucas. En ciertas regiones rurales del norte la India, las mujeres pueden llevar un velo –el ghunghat– que cubre su cabeza y a veces su rostro. Esta práctica puede estar asociada con el respeto a los mayores, las costumbres locales o el estatus social. En las culturas no religiosas, el velo puede usarse durante las ceremonias, bodas o funerales, y también como símbolo de estatus e identidad cultural, por ejemplo, los velos de novia y elementos similares forman parte de la simbología tradicional de variadas culturas occidentales.

La jurisprudencia islámica contempla que existe una distinción entre el ámbito familiar y el social. Esta distinción garantiza lo que podemos denominar la cohesión del conjunto, gracias a lo cual, únicamente, se logra alcanzar el desarrollo del ser humano de manera integral: lo externo que aparece en la superficie –el plano del *Zaher*– y aquello que se refiere a la realidad interior –el plano del *Baten*–. Ambos planos son complementarios, se dan sentido uno al otro, no puede existir uno sin el otro. Por eso, el Islam concierta las relaciones sociales entre la esfera privada, es decir, la familia, y la pública. La Revolución islámica en Irán ha sido una revolución basada en todos estos conceptos religiosos como modos de comportamientos flexibles, dejando un amplio margen a la reflexión, el saber y la acción. La Revolución iraní fue un renacimiento desde el punto de vista de las mujeres en el cual el Islam aportó una estructura ideológica y práctica, ética y social.

Ahora bien, el chiismo tiene la peculiaridad de constituir el alma que impulsa el pueblo iraní, al que le da el instrumento para reflexionar y, si es necesario impugnar y condenar, cualquier orden social injusto. El chiismo ofrece a las mujeres una guía para pensar desde el Islam, de forma coherente, acerca de la opresión y sus variadas manifestaciones. Dado que el Islam reposa sobre el principio de universalidad –todas las personas, sin distinción de género, color o condición económica, reciben el mismo trato por parte de Dios–, las mujeres islamistas iraníes reclaman la igualdad y la ética como derechos básicos, en consonancia con cuanto declara la aleya 13 del sura 49: "¡Hombres! Os creamos de un varón y de una hembra e hicimos de vosotros pueblos y tribus, para que os conozcáis unos a otros. Para Dios, el más noble de entre vosotros es el que más Le teme. Dios es omnisciente, está bien informado"[113]. Es evidente que en la creación (*jelqat*) y el génesis (*takvin*) no existen diferencias entre el hombre y la mujer; la distinción entre los dos sexos es una consecuencia de la ley de la existencia de ambos en el mundo material.

---

[113] Salman, Zahra, 1983. p. 22. Citado por Adelkhah, Fariba, op. cit., p. 113.

El concepto de igualdad entre los sexos ha de entenderse a través de la articulación de tres órdenes:
1. el orden de la creación, orden islámico en el que el hombre y la mujer son totalmente iguales ante Dios,
2. el orden natural o biológico, en que ambos son distintos en cuanto al aspecto físico y el psicológico,
3. el orden social, en el que se distinguen lo privado y lo público, lo familiar y lo social, y los comportamientos del hombre y la mujer están regulados por normas propias de cada esfera.

Los tres órdenes están relacionados entre sí lógicamente. Sin embargo, la dimensión práctica, materializada en el plano social —la familia, el ámbito laboral o la escena política— puede determinar una autonomía relativa. Para los iraníes la religión regula la ética social que rige las relaciones sociales y los deberes inmediatos que tienen los integrantes de la comunidad, como por ejemplo, la oración en la que todos oran juntos sin distinción alguna. Se refuerza así el sentido de hermandad y pertenencia trascendiendo las eventuales divisiones sociales.

De ninguna manera el pueblo iraní se opuso o se opone al progreso técnico o a la evolución económica en Occidente. Todo lo contrario. A lo que se opone es a padecer por la fuerza los efectos de la cultura neocolonial de Occidente —que se autoproclama como la única legitima— y su lógica construida artificialmente para despreciar las culturas autóctonas que no se le someten. Como les ha sucedido y sigue sucediendo a tantos otros pueblos de diferentes latitudes, los iraníes se sintieron invadidos por una cultura que no los comprendía y en la Revolución de 1979 una enorme fuerza identitaria los inspiró para sacudirse un yugo al mismo tiempo social y religioso.

La noción de *haqq*, con su connotación religiosa que remite a lo que es genuino en virtud de la justicia divina, sólo se puede llevar a cabo socialmente. El término, polisémico, remite a una dinámica que abarca los órdenes individual, social, político, económico y religioso. El creyente debe conocer, entender y aceptar las verdades del Islam como religión, pues son racionales. La racionalidad legitima la fe y acepta subordinarse a ella. Por lo tanto, la racionalidad de lo religioso exige leyes y normas que estructuren la sociedad y propicien la felicidad del individuo. "La jurisprudencia islámica (*feqh*), tiene cuatro fuentes: 1- El Corán. 2- la sunna (o hadices, dichos y hechos del Profeta y los doce Imames). 3- El *'aql* (la razón). – El *eyma'* (acuerdo) entre los doctores de la ley islámica, facultades de *marya'-e taqlid* (fuente de imitación)"[114].

La Revolución islámica ha sido un hito determinante en la historia religiosa de Irán para hombres y mujeres. Ellas participan en cuanto protagonistas sociales responsables, no solamente dentro del marco estrictamente religioso, sino movidas por el renacimiento de su conciencia político nacional". Las actividades religiosas se dividen en dos tipos: por un lado las razones del mundo terrenal (*donyavi*), por otro lado, las razones del más allá (*ojravi*). El rechazo del individualismo, en definitiva, de un utilitarismo frente a la divinidad, forma parte de la ética tradicional iraní. Cuando se habla de "bienestar", el término adquiere un significado mucho más amplio que en Occidente: se habla de los plano material, psicológico y espiritual (*ma'navi*). Ninguno supera al otro en importancia. En esta tríada, apelar constantemente a Dios y a su acción

---

[114] Motahari, Morteza, s.f., p. 11. Citado por Adelkhah, Fariba, "Mujeres en religión, mujeres en reunión", op. cit., p. 125.

de guía son referencias y contextos en los que se combinan lo material, lo espiritual, lo individual y lo colectivo. Los actos religiosos como el voto y la limosna, que son parte de los compromisos contractuales entre la criatura y el Creador, fortalecen la fe mientras cumplen con la exigencia de Dios. Quien suplica, no se humilla ante otro hombre, sino que "exige" legítimamente lo que es recto y justo que el otro cumpla.

Dentro de la fe islámica el ejercicio de estas acciones tiene carácter social, benefician a los dos actores, como lo describen las aleyas 16 y 17 del sura 64 del Sagrado Corán: "¡Temed cuanto podáis a Dios! ¡Escuchad! ¡Obedeced! ¡Dad! Es en vuestro propio beneficio. Quienes se guarden de su propia codicia, ésos son los que prosperarán. Si hacéis un préstamo generoso a Dios, Él os devolverá el doble y os perdonará. Dios es muy agradecido, benigno"[115] Desde el punto de vista práctico, por otra parte, estas actividades religiosas en la sociedad son pretextos para socorrer a los pobres. Marcel Mauss (1872–1950), antropólogo y sociólogo francés, identifica la circulación de bienes en la sociedad con la de los derechos y las personas: "La *sadaka* árabe es, en un principio, como la *zedaqa* hebraica, simplemente la justicia, y ha pasado a ser la limosna" [116]. Pues todo lo que realizamos para la sociedad y para el prójimo es como si lo cumpliéramos para Dios.

En el contexto sociopolítico de Irán, la sacralización del poder estatal y la politización de la religión han

---

[115] Mauss, Marcel, 1950, p. 170. Citado por Adelkhah, Fariba, "Mujeres en religión, mujeres en reunión", Capítulo III de *La revolución...*, op. cit., p. 134.

[116] Cortés, Julio, op. cit., p. 747.

provocado reacciones dispares, de apoyo o de reserva. "La búsqueda de una racionalidad en las prácticas y las actividades religiosas no excluye que haya una relación mística e íntima con la divinidad"[117]. Pero esta racionalización remite en definitiva a una funcionalidad de las prácticas religiosas y evidencia la utilidad material como un aspecto importante de una sociedad en transición, donde el cambio se ve como algo inevitable e irreversible. Todo análisis de la Revolución, que presente el problema económico como causa profunda, desvirtúa la belleza de la inspiración que gestó ese movimiento popular.

Cabe señalar que las actividades religiosas de realización colectiva no son obligatorias y necesarias en el orden estrictamente religioso, sino voluntarias para cada individuo; se consideran acciones recomendadas (*mostahab*) a quienes desean recibir una recompensa de Dios. La obligación nace en el ámbito social, no en el religioso.

Después de la Revolución islámica se han multiplicado las reuniones religiosas, los cambios son tanto cuantitativos como cualitativos: además de realizarse en los escenarios tradicionales, se llevan a cabo en espacios pertenecientes a las culturas modernas, como pueden ser las aulas de la universidad o los cines transformados en centros religiosos. Las prácticas religiosas se han multiplicado, las escuelas religiosas son cada vez más numerosas, existen oratorios en las oficinas administrativas, en los parques públicos se realizan plegarias masivas. El pueblo no pierde ninguna oportunidad para reunirse y expresar en celebraciones religiosas su unidad. Debido a esta

---

[117] Adelkhah, Fariba, "Mujeres en religión, mujeres en reunión", op. cit., p. 144.

exigencia espontánea, en 1990 se planificó la construcción en Teherán de la mezquita Gran Mosalla (lugar de *azala*), cuya edificación se está actualmente completando. Con una superficie interior de 223.500 m^2, alberga varios millones de personas y, aunque aún no haya sido totalmente finalizada, ofrece el espacio para las plegarias del viernes y de otras fiestas islámicas, es la sede de la Feria Internacional del Libro, la Exposición Internacional del Sagrado Corán y otros eventos culturales a los que concurren visitantes de todas partes.

Los espacios tradicionales en lugares en los que resuena el discurso político oficial, gracias a la Revolución, han evolucionado en el sentido de que ahora, en ellos se toman posiciones frente a dicho discurso. Esta es una verdadera revolución social puesto que los lugares colectivos de actividad religiosa también tienen función de espacios de libertad y expresión tanto para reivindicar el cambio como para que salgan a la luz puntos de vista diferentes sostenidos por diferentes generaciones o, incluso, para expresar disenso con el poder político o la jerarquía religiosa. Las mujeres iraníes protagonizaron una toma de posición de fuerte movilización en el campo social y la politización de los lugares sagrados, con actitud crítica, basándose siempre en las transformaciones posrevolucionarias.

Con la Revolución islámica, la educación moderna no perdió su prestigio, nunca ha sido condenada. Por el contrario, sólo con una excelente educación moderna, se puede valorar la legitimidad de los actuales dirigentes políticos. El privilegio de acceder a la educación moderna ha permitido que la función de autoridad religiosa tradicional sea analizada con ojos críticos e, incluso, puesta en entredicho por ciertos sectores del propio ámbito religioso. La multiplicación de las escuelas teológicas suscita la pregunta sobre cuáles serían las diferencias de categoría entre los graduados de dichas escuelas y los universitarios. Para responder, hay que trabajar con la premisa de que estos dos tipos de estudios no se enfrentan, sino que son complementarios. Esto, después de la Revolución de 1979, ya que durante el régimen monárquico se marginaba las escuelas teológicas y se las penalizaba con desprecio social. Gracias al prestigio recuperado entre la gente "normal", no es raro que algún miembro de la familia estudie en una escuela teológica, cuando, durante el régimen, solamente lo hacían los que pertenecían a las familias del clero chiita.

El orden religioso y el orden social están íntimamente relacionados, en cuanto la religión, al mismo tiempo, da salida tanto al individuo y el interés individual, cuanto a lo social y el interés colectivo. La manifestación de una nueva forma de religiosidad no se limita a una clase social, la pequeña burguesía urbana, sino que responde a las exigencias de todos los sectores, puesto que la crisis de valores afecta la identidad de las personas y de todas las organizaciones religiosas, económicas, políticas y sociales, así como los respectivos vínculos entre unas y otras.

François Isambert (Koblenz, Alemania 1924-2017), el sociólogo de las religiones, analiza la evolución de las creencias en la modernidad en que se despeja "espacio libre de la verdad". En este espacio no existe una única fuente de verdad sino varios sistemas de creencias, tanto religiosos como seculares, que buscan la adhesión de los individuos. Los individuos, sin estar ligados a las tradiciones heredadas, tienen mayor libertad para elegir sus creencias y construir sus propios sistemas de significado. Los nuevos sistemas de convicción que surgen en este espacio libre intentan proporcionar respuestas a las eternas preguntas sobre la existencia, la moralidad y el futuro.

Los sistemas de convicción que cobran vida en este espacio libre proponen juicios de valor, definiendo la realidad misma, la naturaleza de los seres y su destino como resultado de procesos sociales y culturales. "El positivismo (concreto) de las mujeres islamistas, su recurso apasionado a la racionalidad y a la utilidad, compensan ampliamente estos 'juicios de realidad'"[118]. Isambert estudió cómo la religión en la modernidad se transforma y, como siempre ha sido, sigue siendo una fuerza poderosa en la configuración de las sociedades. La Revolución islámica es un ejemplo perfecto de esta revitalización, donde la religión se convirtió en la base de un movimiento social y político transformador.

2. El hombre, la mujer y sus respectivos roles en la sociedad islámica.

El análisis de la concepción del hombre y la mujer en la sociedad islámica se declina en tres planos:
1. la **esfera privada familiar**, la concepción femenina de sí misma, la relación con el hombre a raíz de la Revolución islámica,
2. la función del *hiyab* entre las mujeres islamistas,
3. las controversia en la **esfera pública**.

---

[118] Ibid., p. 170.

1. La noción de la complementariedad connatural de la mujer y el hombre los ubica a ambos frente a frente. Para las mujeres islamistas, la visión de sí mismas y el concepto de la naturaleza humana expresan una división entre lo privado y lo público y su continuidad. En el Islam la noción de complementariedad entre el hombre y la mujer deriva de la convicción de que ambos géneros son iguales en su esencia espiritual ante Dios; son físicamente diversos y, en consecuencia, poseen roles y responsabilidades diferentes que se complementan para conseguir el funcionamiento armonioso de la familia y la sociedad islámica.

En Occidente –donde la mujer desempeña también el papel del hombre, perdiendo la discreción y la honestidad–, se deteriora la familia y la sociedad en general, aumenta el número de divorcios, de maltratos y de crímenes familiares. "El día en que el pudor y la reserva sean aniquilados, en que la mujer quiera hacer el papel del hombre, en primer lugar la mujer no será aceptada, y además el hombre perderá su masculinidad y toda la sociedad se hundirá"[119]. La distinción natural entre el hombre y la mujer hace necesaria la vida en común para que ambos participen en la reproducción de la vida. Sin embargo, en las sociedades occidentales la vida matrimonial ha perdido valor, mientras aumenta la ostentación de la homosexualidad y hasta su legalización en algunos países. En la concepción islámica de la complementariedad hombre–mujer, la satisfacción del deseo natural es un medio de realización social, no un fin en sí mismo.

---

[119]Motahari, Morteza, 1978, p. 202. Citado por Adelkhah, Fariba, "Mujeres casaderas", op. cit., p. 180.

En la actual sociedad iraní, las mujeres islamistas se convierten en madres no para repetir la tradición, sino para poner en práctica una verdadera innovación. Las mujeres islamistas reconocen de forma unánime que la sumisión sexual –no al estadio de bestialidad–, es necesaria para el hombre y para la mujer. "En definitiva, el proceso de diferenciación compleja que nace entre esta visión profundamente marcada por la Revolución y los escritos de sus ideólogos, por un lado, y la ética sexual tradicional de la sociedad iraní, por otro, merece ser destacado"[120]. Actualmente, las mujeres islamistas en la sociedad iraní son verdaderas protagonistas con capacidad para movilizar recursos teóricos a fin de justificar opciones prácticas contrarias a la "tradición" dominante. Por lo tanto, este dinamismo de las mujeres islamistas puede difundir su impulso más allá de las que la han desencadenado y afectar a la sociedad entera.

2. El uso del velo islámico (*hiyab*), después de la Revolución islámica, es tema de grandes discusiones en Europa, especialmente, en los medios de comunicación occidentales. El *hiyab*, por un lado, simboliza el rechazo de la importación de la modernidad forzada importada e impuesta, por otro, las mujeres lo usan como cumplimiento de la continuidad entre su naturaleza humana y la revelación coránica. El *hiyab* pone en acto la relación entre los vínculos del ámbito privado y del ámbito público, delimitando la extensión familiar y el espacio social.

Por respeto a las normas islámicas, es indispensable que las mujeres lleven el *hiyab*. Este argumento

---

[120] Vielle, 1978. Citado por Adelkhah, Fariba, "Mujeres casaderas", op. cit., p. 215.

difundido por el poder político encuentra su expresión individual en las mujeres islamistas, para las cuales el *hiyab* es una parte de su fe. La filosofía del *hiyab* es muy amplia, porque es un tema cultural, sobrepasa las cuestiones religiosas. La honestidad, el pudor, es una manifestación psicológica de la cualidad relacional con el otro, ya que gestiona en los individuos un autocontrol permanente y señala de manera efectiva y tangible los límites entre las esferas pública y privada. En la sociedad iraní, el *hiyab* tiene carácter social positivo. Las mujeres islamistas creen que existe un deseo connatural en el sexo femenino para resguardar el valor de su cuerpo. Aparte de este deseo innato de la mujer para proteger a su cuerpo, *hiyab* es una orden coránica. Así que podemos decir que *hiyab* como precepto coránico es una continuación y legalización de tal protección connatural de la mujer.

Por otra parte, el tema del *hiyab* atañe tanto a hombres como a mujeres en virtud del trato igualitario que el Corán concede a ambos. Superando lo que describiría una simple explicación, igual que otros *hokm* (orden coránica) es posible realizar una racionalización completamente inédita hasta el momento. Entonces, debemos subrayar que la familia en el Islam es una institución sagrada y, si la mujer perdiera su función privilegiada dentro de ella, la desvalorización se traduciría socialmente en una automática subestimación.

La belleza de la mujer es una bendición divina, es Dios quien se la concede para que favorezca la complementariedad de los sexos y la formación de la familia. El *hiyab* preserva el valor de la mujer en la familia. Cuando la mujer extiende a la esfera pública su actividad limitándose al trabajo según las normas codificadas y en los ámbitos aceptados por la religión, en el núcleo familiar se genera el deseo y la satisfacción sexual, reina una atmósfera de comodidad, tranquilidad moral y consecuentemente se promueve la procreación. En tal ambiente la mujer es muy apreciada y toda la familia será feliz. En este contexto, el *hiyab* es la expresión del rechazo a la cosificación de la mujer reducida a mero instrumento de satisfacción sexual tal como sucede en Occidente.

El *hiyab* permite a la mujer equilibrar sus dos naturalezas: la del cuerpo biológico y la del espíritu, el pensamiento y la reflexión. Gracias al *hiyab* hombres y mujeres pueden trabajar juntos sin distracciones de índole física que interfieran con la colaboración. El velo es una especie de instrumento protector contra la corrupción, puesto que obliga a los hombres a que permanezcan fieles a su esposa legítima marcando los límites legales a respetar.

El uso del *hiyab* no es una práctica obligatoria. Solamente se aplica con el consentimiento y la convicción real de quien acepta llevarlo. La aceptación en las mujeres llega por vía racional y responde a que las mujeres aspiran a su integración total y completa en la sociedad, dando la espalda al aislamiento dentro de la familia y a la cosificación en la sociedad. Para las mujeres, adherir a la filosofía del *hiyab* es una elección justa y lógica.

Cuando se habla de *hiyab*, se puede hacer referencia al interno, moral, o al externo, el material. El *hiyab* interno o moral apunta a cuatro planos esenciales para los seres humanos:
1. **La mirada**: es importante y preciso que ambos sexos mantengan la piedad en la mirada y que eviten las miradas impuras. Los hombres o las mujeres únicamente

pueden fijar las miradas en su cónyuge, permaneciendo así en los límites legales. En las aleyas 30 y 31 del sura 24 del Sagrado Corán se dice: "Di a los creyentes que bajen la vista con recato y que sean castos. Es más correcto para ellos. Dios está bien informado de lo que hacen. Y di a las creyentes que bajen la vista con recato, que sean castas y no muestren más adorno que los que están a la vista, que cubran su escote con el chal y no exhiban sus adornos sino a sus maridos, a sus padres, a sus suegros, a sus propios hijos, a sus hijastros, a sus hermanos, a sus sobrinos carnales, a sus mujeres, a sus esclavas, a sus criados varones frígidos, a los niños que no saben aún de las partes femeninas. Que no batan ellas con los pies de modo que se descubran sus adornos ocultos. ¡Volveos todos a Dios, creyentes! Quizás, así, prosperéis"[121].

2. **La voz**: la voz de la mujer es un instrumento muy eficaz de seducción, por lo tanto, las mujeres deben evitar hablar con voz fina delante de hombres ajenos.

3. **Las palabras**: tanto la mujer como el hombre deben evitar de decir palabras obscenas y provocadoras.

4. **Los comportamientos**: la mujer debe evitar todas aquellas acciones que van en contra de la lógica de *hiyab*, como andar haciendo ruido y de manera provocativa, reírse a carcajadas en público, etc.

Que exista el *hiyab* exterior es indispensable para que exista el *hiyab* interior. En tal sentido, según el concepto del *hiyab*, las mujeres deben cubrirse el cuerpo y el cabello dejando descubiertas las caras y las manos. El *chador* es una tela que cubre desde la cabeza hasta las extremidades de los pies; sigue siendo la forma tradicional del *hiyab* aceptada por las mujeres iraníes. Es imprescindible

---

[121] Cortés, Julio, op. cit., pp. 461-462.

que las mujeres lleven el *chador* cuando entran en las mezquitas y cuando realizan la plegaria. En los funerales, para mostrar respeto a la familia doliente, las mujeres iraníes prefieren usar un *chador* de color negro.

Durante la época de la resistencia contra el régimen monárquico de Pahlavi, el *chador* funcionó como manifestación de autenticidad (*esalat*) y símbolo de la lucha de las mujeres. Se cuenta que, una vez, en los primeros tiempos de la Revolución, una militante que había optado por vestirse con el nuevo uniforme islámico, durante una reunión privada le pidió al Imam Jomeini su opinión al respecto y él le dijo era mejor que mantuviera el *chador* porque esa era la tradición.

El *chador* no es el único *hiyab* exterior. Después de la Revolución islámica en Irán aparecieron otras vestimentas para otorgar más libertades a las mujeres iraníes en los espacios de las actividades sociales. De hecho, las mujeres más grandes no se sienten con derecho de imponer a las más jóvenes la vestimenta del *chador* al que ellas sí están acostumbradas. Lo único importante es que el principio del *hiyab* islámico sea respetado. La variedad de formas del *hiyab* responde a exigencias diversas:

- La **belleza**; el *hiyab* debe disimular la cara y las manos de una mujer especialmente hermosa.
- La **edad**: el *hiyab* se aplica de forma más estricta a las jóvenes. Las mayores pueden limitarlo al mínimo.
- El **cargo** y la **responsabilidad social** de cada mujer exige la práctica más rigurosa del *hiyab*.
- El **contexto**: la forma del *hiyab* no es fija y estática, sino que está relacionada directamente con el medio sociohistórico de las mujeres islamistas. Cuando se produce un cambio –tal como sucede en Irán tras la

Revolución de 1979– las mujeres islamistas adaptan su hiyab sin necesidad de cambiar su actividad social. La Revolución islámica en Irán ha contribuido a la invención de una específica modernidad islámica. Con la reivindicación del *hiyab* se produce una mayor participación de las mujeres en la vida pública. El ejemplo del *hiyab* demuestra que la República Islámica tiene una base social, que sólo puede entenderse en términos dinámicos, prácticos y procesos de innovación cultural.

Las mujeres islamistas no consideran que su participación en el mercado laboral sea un valor positivo desde el punto de vista económico-salarial para obtener independencia y autonomía. Esa es la visión de muchos movimientos feministas occidentales. La mujer islamista trabaja si así lo desea, es una decisión personal que, independientemente de la eventual retribución económica, suma su presencia humana en la esfera pública. La responsabilidad movilizadora del trabajo le corresponde exclusivamente al hombre. El esposo debe soportar la carga material de la familia, es su deber religioso y legal y, cuando lo cumple, el trabajo sí es visto como un valor. Lo importante es que la mujer no perciba su trabajo como un peso, un sacrificio, que podría opacar su dulzura; si trabaja es para disfrutarlo y no para afirmar que existe la igualdad entre los sexos. La igualdad ya está garantizada por los textos coránicos que insisten en ese argumento.

Para las mujeres islamistas su propia presencia activa en la sociedad es sin duda un deber religioso. Al mismo tiempo, ven los quehaceres profesionales como única posibilidad para salir del círculo de la familia. Por cierto, al racionalizar el argumento naturalista de las diferencias biológicas y el de la conciencia política y nacionalista, las mujeres islamistas tienen puntos de vista diferentes de aquellos de los de otras mujeres (las occidentales) acerca de las reivindicaciones e inserción social. En este marco filosófico, por razones biológicas o sexuales, en la República Islámica de Irán está prohibido que las mujeres ejerzan ciertas funciones, funciones que, por lo general, entran en el ámbito de la religión:

• **Rowze-jan**: las mujeres tienen prohibido cantar en público en el drama de Karbala[122] debido a que con su voz pueden seducir al auditorio.

• **Pish-namaz**: las mujeres tienen prohibido liderar las plegarias a causa de su ciclo menstrual, durante el cual están dispensadas de hacer prácticas religiosas.

• **Marya'-e taqlid** (guía de imitación): es el erudito religioso viviente más sabio y de mayor autoridad en el Islam chiita; de él, los creyentes "comunes" obtienen la guía para comprender y poner en práctica su fe en consonancia con la ley islámica. Desempeña un papel vital en tanto líder religioso y protector de la continuidad de la jurisprudencia islámica en la comunidad chiita. Las mujeres tienen prohibido ser *Marya'-e taqlid*. La prohibición se relaciona también con la menstruación, porque durante este periodo la mujer no está concentrada ni capacitada para hacer razonamientos.

• **Qazi** (juez): la capacidad limitada de razonamiento de la mujer y su fuerte emotividad son dos de las razones que se aducen para prohibir que ejerciten la función de juezas.

---

[122] Batalla de Karbala (ciudad ubicada en el actual Irak) –10 de octubre de 680 d. C– fue crucial en la historia del Islam. Constituye un legado de resistencia contra la opresión y de sacrificio por los ideales, un verdadero evento fundacional para el Islam chiita.

Las mujeres islamistas critican con más o menos vigor las leyes que les impiden ocupar ciertos puestos por su diferencia sexual. "En los círculos religiosos también se anima a que las mujeres se hagan cargo de sus problemas en la sociedad, tanto en el terreno sanitario como en el jurídico (reclamando su intervención en los tribunales de familia), o incluso en el religioso (para definir el lugar que le corresponde a la mujer en el Islam)"[123].

Por otra parte, la posición ventajosa que las mujeres islamistas atribuyen a los hombres en el campo social no implica que exista una sobrevaloración del sexo fuerte, ni mucho menos el sometimiento de las mujeres. La práctica religiosa concede cierta autonomía a la mujer, por ejemplo, en las relaciones de la mujer con la familia ampliada del lado del marido o el padre. La conciencia ideológica de las mujeres islamistas las ha hecho más indulgentes y ha favorecido el acercamiento de las dos ramas de la familia.

La Revolución islámica y sus consecuentes cambios sociales, ha hecho que la mujer iraní se diera cuenta de las limitaciones de sus deberes frente al marido. Gracias a esto, pueden considerar mejor los desequilibrios dentro de la pareja y pedir que se les respeten determinados derechos. Un estudio analítico del Sagrado Corán puede aligerar la desigualdad que desfavorecía a las mujeres según ciertas tradiciones.

El Islam y el laicismo intervienen complementariamente en el proceso del reconocimiento de los derechos

---

[123] Adelkhah, Fariba, "Mujeres en la vida pública", capítulo VI de *La revolución...*, op. cit., p. 263.

de la mujer. El aprendizaje, en el proceso de enseñanza laica, es una cualidad positiva del hombre ideal, dado que le confiere también sabiduría que es una fuente de respeto hacia la mujer. A los valores modernos que llegan con la enseñanza laica hay que orientarlos según los órdenes sociales, para evitar que dichos valores se conviertan en obstáculos en la aspiración de las mujeres a gozar de una mayor independencia"

No hay que considerar el Islam y el Estado como dos razones distintas. Existen dos niveles de interpretación de un mismo principio islámico: el que es expresado por la sociedad civil y el que aplica el Estado. Por lo tanto, para las mujeres islamistas los debates y las visiones contradictorias surgen durante la espera del establecimiento de la sociedad islámica integral. El Islam no fija en absoluto de modo estático y definitivo el ideal de la condición femenina. Sin embargo, después de la Revolución las mujeres iraníes, respetando el Islam y sus normas, se han convencido de han de ejercitar la autocensura, especialmente sobre la mezcla de sexos, el uso del *hiyab* y sobre la música. No por miedo a que otros las castiguen, sino porque las mujeres islamistas consideran ilícitas determinadas prácticas.

Para las mujeres islamistas, el Islam no mira al pasado. Está orientado hacia el futuro con actitud innovadora y tiene la capacidad de proporcionar a sus creyentes todos los elementos de discernimiento necesarios, en caso de que estos no se encuentren en los niveles social, económico o político, como revela la participación en la oración de los viernes, las reuniones religiosas y todas las prácticas derivadas de la valorización del conocimiento y la racionalidad.

A pesar de que extensos grupos de occidentales no logren comprenderlo, las mujeres islamistas con sus velos –renacidas en la República como protagonistas, gracias a la Revolución de 1979 y su relación dinámica con la religión– desempeñan un papel determinante en la invención de una modernidad original. No están sometidas, sino de pie en el centro del debate y con su mirada puesta en el futuro.

3. La institución gubernamental en el Islam

El Profeta del Islam, junto con la creación de una religión y la estructuración de una comunidad, la *Umma*, estableció los cimientos de un Estado. La *Shari'a* es la ley islámica y sus códigos gobiernan la sociedad. Esta combinación particular dio como resultado un esquema nuevo, que no se puede observar en otras sociedades. En un gobierno islámico, el principio de la soberanía y la autoridad emana de Dios y allí radica su legitimidad religiosa y política. Como sucede en todas las épocas y en todas las coyunturas históricas, también en el Islam se produjo una ruptura, la llamada *Fitna*, como consecuencia de la cual, los fieles quedaron divididos en tres corrientes: la suní, la chií (de las que escuchamos en Occidente noticias cada día) y la jariyita.

El jariyismo o cariyismo –خارجي , *jāriŷī* en árabe "aquel que se retira" (refiriéndose a que retiraron su apoyo a un bando)– es una de las tres ramas principales del Islam. Antes de, a su vez, dividirse en varias ramas, los jariyíes conformaron un grupo muy numeroso e influyente. Actualmente sólo quedan los de la rama ibadí. Viven en el sultanato de Omán, en Zanzíbar y en algunos islotes del Magreb. El jariyismo condena los privilegios de la aristocracia ya que, según lo declara el Sagrado Corán, todos los hombres son iguales; por este motivo, en un pasado lejano sus fieles tomaron parte en varios conflictos bélicos en los que estaba en juego la conducción política fundamentada en la pertenencia o la no pertenencia a la aristocrática.

Entonces, no hubo ninguna diferencia entre esta *Fitna* y cualquier otro cisma que se haya producido en el mundo cristiano. Los cismas teológicos, más allá de las divergencias ideológicas acerca del dogma que puedan justificarlos, siempre se vieron alimentados y reforzados por el uso de la religión que ha hecho el poder político. Al poder político le interesa mantener y reforzar su control más que las razones teológicas[124].

El concepto de la *Umma* como Nación era una cuestión primordial en la sociedad islámica. El concepto de Nación-Estado con límites territoriales específicos y sucesión aceptada no aparecerá en el mundo musulmán hasta que en el pasado siglo se produce el desmembramiento del Imperio otomano. En tal coyuntura histórica se activa en el mundo islámico la injerencia de Estados occidentales y la creación geográfica artificial de diferentes naciones–estados.

La autorización del teólogo jurisconsulto (*velayat-e faqih*) es un principio jurídico en la escuela chiita de los duodecimanos[125]. El Imam Jomeini (que Dios le bendiga)

---

[124] Una reflexión muy interesante al respecto la ofrece la lectura de Páez López, Jerónimo, "Islam y cristiandad", *El País*, 20/02/2003, p. 14.

[125] Esta importante rama del Islam chií debe su nombre a su creencia en los doce imames como líderes divinamente designados.

enumera, los motivos que exigen la formación del Estado islámico:

1. La formación del Estado por el Profeta del Islam.
2. La necesidad de la permanencia de la ejecución de las sentencias divinas como eternas, después de la muerte del Profeta del Islam.
3. La cualidad de las leyes del Islam, que son inejecutables sin un Estado islámico; tal como las órdenes fiscales, la defensa nacional y las órdenes jurídicas y ejecutivas.

El sistema político del Estado islámico es un tipo especial de sistema constitucional, está acondicionado por las leyes del Islam. El Islam cumple una función política, es un contrato por el cual, a través de la renuncia a la pluralidad representada por el politeísmo, se obtiene el orden y la paz[126]. Según el imam Jomeini (que Dios lo bendiga), en realidad el deber del poder legislativo y de los tribunales constitucionales es la programación para diferentes funciones ministeriales y las instituciones estatales están limitadas por las leyes islámicas, mientras que en los otros Estados, tales instituciones y los tres poderes (ejecutivo, judicial y legislativo), están erigidos por las legislaciones civiles.

El tema de la autorización del teólogo jurisconsulto ha causado mucha discusión en el tiempo de la ocultación del duodécimo Imam[127], conocido como Mahdi. El imam

---

[126] Garibo, Ana-Paz, "Sobre los orígenes del Islam, El Corán, la Sunna y la Shari'a", en *La condición jurídica de las mujeres en el mundo islámico*, Anuario de derechos humanos. Nueva época, Madrid, Vol. 8. 2007, p. 237.

[127] La ocultación se refiere a la creencia en que el duodécimo imam, Muhammad al-Mahdi, no murió sino que entró en una

Jomeini explica que todas las autorizaciones que han tenido el Profeta y los doce Imames Infalibles también corresponden a un teólogo jurisconsulto que dispone de todos los requisitos. La autorización es una realidad indiscutible y, por su naturaleza, no es una posición para el propio encumbramiento, sino más bien es un medio para poder cumplir el deber de la ejecución de los mandatos.

Velayat-e faqih (autorización del teólogo jurisconsulto) es un asunto que resulta evidente para quien ha estudiado, aun sumariamente, las creencias y mandatos del Islam. En este sentido, dice la aleya 59 del sura 4: "¡Creyentes! Obedeced a Dios, obedeced al Enviado y a aquéllos de vosotros que tengan autoridad. Y, si discutís por algo, referidlo a Dios y al Enviado, si es que creéis en Dios y en el último Día. Es la solución mejor y la más apropiada"[128]. Desde los orígenes del Islam, el deber de la ejecución de los mandatos y establecer códigos islámicos había hecho tan importante la asignación del sucesor que sin ello el Profeta no cumplía su misión.

Entonces, es lícito afirmar que el Islam es una forma de vida: se trata, sí, de una religión, pero trasciende y abarca las esferas política y social. El Islam ofrece su visión cosmopolita y social como alternativa para el mundo en todas las épocas. En la vida del Profeta del Islam contemplamos que él primero formó un Estado para poder ejercer las leyes y administrar la sociedad. En segundo lugar, para la continuación del Estado del Islam, por la orden de Dios, procede a asignar el "gobernador". Es necesaria la dirección de un gobernante justo para la

---

"ocultación" (*Ghaybah*) y reaparecerá al final de los tiempos para establecer la justicia en la Tierra.

[128] Cortés, Julio, *El Corán*, Herder, Barcelona, 1999, p. 110.

formación y continuación del Estado del Islam. Muchas aleyas del Corán –como por ejemplo, la aleya 40 del sura 33, en que leemos: "Mahoma no es el padre de ninguno de vuestros varones, sino el Enviado de Dios y Sello de los Profetas. Dios es omnisciente"[129]– indican que las órdenes del Islam no se limitan en el tiempo o en el espacio; por el contrario, son valederas y permanecerán eternamente.

La cualidad de las leyes del Islam exige necesariamente la formación de un Estado islámico. El motivo lo explican claramente las palabras de un erudito y gobernante indiscutible: "La cualidad de estas leyes prueba que han sido creadas para un Estado y para la administración política, económica y cultural de la sociedad. Primeramente las órdenes legítimas contienen leyes y provisiones variadas que crean un sistema social completo... Secundariamente, si consideramos la cualidad de tales órdenes, nos damos cuenta de que la ejecución y la práctica de ellas requieren la formación del Estado; y sin establecer un gran e inmenso aparato no se puede cumplir el deber de la ejecución de las órdenes divinas"[130]. "La formación del Estado (islámico) tiene como fin proteger el orden y la unidad de los musulmanes; tanto es así que la venerada Fátima (P), dice en su sermón que el imamato es para proteger el orden y para reconducir las diferencias entre los musulmanes a la unidad entre ellos".[131] Sin

---

[129] Ibid., p. 556

[130] Imam Jomeini (P), "Los motivos necesarios para la formación del Estado", capítulo II de *Velayat-e faqih* (La autoridad del jurisconsulto), Fundación para la recopilación y publicación de las obras del Imam Jomeini (P), Teheran, 1999, pp. 20-22.

[131] *"Wa taátona nezaman lel mel-la wa imamatona lamma lelferqa, Kashf ol-qemma"*, tomo I, p. 483; citado por el Imam Jomeini

embargo, es evidente que hoy no existe la unidad entre los musulmanes. Para poder encontrar la causa de tal división, hay que volver la mirada a la injerencia –e interferencia– de los colonizadores occidentales, que han fraccionado el territorio del Islam original en más de cincuenta países. dejando su huella colonialista en todo el territorio. La herencia no augurada de tal división son los problemas étnicos entre los miembros de la comunidad islámica y otros que de ellos se derivan. La aproximación y el diálogo son los instrumentos para resolver tales problemas entre los musulmanes, según dice el propio imam Jomeini (P): "Es el deber de los ulemas del Islam y de todos los musulmanes que pongan fin a esta situación tiránica; y en este camino que es el camino de la felicidad de cientos de millones de hombres deben derrocar a los Estados tiranos y formar el Estado islámico"[132].

Si nos preguntamos por qué Dios ha establecido la autoridad de aquellos que Él mismo ha destinado, debemos respondernos que, en su sabiduría, no era justo, que abandona sin guía y tutor a las gentes, a sus criaturas. No era justo que, una vez creadas, ellas no se consolidaran y no permanecieran como consecuencia de la ausencia de tal guía. Gracias a que existe el liderazgo, la gente se pone en guardia contra sus enemigos, se distribuye el ingreso público entre ella, se establecen las plegarias masivas y las del viernes, y se impide la violación de los derechos de los oprimidos de la sociedad por parte de los opresores. "Por eso, hoy y siempre es necesaria la autoridad de *Vali-e amr*, es decir un gobernante que sea tutor e instaurador del orden y la ley del Islam. La existencia de un

---

(P), Estudio de algunos ejemplos de las ordenes islámicas, capítulo III de..., op. cit., p.27.

[132] Imam Jomeini (P), "*La revisión...*", op. cit., p. 29.

gobernante que impide las opresiones y violaciones de los derechos individuales y sociales de la gente; un gobernante que sea honrado, depositario y guardián del pueblo de Dios; que guíe al pueblo hacia los preceptos, creencias y mandatos del Islam; y asimismo evite las innovaciones que crean los enemigos y renegados en la religión, las leyes y los mandatos"[133].

La existencia y función de la autoridad del teólogo jurisconsulto es la de restaurar la religión para que la fe se mantenga al paso con la evolución y el desarrollo del mundo.

El Estado islámico es el gobierno de las leyes divinas en el pueblo. En el Estado islámico el poder legislativo y la autoridad religiosa están dedicados a Dios, el altísimo. Los musulmanes aceptaron el conjunto de las leyes del Islam, reunidas en el Corán y la tradición. La aceptación y el acuerdo facilita la función del Estado islámico y, al mismo tiempo, la gente se identifica con el Estado islámico y lo considera propio. La "legislación" y la "justicia" son para los musulmanes la condición y el fundamento principal del orden político. "Esta virtud que incluye el conocimiento de la ley y la justicia existe en innumerables jurisconsultos de nuestra época".[134] Actualmente nos encontramos en el tiempo de la ocultación del duodécimo imam (P) y, como hemos dicho, las leyes y los preceptos del Islam son eternos, aplicables para cualquier época. Entonces, es necesaria la formación del Estado islámico para poder defenderse de la agresión de los

---

[133] Ibid., p. 31.

[134] Imam Jomeini (P), "La forma del Estado islámico", cap. IV de *La autoridad del jurisconsulto*, op. cit., p. 39.

enemigos del Islam y proteger los principios de los musulmanes.

Velayat es un término rico de significado –el gobierno, la custodia y la tutela, y la administración del país y la ejecución de las leyes religiosas– son deberes importantísimos para todos los musulmanes. Velayat sostiene que los expertos en ley islámica son los que están más capacitados para interpretar la voluntad de Dios y por ello deben ejercer la tutela política y religiosa de la sociedad islámica. Velayat no es la causa de que se haya considerado irregularmente al teólogo jurisconsulto como superior a los demás hombres. La misma autoridad que se confiere al Profeta y a los imames (P) en la formación del Estado islámico, en su ejecución y administración, debe darse a la autoridad del teólogo jurisconsulto. La única diferencia es que su autorización no es absoluta, es decir, que no tiene autoridad sobre otros teólogos jurisconsultos de su misma época y no puede destituirlos o designarlos. La superioridad de la autorización del Profeta y de los Imames Infalibles (P), proviene directamente de la esfera divina: "Principalmente, el Profeta (P) y los imames (P) –según algunas narraciones– antes de la creación del mundo eran unas luces en el empíreo y en su naturaleza y en el "genio" son superiores al resto de la gente"[135].

La persona que tiene el encargo de gobernar en el Islam se transforma en un medio de Dios para establecer y ejecutar la ley y el orden en la sociedad y, asimismo, para vigilar y poder rechazar y desobedecer las leyes y las órdenes injustas y opresivas. Así lo declara el imam Ali (P),

---

[135] "Basaer od-Darayat", tomo I, cap. 10, p. 20. "Bahar ol-Anwar", tomo 25, pp. 101-103; citado por el Imam Jomeini (P), La forma del Estado islámico, op. cit., p. 43.

figura trascendental en el Islam por su compromiso de fe, su sabiduría y su cercanía familiar con el Profeta (P) cuando se refiere a su función: "Si yo no estuviera convencido de que debo hacerlo, dejaría el mando y la autoridad sobre los musulmanes". A su vez, el imam Jomeini comenta cuanto dicho por el imam Ali (P): "Es evidente que el encargo de gobierno es un medio; ni siquiera es una posición espiritual; si fuera una posición espiritual nadie podría ocuparla"[136]

En síntesis, los Imames Infalibles (P) como los teólogos jurisconsultos, que obran con justicia, tienen el deber ineludible de utilizar el sistema y las instituciones estatales ejecutando los preceptos divinos para proteger el orden justo del Islam, siempre al servicio del pueblo. Para ejercer el poder, es absolutamente indispensable que el gobernador del Estado islámico tenga dos cualidades fundamentales: la sabiduría y la justicia. "Igual que el gran profeta (P) tenía la misión de ejercer y ejecutar las órdenes y establecer los códigos del Islam, y Dios lo ha designado el jefe y gobernador de los musulmanes y ha declarado obligatoria la obediencia a él, los justos teólogos jurisconsultos también deben ser jefes y gobernadores, deben ejecutar las leyes y establecer el orden social del Islam".[137] El califato es el sistema de gobierno liderado por un califa. La palabra *khalifa* significa "representante/sucesor", entonces, el califato concreta en la práctica la sucesión en todas las dignidades de la profecía. Por eso, solamente los teólogos jurisconsultos que obran con

---

[136] Imam Jomeini (P), "La forma del Estado islámico", op. cit., p. 44.

[137] Imam Jomeini (P), "La autoridad espiritual del teólogo jurisconsulto según los indicios", cap. V de *Velayat-e faqih*, op. cit., p. 61.

justicia pueden ser los verdaderos sucesores del Profeta y de los doce Imames Infalibles del Islam.

Un razonamiento perfecto muestra que en el Estado islámico gobierna la ley, de la ley deben encargarse los expertos en ella. La enorme responsabilidad de gobernar según la ley tiene que recaer necesariamente en quienes sean expertos en la ley y en la religión (pues ambas son dos caras de la misma moneda), entonces, lo más seguro es entregarle dicha responsabilidad al experto teólogo jurisconsulto. Los súbditos de un Estado islámico están protegidos por la seguridad que les confiere la ley del Islam. Los musulmanes gozan de total libertad dentro del marco de las "provisiones legítimas". Las "provisiones legítimas" (*rizq halal*) caracterizan a todo sustento bueno y permitido, obtenido con medios justos y éticos y utilizado de modo honesto y responsable. Es un concepto integral que guía la vida económica y moral de los musulmanes. Si alguien cumple tales provisiones nadie tiene derecho a quitarle su libertad. Las "provisiones legítimas" de la ley en el Estado islámico condenan la explotación del prójimo, la especulación de precios con el fin de enriquecerse a costa de las necesidades de los otros, el incumplimiento de los contratos y acuerdos, el despilfarro y las transacciones comerciales deshonestas. En la doble lectura socio-religiosa del Islam, actuar de manera justa tiene un doble efecto: hace felices a los fieles en el plano individual y establece un soporte firme a la justicia social. Cumplir la ley sirve para la reforma religiosa y moral y para el perfeccionamiento del ser humano.

Otra gran cuestión en el Estado islámico es la de la función de juzgar, encomendada al Profeta (P) o a su sucesor. Los teólogos jurisconsultos que obran con justicia pueden dirigir los juicios según la determinación de los Imames Infalibles (P). Para poder presidir el gobierno o un proceso judicial hay que reunir las siguientes condiciones:

* Ser guía y director,
* tener los conocimientos necesarios para juzgar,
* debe ser justo y actuar con justicia.

Si la persona fuese guía pero no tuviera los conocimientos requeridos (no conoce las leyes y las reglas de la justicia en el Islam), no tiene derecho a presidir el juicio. Dado que sólo el Profeta o su sucesor poseen en grado absoluto las tres condiciones –ser guía, sabio y justo–, llegaremos a la conclusión de que no las vamos a encontrar en las personas comunes. "Hoy día, los teólogos jurisconsultos del Islam son las "justas y verdaderas" para las gentes, tanto como el Profeta del Islam (P) era la expresión de la verdad de Dios y todos los asuntos eran de su competencia y cualquiera que violaba algo recurría a él para resolver el problema"[138]. Aquí aparece la figura del *Hodyatollá* –etimológicamente "la razón y el argumento de Dios en la tierra" que se aplica a los Imames Infalibles–. Es un erudito religioso, ampliamente respetado, que juega un papel crucial en la educación religiosa, la guía espiritual y la administración de la comunidad, alguien a quien Dios ha elegido para llevar a cabo su tarea. Todos sus actos, prácticas y promesas son justas y verdaderas para los musulmanes.

En los orígenes del Islam, el Profeta tenía la doble función de gobernante y juez de la comunidad. La organización de los Estados Modernos en función de la división

---

[138] Ibid., p. 71.

de los tres poderes (legislativo, ejecutivo y judicial) fue un proceso gradual que se desarrolló durante la Ilustración en el siglo XVIII. Tras la Revolución Americana (1775-1783), los padres fundadores de los Estados Unidos se inspiraron directamente en las ideas iluministas de Montesquieu y redactaron la Constitución de 1787. Esta carta magna estableció un sistema federal con una clara separación de poderes entre el Congreso (legislativo), el Presidente (ejecutivo) y la Corte Suprema (judicial), junto con un sistema de *checks and balances* (controles y equilibrios) para evitar la concentración excesiva de poder en una sola rama. En Francia, la ideología iluminista con su necesidad de la separación de los tres poderes se aplicó de manera mucho más violenta, porque impulsó la fuerza de la Revolución Francesa (1789) en que, además de las vidas que lamentablemente se pierden en todos los enfrentamientos internos, se ajusticiaron a todos los enemigos del nuevo régimen.

Durante los siglos XIX y XX, la idea de la separación de poderes se difundió y se arraigó como uno de los principios fundamentales del gobierno moderno, yendo de la mano con la difusión del constitucionalismo por todo el mundo. Los Estados que buscaban establecer sistemas de gobierno liberales y democráticos a menudo incorporaron este principio en sus estructuras institucionales.

Ahora bien, también en la República Islámica de Irán existe la división de estos tres poderes. La elección del jefe del poder judicial está a cargo del líder espiritual (*Vali-e faqih*). El pueblo elige al jefe del poder ejecutivo por medio del sufragio universal. Con respecto al poder legislativo, el pueblo mediante el voto elige a los diputados del Parlamento islámico y los diputados que resulten elegidos eligen, a su vez, a uno de ellos para desempeñarse como presidente del Parlamento islámico y jefe del poder legislativo. El guía espiritual tiene la potestad de confirmar e investir en sus cargos a los jefes elegidos de los tres poderes, o, en caso contrario, de destituirlos.

La aleya 58 del sura IV del Sagrado Corán se refiere a los asuntos del gobierno, incluyendo al juez y a todas las autoridades. Cuando dice "el juicio", habla de una de las ramas del poder de un Estado: "Dios os ordena que restituyáis los depósitos a sus propietarios y que cuando decidáis entre los hombres lo hagáis con justicia. ¡Qué bueno es aquello a que Dios os exhorta! Dios todo lo oye, todo lo ve"[139]. En esta aleya, "los depósitos" están haciendo referencia a los depósitos o encargos divinos que los seres humanos reciben mediante la religión, y el delicado asunto de la gobernación es uno de ellos. La obediencia de las personas tiene que considerarse en dos aspectos, hay que distinguir entre la obediencia al Profeta (P) y los Imames Infalibles (P) y la obediencia a Dios. Las órdenes sobre los asuntos de la gobernación del Profeta y las de los imames emanan directamente de ellos mismos. Dios ha ordenado la obediencia al Profeta y a aquellos que tienen autoridad (los Imames Infalibles y los teólogos jurisconsultos), por lo tanto, cuando las personas obedecen a ellos, están obedeciendo a Dios, pues son ellos los ejecutores de las leyes divinas.

En el Islam, las prácticas religiosas tienen implicaciones políticas y sociales: las plegarias masivas y las del viernes y la congregación anual de los peregrinos en la

---

[139] Cortés, Julio, *El Corán*, Herder, Barcelona, 1999, p. 110

Meca –aparte de sus beneficios espirituales, morales y de fe–, son de enorme importancia política y, socialmente, manifiestan la unidad espiritual de los musulmanes.

La congregación de todos los peregrinos que llegan a la Meca refuerza la hermandad entre los participantes, sin distinción. Los fieles tienen la oportunidad de conocer de cerca los problemas de sus hermanos en la fe, llegados desde todos los rincones del mundo. El germen de muchos movimientos independentistas islámicos contra colonizadores occidentales y contra tiranos de los países islámicos en los siglos XIX y XX surgió, de hecho, durante los encuentros de los líderes en las peregrinaciones a la Meca. Este fenómeno ha sido claramente descripto en la siguiente frase: "La gente, corrigiendo sus costumbres y sus creencias, reconocerá al Islam como una religión de lucha contra todo tipo de opresión y tiranía, que puede convertirse en una fuerza de choque para derrocar al aparato político opresor y colonialista y establecer el Estado islámico"[140]. Para mantener vivo el espíritu de lucha por la libertad y la prosperidad es indispensable que el espíritu religioso sea el que impulse a las masas humanas.

Las tres virtudes que debe tener el sucesor del Profeta (P) –la capacidad de guiar, la sabiduría, la justicia–, pueden manifestarse independientemente de la edad de la persona que las reúne: sea anciano o sea joven, todos los demás deben obedecerle. "La escuela chiita también empezó desde cero. ¡El día que el Profeta (P) puso los cimientos se encontró con la burla! Cuando invitó y reunió a la gente y dijo 'mi ministro debe tener tales y cuales

---

[140] Imam Jomeini (P), "El programa de lucha", cap. sexto de op. cit., p. 121

virtudes', salvo el venerado Alí (P), que en aquel entonces no había alcanzado la edad de pubertad pero poseía un gran espíritu, más grande que cualquier otro, nadie se levantó de su lugar. Uno de los presentes en la reunión se dirigió al venerado Abu Taleb (padre del venerado Alí) y le dijo burlándose: '¡ahora deberás marchar bajo la bandera de tu hijo!'"[141].

El imam Jomeini, el fundador de la República Islámica de Irán, en sus discursos siempre enfatizaba la reforma de los centros teológicos, subrayando que para poder tener voz propia, debían gozar de independencia económica pues, si fueran mantenidos con el dinero del Estado, podrían correr el peligro de ser manejados por él. La independencia económica garantiza la independencia ideológica de los centros teológicos. Desde los albores del Islam, el clero de la escuela chiita ha sido siempre independiente y se ha activado como sostén para el pueblo oprimido. El clero chiita y los centros teológicos de la escuela chiita son parte intrínseca de la sociedad y dan apoyo y protección a la gente que se encuentra en situaciones difíciles. El día en que el clero chiita pierda esta característica, será el comienzo de la decadencia. Por otra parte, el pueblo en un Estado islámico confía en el gobierno: "Nosotros debemos formar un gobierno que sea depositario para el pueblo; la gente confía en ello y puede dejar su destino a manos del gobierno. Nosotros queremos un gobernante honrado para que sea depositario y las gentes bajo su protección y la de la ley viviendo y trabajando en paz".[142]

---

[141] *Historia Tabari*, tomo II, pp. 319-322; citado por el Imam Jomeini (P), "El programa de lucha", op. cit., p. 124.

[142] Imam Jomeini (P), "El programa de lucha", op. cit., p. 128.

La política y la religión son anverso y reverso de una misma medalla. Ambas se sostienen recíprocamente. Los musulmanes deben participar en la política para afrontar, analizar y solucionar problemas tanto en el ámbito local y nacional como a escala internacional. Los mismos Imames Infalibles (P) eran autoridades religiosas y hombres políticos. Desde hace tiempo, los medios de comunicación, aquellos que expresan el pensamiento colonialista, proclaman que la religión se debe separar de la política.

Los propagandistas occidentales hacen deducciones forzadas con el objetivo de minimizar y delimitar la filosofía de vida del Islam, restringiendo a asuntos triviales el deber de los teólogos jurisconsultos y de los *ulemas* (eruditos de la teología y de la ley islámica). "En efecto la política del Islam, tal como la concibe el gran pensador renovador Ibn Taymiyya[143], parte del principio de la existencia de una ley política que hace necesaria la unanimidad de todos (*AlShari'a*) afirmando la no menos necesaria pertenencia a la comunidad religiosa, pues en el Islam no se puede excluir ninguna dimensión, sea política, económica o social, todos son elementos de la *Umma*, comunidad de los creyentes".[144]

Los principios políticos y sociales del Islam y la manera de gobernar habrán de ser confirmados, para adquirir legitimidad, por el movimiento masivo del pueblo. Para establecer y poner en práctica dichos principios, que son los fundamentos del Estado islámico, el pueblo debe tener parte activa. "El gobierno islámico no puede ser

---

[143] Erudito islámico, teólogo y jurista (1263 – 1328 d. C.).

[144] Delliou, Foudil, "Las contradicciones culturales", capítulo segundo de *Las contradicciones culturales en el mundo islámico. El caso de Argelia*, Universidad Complutense, Madrid, 1990, p. 70.

totalitario ni despótico, sino constitucional y democrático" (…) "El gobierno islámico es el gobierno de derecho divino, y sus leyes no pueden ser cambiadas, ni modificadas, ni contestadas"[145]. Según el Imam Jomeini, toda ley que no emane de Dios se debe rechazar. En el gobierno islámico, el Profeta, los imames y las gentes del pueblo, quienes han sido o son seres humanos, deben obedecer absolutamente las leyes eternas, encontrándose inspirados a través del Sagrado Corán y del Profeta por el Todopoderoso. "Ninguna persona, ni siquiera el Profeta, tiene derecho de injerencia en lo que concierne a la voluntad divina.(…) En un gobierno islámico todas las personas están bajo la protección de la ley. (...) Nada ni nadie puede atentar contra esta seguridad, introducirse en sus casas, arrestarlos, meterlos en prisión o ejecutarlos sumariamente como resultas de una simple acusación o sospecha". [146]

Administrar justicia requiere obviamente sabiduría, conocimiento y, fundamentalmente, la conciencia permanente de estar actuando según la inspiración de la voluntad del Profeta. En un gobierno islámico, para convertirse en juez e impartir la justicia para las criaturas de Dios, se requiere que la persona, en cuyas manos se encuentra esta responsabilidad, reúna siete condiciones:

1-   Ser núbil
2-   Ser creyente
3-   Conocer perfectamente las leyes coránicas
4-   Ser justo
5-   No estar afectado por la amnesia

---

[145] Jomeini, Ayatollah, "Citas polítcas y filosóficas", en *Principios políticos. Filosóficos y religiosos del Ayatollah Jomeini*, Icaria, Barcelona, 1981, p. 15.
[146] Op. cit., p. 16 y p. 21.

6- No ser hijo ilegitimo

7- Ser de sexo masculino.

Los requisitos 6 y 7 se proponen salvaguardar la concepción islámica del hombre y de la sociedad. Acerca de la mujer ya hemos hablado. Con respecto al hijo ilegítimo es crucial entender que la restricción se refiere al estatus legal dentro del marco religioso específico del Islam y no implica, de ninguna manera, un juicio sobre el valor o la capacidad de esa persona. El Islam no hace discriminaciones a nivel personal porque a los ojos de Dios, todos son iguales, independientemente de las circunstancias de su nacimiento.

3.1. La estructura del gobierno y la jurisprudencia en el Islam

El hambre de poder, que reconocemos en tantos líderes de la historia de la humanidad, también afectó al Islam. Muerto el Profeta –no debido a desacuerdos teológicos, sino por motivos políticos en la elección del sucesor– se produjo la ya mencionada *fitna* o gran escisión. Del conflicto inicial, se abrieron diversas ramas que justificaban su legitimidad con tintes políticos diferentes. Primero se separaron los mencionados jariyíes y sus ideales se difundieron entre los bereberes. Sostenían que las buenas obras eran imprescindibles para la existencia de la fe, acusaban de apóstatas a quienes no cumplían con los preceptos del Islam. Se consideraban a sí mismos los únicos verdaderos musulmanes. Fundaron un gobierno independiente, eligiendo a sus guías político-religiosos de los cuales era irrelevante el origen étnico y social. Su gobierno prosperó entre los años 761 y 908 en la ciudad de Tahert, hoy Tiaret, en el noroeste de Algeria.

La *fitna* causó la aparición de las otras dos ramas ya mencionadas: la rama sunnita, que sostenían que el sucesor del Profeta tenía que ser un hombre sabio, con cualidades de líder y profundamente religioso, elegido por los creyentes y la chiita, que eran partidarios de la sucesión de la línea directa del Profeta.

El consejo sunnita votó por Abu Bakr, suegro de Mahoma, quien se convirtió en el primer califa. Luego le siguieron Omar, Uthman y Alí. La rama chiita toma su nombre de *"Shi'at Ali"* (partido de Alí); acepta como primer imam legítimo, al descendiente directo del Profeta, su primo y yerno, Alí ibn Abi Talib. Para los chiitas, la virtud de imamato se trasmite a los Imames Infalibles, descendientes del Profeta a través de su hija Fátima y Alí. La sucesión se impone a los fieles a través de la voluntad divina que se manifiesta en la natural sucesión familiar.

La *fitna* más grave se produjo tras el asesinato de Osman, el tercer califa, quien por su política familiar centralista causó la agitación entre las masas oprimidas y los declamadores del Corán. Se la conoce como *al-fitna al-kubra* –"la gran prueba" a la que Dios somete a sus creyentes–.

Todas estas luchas por la sucesión condujeron al mundo islámico a la primera guerra civil, que tuvo nefastas consecuencias para la historia del Islam. Los jariyíes se retiraron completamente decepcionados por el tribunal de arbitraje que debía decidir si el asesinato de Osman estaba justificado o no. El tribunal decide que hay que elegir el nuevo califa con otra elección. Los jariyíes, veteranos luchadores por la causa del Islam, se congregan en el canal de Nahrawan (del río Tigris), donde el califa

Alí los ataca por sorpresa y los masacra. A lo largo de la historia, los jariyíes practican el terrorismo para reclamar la igualdad de derechos, se apoyan en la práctica de la democracia proto islámica con una obediencia incondicional al líder y consideran justo el auto juicio.

Uno de los argumentos más importantes para la justificación de la sucesión del profeta, es el suceso de *Kadir Jumm* (16 de marzo de 632). Cuando el Profeta regresaba a Medina de su última peregrinación a La Meca, llegó al estanque Jumm, donde se bifurcaban los caminos hacia Irak y Medina. Entonces, desde un sitio elevado al que subió con su yerno, proclamó que Ali tenía tanta jurisdicción como él sobre los fieles musulmanes como imam de la *Umma*. Pero el sunnismo interpreta lo sucedido de otra manera: el Profeta defendía a Ali, que siendo demasiado estricto, se estaba volviendo impopular Ali. "Esta narración, transmitida por Ahmad ibn Hanbal, no figura en Ibn Ishaq, pero sí que está incluida en diversas colecciones de tradiciones aceptadas por los sunníes"[147].

Según la doctrina del imamato, están prohibidos el uso de las armas y el sistema electivo para designar a los dirigentes legítimos. La nominación se limita a los individuos que necesariamente reúnen unas siguientes características:

1.   ser varón y descendiente del Profeta por vía de Alí,
2.   ser mayor de edad y tener capacidad mental y corporal,
3.   poseer una sólida formación religiosa,

---

[147] Bramon, Dolors, "Las ramas del Islam", capítulo VI de *Una introducción al Islam: religión, historia y cultura*, Crítica, Barcelona, 2002, p. 131.

4.   tener las necesarias dotes de gobierno,

5.   ser justo y actuar justamente.

De enorme importancia en el chiismo duodecimano es la espera del Imam Oculto –Mahdi al-Montazar–, que en el fin de los tiempos devolverá la justicia al mundo y traerá la paz para la humanidad.

El comienzo de este capítulo III contiene un amplio análisis de las fuentes del derecho islámico, la *Shari'a*. Hemos ya estudiado la fuente primaria, el Sagrado Corán, y el papel que desempeñan los dichos y hechos de la vida del Profeta del Islam. Hemos comentado las tradiciones proféticas –recopiladas en libros que llevan el nombre de sus autores: al-Sahih al-Bojari y Muslim ibn al-Haggag para los sunnitas y Osul al-Kafi para los chiítas–. Con el paso del tiempo, junto a la *Sunna* de carácter ético-político, se va constituyendo otra *Sunna* de carácter marcadamente jurídico. De acuerdo con las necesidades circunstanciales que se iban presentando, el Islam islamizó los derechos ya existentes en el seno de la sociedad, adaptándolos al Corán y a los dichos y hechos del Profeta. "Es necesario señalar el esfuerzo inmenso que significó la recopilación minuciosa de todo este corpus y el ejercicio de crítica textual e histórica que llevaron a cabo los expertos llamados tradicionistas para eliminar todo *hadit* (dichos y hechos del profeta del Islam) apócrifo y elaborar una ciencia jurídica que regulase en adelante todos los aspectos privados y comunitarios de los musulmanes."[148]

Existen otras fuentes de jurisprudencia a la hora de hacer esfuerzo, *iytihad*. Con respecto a algunas aleyas

---

[148] Küng, Hans, "No existe aún un sistema jurídico específicamente islámico", parte C, cap. I, apartado 6 de *El Islam. Historia, presente, futuro*, Trotta, Madrid, 2006, p. 79.

coránicas u otros dichos y hechos del Profeta, en que faltaban normas claras, para precisar o ampliar la interpretación jurídica los jurisconsultos debieron crear la normativa. "Con el paso del tiempo, la aplicación de este criterio subjetivo dio lugar al reconocimiento de una nueva fuente de derecho en la que el experto en esta disciplina o alfaquí deducía nueva legislación mediante el sistema de analogía (*qiyas*)"[149]. Un ejemplo es la prohibición de fumar durante los horarios de ayuno en el mes de Ramadán, evitando que entren en el cuerpo materias que le son ajenas: se inspira en el Sagrado Corán cuando prohíbe que entre cualquier cosa. Dado que, para establecer la normativa de la analogía elaborada siempre es necesario el consenso (*igma*) de la comunidad islámica, también la voz de la comunidad se vuelve fuente de derecho

Debido a la necesidad de determinar las normas, se crearon las cuatro escuelas jurídicas sunnitas, reconocidas por la mayoría sunní como escuelas canónicas de fijación de la *Shari'a* a partir del siglo XIII: la escuela *maliki*, la *hanafi*, la *shafií* y la *hanbalí*. Por cierto, no ofrecen diferencias sustanciales y si bien cada musulmán adhiere a una, puede cambiar de doctrina jurídica con total libertad si así lo desea. Sucede con frecuencia cuando los sunnitas pasan a ser chiitas si está en juego una herencia, pues el chiismo concede más autoridad e independencia a la mujer en este ámbito. Lo mismo que en situaciones que observan restricciones en el repudio, etc.

En honor de su sexto Imam, Yafar ibn Sadiq (la paz sea con él) el chiismo tiene una escuela jurídica, *Madhab, Yafariyah*. Tras haber ampliado su contenido, redactó la

---

[149] Ibid., p. 80.

Fiqh, jurisprudencia imamita, y el derecho islámico. Por otro lado, es creencia común entre los musulmanes sunnitas que, tras la labor de los cuatro fundadores de las escuelas de derecho (*maliki, hanafi, shafií* y *hanbali*), el periodo de creación de nueva jurisprudencia en las cuestiones fundamentales ha finalizado. Este convicción es un obstáculo muy serio para conseguir una evolución del Islam hacia formas de vida más adecuadas a la modernidad. En cambio, el chiismo, con su jurisprudencia dinámica, se adapta a lo que pueda pasar en la época contemporánea y a las circunstancias actuales. "Un buen ejemplo de este sistema de fijación y ampliación del *fiqh* - vigente actualmente y que se suele hacer, en general, a través de un *mufti* que emite una *fatua* o respuesta a una consulta legal –puede ser el de la decisión tomada por el ayatolá Jomeini sobre el consumo del caviar, considerado desde entonces lícito para los musulmanes."[150]

[150] Bramon, Dolors, "Las ramas del Islam", cap. VI de *Una introducción al Islam...*, op. cit., p. 80.

Capítulo IV. EL ISLAM Y EL ESCENARIO DEL CUERPO SOCIAL. ENTORNO E INTERACCION

1. El Islam como alternativa concreta de transformación social

El Islam es una religión y es también un proyecto de orden social. Es una religión dinámica, porque implica un aspecto teológico, una ideología política y sobre todo, un sistema cultural. El Islam tiene el objetivo de ofrecer una visión global de la existencia, porque su aliento vital abarca todos los aspectos fundamentales y esenciales de todas las criaturas de Dios. Es una filosofía de vida que articula mecanismos, cuya aplicación evita que se produzcan injustos desniveles sociales. Esto se convierte en realidad porque para los musulmanes, el plano espiritual es superior al plano material, característica que convierte a esta religión en un modo inmejorable para la convivencia. Cuando, por diversas circunstancias de la vida, algunas personas se ven beneficiadas desde el punto de vista material-económico, por propia convicción personal se activan para ayudar a los menos afortunados., valiéndose de uno de los mecanismos que les ofrece el Islam, es decir la *zakat* (o *azaque*).

La *zakat* es la obligación de dar anualmente una limosna a determinadas categorías de personas entre las que se encuentran los pobres, los necesitados, los viajeros indigentes –en el pasado remoto, los esclavos que gracias a la limosna comprarían su libertad–. El mecanismo establece, incluso los porcentajes de donación en función de cuánto ganan los futuros donantes. Es un sistema perfecto que, partiendo de preceptos religiosos, evita la exclusión social de los más pobres. Esta es una ley religiosoeconómica que se traduce en el sistema social, porque la riqueza en la sociedad islámica solamente es legítima si se revierte en ayuda a los musulmanes menos afortunados. La palabra *zakat* significa "purificación" porque al compartir las riquezas, la donación –aparte de que agrada a Dios, porque el gesto está dirigido a una de sus criaturas– les quita a los bienes donados su mera connotación material. La connotación espiritual de la riqueza se suma cuando quien la obtiene la comparte. La *zakat* ayuda a los desfavorecidos mitigando la miseria y confiere conciencia de protagonista activo de la acción social a quien la da. En tal sentido, los musulmanes saben que el Islam es una religión moderna, que ya ha sido perfeccionada y no le cabe adaptación alguna.

2. La ciudad islámica

La ciudad es la demostración y el símbolo más representativo de una sociedad sea cual sea la religión de sus ciudadanos. La *civitas* (palabra latina de la que deriva el término "ciudad") es la comunidad de *cives* (que podemos traducir como "ciudadanos"); es el cuerpo colectivo cuyos integrantes comparten ciertos derechos y tienen que obedecer ciertos deberes que les impone la ley. El cuerpo colectivo de los creyentes en el Islam, integra una comunidad, cuya concepción excede los límites geográficos que podría tener un determinado estado. La comunidad-pueblo-nación de los creyentes del Islam se expresa con la palabra árabe *Umma* (أُمَّة), una especie de "comunidad global" en la que todos comparten el pertenecer a la misma fe, sin importar el lugar geográfico de nacimiento ni la etnia de su familia.

En función de la *Umma*, todos los musulmanes –más allá de la cultura local a la que pertenezcan o de la lengua que hablen, vivan solos o en grupo, sean campesinos o ciudadanos, nómadas o sedentarios– forman una sola nación de creyentes y se consideran a sí mismos, se sienten, ciudadano del mismo pueblo, de la misma nación.

Medina fue la primera ciudad islámica. Antes de que el Profeta se estableciera en ella, la ciudad se llamaba Yathrib. Cuando el Profeta y sus seguidores llegaron a Yathrib en el año 622, la rebautizaron con el nombre de "Medina", que justamente significa "la ciudad". El Profeta era, en primer lugar, un líder religioso, y un líder socio político. Con el objetivo de regular las relaciones entre las diferentes comunidades de la ciudad, donde vivían numerosos habitantes musulmanes, judíos y paganos, estableció la primera constitución islámica –llamada Constitución de Medina–. Con ella sentó las bases para la existencia de una sociedad islámica organizada por medio de leyes y principios propios. La Constitución de Medina es el modelo que posteriormente seguirá toda la nación musulmana. En síntesis, Medina se conformó como primera ciudad islámica en virtud de:

- El mensaje revelado,
- La personalidad del Profeta del Islam,
- La disciplina comunitaria adquirida por los primeros creyentes musulmanes.

La expansión y conquista islámica, a lo largo de los territorios que habían sido habitados por las milenarias civilizaciones bizantina y persa, no ocasionó en modo alguno daño ni la destrucción de sus ciudades. Por el contrario, las conservó, las remodeló y las adaptó como escenario a las nuevas circunstancias, con suficiente fortaleza y amplitud. Fue así como el Islam consiguió implementar sus normas distintivas sin necesidad de cancelar las peculiares características regionales y locales.

Todos los integrantes en la ciudad islámica están sometidos a la voluntad de Dios. Sus criaturas, los habitantes de la *Umma*, serán atendidos por la ley divina con equidad. La atención divina, enmarcada por la justicia como legislador divino, amparará por igual a todos los hombres. Así lo asegura la aleya 62 del sura 4 del Sagrado Corán: "¡Oh, los que creéis! ¡Obedeced al Enviado y a los que detentan poder de entre vosotros! Si disputáis por algo, llevadlo ante Dios y el Enviado, si es que creéis en Dios y en el último Dia. Eso es mejor y de más bella interpretación"[151].

3. Las instituciones urbanas

Las estructuras institucionales del Islam que guían el comportamiento de los individuos y los grupos –proporcionando un marco para la interacción social, la toma de decisiones y la resolución de conflictos– se fundamentan sobre cuatro pilares:
1. el texto del Sagrado Corán,
2. las tradiciones del Profeta,
3. las tradiciones de los Imames Inmaculados,
4. las enseñanzas orales y escritas de los jurisconsultos.

La creencia en el primero y segundo pilar es común a todos los musulmanes. Mientras que la creencia en el tercero y el cuarto es propia de la doctrina chií. "(...) el *tawhid*, la proclamación de la Unidad Divina, que es la razón

---

[151] Vernet, Juan, *El Corán*, El Mensaje, Barcelona, 1953, p. 51

de ser del mensaje coránico, actúa para modelar la vida y la substancia más íntima de cada uno de los miembros de la comunidad musulmana, y para penetrar de forma concreta en el análisis de las instituciones urbanas".[152] A lo largo de la historia del Islam, los jurisconsultos religiosos se han esforzado en mantener unida a la comunidad de creyentes dentro del orden instruido por la Ley revelada.

3.1. Los principios de organización social

En la sociedad islámica se garantiza la justicia social a través de los *Awqaf*. El término *Waqf* se refiere a la donación voluntaria, con efecto de duración permanente, de bienes inmuebles destinados a la comunidad islámica con fines religiosos o para el bien común. El *Waqf* es un acto voluntario que concede al donante la satisfacción espiritual y, al mismo tiempo, tiene un efecto material para toda la comunidad de creyentes. Un *Waqf*, como todos los actos prácticos y concretos que realizan los integrantes de la fe islámica, honra a Dios (en este caso, traspasando una posesión privada a la propiedad divina) y beneficia a las criaturas de Dios con el disfrute de la acción. Dios se transforma en "propietario" del terreno o el edificio en cuestión y, en su nombre, un encargado administrativo destina el inmueble al bien común de la ciudad (una escuela, una biblioteca, un centro de plegaria, etc.).

Otra institución socio religiosa sobre la que se funda el Islam es el *Hajj* –la peregrinación a la Meca– que ha de responder a ciertas normas. Es un deber religioso para cada musulmán; exige el cumplimiento de ciertas

---

[152] Serjeant, R. B. (ed.), "Instituciones religiosas", primera parte de *La ciudad islámica*, Ediciones del Serbal, Barceona, 1982, p. 21.

prácticas en relación con la vestimenta, las plegarias, las etapas del viaje, etc. Cada peregrino que participa en el *Hajj* es singularmente una parte irremplazable del conjunto de la comunidad. Desde todos los rincones del mundo, los peregrinos van llegando y se dirigen a la *Ka'aba* –el **edificio sagrado** en el centro de la Masjid al-Haram (la Mezquita Sagrada) en La Meca–. El mismo profeta Ibrahim junto con su hijo la construyeron por indicación divina en tiempos remotos. Debido a que tantos paganos y enemigos de Dios lo habían profanado, siglos más tarde el Profeta purificó el edificio y lo consagró a Dios. Desde entonces, se convirtió en el centro para la manifestación de la unidad de la comunidad de los musulmanes, quienes afluyen a la *Ka'aba* de la Meca con el objetivo de recuperar su fortaleza espiritual, purificados y colmados de energía vital.

La extensión geográfica de los pueblos islámicos y la evolución histórica que en ellos tuvo lugar han originado variaciones y fluctuaciones, no en cuestiones de principio, sino en la interpretación y las modalidades de aplicación de las instituciones religiosas. En la sociedad islámica, el mandato ejecutivo, por el hecho de estar basado en la legislación otorgada como instrumento de la justicia divina, tiene, además, valor judicial. A lo largo de la historia del Islam, la única fuente de gobierno legítimo, según sostienen los jurisconsultos sunníes, es el establecimiento del califato. El califato implica la existencia de la autoridad de un líder iluminado en los asuntos del saber religioso e investido de poder por el decreto divino. El marco de las instituciones políticas del Islam sunní se aproximan, entonces, al que había adoptado el chiismo duodecimano mil años atrás. En el chiismo, estas posturas fueron superadas en la escena política tras la ocultación del imam-Al-Mahdi. Sin embargo, en la otra rama, tales posturas aún influyen –mediante las interpretaciones que realizan sus sabios, los *muytahidun*– en el estilo de gobierno de sus soberanos temporales y en la gestión de los asuntos de Estado. El *muytahid* es el erudito islámico con las condiciones necesarias para emanar las leyes islámicas a partir del estudio y la reflexión de las escrituras Sagradas y las enseñanzas del Profeta. Estas leyes constituyen el sistema legal islámico, la *Shari'a*.

La aplicación exacta de la *Shari'a* a lo largo de la historia favorece las condiciones para que en la ciudad islámica florezcan ininterrumpidamente el arte, la filosofía y la mística. "Su objetivo consiste en lograr que los hombres vivan conscientemente bajo la mirada de Dios, para que cada uno pueda recibir su debida parte de luz y gracia, a las que se halla destinado, la ciudad islámica se ha esforzado, desde antiguo, por preservar sus instituciones como medios providenciales de este florecimiento."[153] La *Shari'a* regula todas las facetas de la vida social y privada, en su dimensión terrena, y ofrece de una guía moral y espiritual para los seres humanos, con vistas a su instrucción y a su consiguiente salvación en la otra vida. Es necesario que en la ciudad islámica alguien vele por su cumplimiento, en beneficio del individuo y de toda la sociedad. Bajo la dirección del califa o del sultán, las instituciones que se encargaban ello eran:

- El valí o amil, el gobernador provincial.
- El cadí, el juez.
- El almotacén (*muhtasib*) o zabazoque (*sahib al-suq*), el inspector del mercado y de la moral pública.

---

[153] Ibid, p. 61.

- Los líderes de las *dimmies*, comunidades protegidas (judíos y cristianos) que, para la *Shari'a*, disfrutaban de estatuto autónomo en las ciudades islámicas tradicionales.

En una ciudad islámica tradicional, la mezquita *al-jama* o mezquita mayor es, para la comunidad, un punto de referencia muy importante en cuanto a la ubicación física y espiritual. Desde este punto de vista, la mezquita mayor es en sí misma una institución. Está situada en el centro del núcleo urbano. Su estatus económico, social, político e, incluso, militar es de vital importancia; en consecuencia, es necesario considerar estos aspectos y el objetivo de esta institución, a la hora de realizar reconstrucciones y rejuvenecimientos de las ciudades islámicas: las visiones de preservación y la renovación han de ir de la mano en las ciudades islámicas.

En la ciudad islámica tradicional, el juez (cadí) disponía de un equipo administrativo integrado por un secretario (*katib*), un celador (*hayib*), un chambelán (*furid*), un archivero (*jazin*) y diversos ayudantes (*awam*). Tenía delegados (*julafa*) que ayudaban en las funciones que el juez les encomendaba ya que los juicios se llevaban a cabo en diversas sedes, como sucede en los juzgados actuales. El califa Harun al-Rashid (m. 809) –"al Rashid" significa "el Justo"– creó la figura de *qadi al-qudat* (cadí de los cadíes), encargado de controlar y supervisar a los cadíes del califato y de participar en el nombramiento de los jueces" para garantizar la transparencia del sistema judicial.

El almotacén (*muhtasib*), era el responsable de la vigilancia del mercado y el encargado de la tasa. Para cumplir su función tenía numerosos colaboradores llamados *a'wan*. Además, los representantes de cada oficio le ayudaban en la tarea de inspección e información. Cada corporación tenía su representante, un jeque, designado y reconocido por el gobierno. En las sociedades preislámicas de la Mesopotamia, Persia y Arabia, existían diversas formas de organización informal y cooperación entre artesanos y comerciantes No existían "gremios" con la estructura formal y las regulaciones detalladas que surgieron en la Europa medieval, pero las corporaciones se activaban para proteger sus intereses, su seguridad durante los viajes y el desenvolvimiento de sus actividades. Cuando el Islam creó sus instituciones administrativas, lejos de imponer, adaptó este tipo de agrupaciones preislámicas a la nueva realidad.

3.2. El sistema educativo en la organización social

Las instituciones islámicas que se ocupan de la enseñanza hunden sus raíces en los fundamentos y las prácticas de las civilizaciones que las precedieron. Hay que iluminar este aspecto cuando se trata de llevar a cabo la renovación de la enseñanza moderna. Para comprender el sistema educativo islámico y sus diversos aspectos, conviene indagar teniendo a la vista la siguiente guía:

- La historia de las instituciones musulmanas de enseñanza.
- El concepto islámico de educación.
- El 'plan de estudios'.
- Los métodos y las prácticas docentes.
- Los títulos y certificaciones académicas.

La llegada del Islam modificó la vida de los individuos y, en general, el funcionamiento de todo el orden social tal como se había conocido hasta aquel momento. Puede afirmarse que el Islam revolucionó la historia. Un cambio tan radical necesitaba instituciones que le dieran continuidad a la nueva filosofía de vida. Las instituciones educativas eran las encargadas de mantener y propagar tanto la nueva religión como la nueva cosmovisión que con ella se iluminaba la existencia de las personas. Sólo mediante la educación era posible transitar el cambio.

La mezquita siempre ha conservado su función pedagógica. Debido a las circunstancias que cada zona haya vivido, la mezquita a veces tuvo que dejar de ocuparse de otras funciones sociales. Sin embargo, el estudio del Corán es su principal finalidad educativa y el estudio de ciencias seculares tiene una importancia secundaria. La función pedagógica de la mezquita se inspira en la aleya 146, sura 2 del texto del Sagrado Corán: "Así os hemos mandado a un Enviado *escogido* de entre vosotros, os recite Nuestras aleyas, os purifica y os enseñe el Libro y la sabiduría, para que os enseña lo que no sabéis".[154]

La *madrasa* es la escuela de educación superior que se instituyó en el siglo V de hégira lunar (siglo XI d. C,). La *madrasa* era una institución estrictamente patrocinada por el Estado y, a menudo, controlada por él para mantener su dominio político sobre ella . La *madrasa*, como institución, complementó la actividad pedagógica de las mezquitas y la que hacían en sus domicilios los *ulema*.

El destinatario de la enseñanza en el Islam es el colectivo de los creyentes. El Islam sólo reconoce la existencia de una única clase social, que es la *Umma* o comunidad

---

[154] Vernet, Juan, cit., p. 15.

de creyentes. El Islam intenta promover, mediante la enseñanza, sentimientos de responsabilidad moral y fomenta la capacidad de autocontrol. Quiere generar solidaridad, hermandad, misericordia, simpatía, paz, desinterés, ecuanimidad y veracidad escrupulosa con respecto a toda la creación y en todas las situaciones que puedan presentarse. Con este objetivo, el Islam nutre el espíritu de las personas para potenciar las cualidades nobles de las que únicamente se puede esperar el bien. El Islam educa en la cooperación y en la participación activa para resolver los problemas económicos y políticos de la sociedad porque cuando se aprende, la *Shari'a* no se limita a cuestiones del derecho en la sociedad islámica, sino que se aplica en todos los aspectos del Estado –economía, constitución, poder político, etc.,–, insistiendo, como ninguna otra religión, en la Unidad: de Dios y sus criaturas, de ellas entre sí, de lo terrenal y espiritual de la existencia, de lo religioso y de lo secular.

La consideración de los conceptos pedagógicos en el Islam nos orienta hacia el estudio de la filosofía islámica de la educación y su teoría de conocimiento. En el plan de estudios, el sistema educativo tradicional en la sociedad islámica tenía dos etapas de enseñanza organizada: la elemental y la superior. En la elemental los alumnos deberían terminar el aprendizaje sabiendo de memoria el Corán. El sistema educativo del Islam no preveía una enseñanza anterior a la impartida en las mezquitas. Finalizada la primera etapa, aquellos alumnos que querían continuar sus estudios debían buscarse un "círculo de enseñanza" dentro de una mezquita o una *madrasa*.

Durante la clase que se imparte en la mezquita y en la *madrasa* –tanto en el pasado como hoy– los estudiantes y el maestro se disponen en círculo. El círculo anula la jerarquización que podría imponer la separación en filas con el maestro adelante y fomenta la conversación y el debate. El circulo tiene función inclusiva y focaliza la atención el contenido de cada lección y no, en la figura del maestro que cuando hay filas se ubica en el frente.

En cuanto a los planes de estudio, en el Islam medieval las disciplinas estudiadas se dividían en dos tipos: por un lado, las ciencias de la tradición y las ciencias de la lengua árabe, por otra parte, las ciencias racionales. Algunas ciencias estudiadas en el Islam debieron su importancia a la vida del Profeta, a partir de lo cual se desarrolló la historiografía islámica.

En la enseñanza islámica tradicional, es el maestro quien redacta y firma la *iyaza* (licencia) para su discípulo. Era el único certificado reconocido. La *iyaza* no era emitida por una institución, sino por un *'alim* (sabio) determinado, quien junto a su firma ponía su sello personal.

3.3. La función del Estado islámico en la Edad Media

Estado islámico en el medioevo tenía la función de dirigir la enseñanza para la mejor convivencia en el mundo musulmán. En la sociedad islámica, la ciudad implica, como ya hemos dicho, un sistema religioso, social y político. Desde los albores de la humanidad, las personas se han acercado, agrupado y reunido para satisfacer tres necesidades básicas: el alimento, la defensa y el intercambio de objetos, experiencias y dinámicas relacionales. Estos tres núcleos causales, evolucionan y adquieren diversas variantes concretas. Los grupos no se forman como mera aglomeración de muchas personas, por el contrario, la congregación responde al carácter dinámico del organismo social. Al elegir la palabra "organismo" estamos hablando de una realidad viva, en la que cada componente contribuye al engranaje del cuerpo en cuestión y contribuye a su crecimiento y desarrollo.

Cuando las agrupaciones sociales alcanzan cierto grado de madurez, se establece y adquiere rasgos identitarios: se protege de otras agrupaciones potencialmente enemigas con la edificación de murallas, fija lugares y cadencias para el intercambio de los bienes que produce. Así aparecen el mercado semanal y la feria con cadencia periódica –quincenal o mensual–. La Edad Media es el escenario temporal en que el comercio desempeña el papel decisivo para la creación de ciudades; los artesanos especializados producían bienes, aumentaba la necesidad de construir puntos para almacenar y centros para intercambiar las mercancías, se pensaba en los métodos para la promoción de las manufacturas. "Las murallas de las ciudades islámicas en Oriente, (…) tienen, por lo menos, una puerta en cada lado; lo más frecuente es que haya siete (Damasco, Alepo, Jerusalén)."[155] La ciudad de Shiraz, en el sur de Irán, es famosa por sus siete puertas.

Es interesante destacar que la tradición de que las murallas de las ciudades islámicas tengan siete puertas se origina en la inspiración coránica, en correspondencia con los siete cielos, una parte importante de la cosmología islámica. En el Corán se menciona varias veces la existencia de siete cielos y, gracias a que no presenta una

---

[155] Serjeant, R. B. (ed), "El trazado físico", primera parte de *La ciudad islámica*, op. cit., p. 121.

descripción física detallada de cada uno, los eruditos pueden realizar diversas lecturas de orden espiritual.

Algunas ciudades islámicas se asentaron sobre antiguas ciudades romanas y por ello conservaron ciertos rasgos de la infraestructura y trazado iniciales. Sin embargo, el modelo islámico de planificación urbana desarrolló características distintivas que lo diferenciaron del modelo romano. Haciendo una analogía con las ciudades romanas, los comercios en las ciudades islámicas estaban organizados en zocos, conjuntos de calles en cuyos edificios los artesanos vivían, producían y vendían. Cada zoco estaba dedicado a un tipo de comercio. La densidad de los zocos aumentaba a medida que se aproximaban a la *aljama* (mezquita mayor). Los comercios de objetos preciosos se ubicaban en construcciones derivadas de la basílica civil, la *qaysariyya* (*alcaicería*), tenían muros, se cerraban durante la noche y gozaban de vigilancia dedicada a ellos. Esto demuestra que existía una jerarquía pensada para los zocos. Actualmente, uno de los principales mercados cubiertos de la ciudad milenaria de Isfahan en el centro de Irán lleva el nombre de la *qaysariyya*. El mercado de la *qaysariyya* de Granada y de Sevilla son parte fundamentales del legado islámico en España.

"Las actividades jurídicas y escolares se realizaban originariamente en el recinto de la mezquita aljama, pero ya en el siglo XII el área universitaria debió quedar determinada por las numerosas *madrasas* agrupadas en la vecindad de la mezquita aljama, donde formaban un verdadero 'complejo escolar'".[156] Alrededor de la mezquita *aljama* se encontraba el hospital que podría ser

---

[156] Ibid, p. 127

considerado como una parte integrante de la vida universitaria y que pertenecía a la *madrasa*.

En la construcción y el desarrollo urbano de las ciudades islámicas medievales el Estado desempeñó una **función crucial y multifacética**. Su participación cubría todos los aspectos: la planificación y proyección de los espacios, la financiación, la provisión de infraestructuras físicas y el establecimiento del marco legal y regulatorio que permitía el funcionamiento y crecimiento de la ciudad.

3.3.1. La economía en el mundo islámico medieval

Tres tipos de relaciones comerciales coexistían en el mundo islámico:
• Los **mercados rurales semanales** creados por circunstancias especiales de regiones con población bastante densa, carente de facilidades urbanas. Actualmente existen en el Atlas, la Qabilia, el Ymen y en las provincias de Guilán y el Mazandarán iraní.
• Las **ferias** (*mawsim*), de importancia menor en el mundo islámico.
• Los **mercados urbanos**, que constituyen el tejido fundamental de las relaciones comerciales del mundo islámico. Este tipo de mercado es la linfa vital para la sociedad desde el punto de vista económico. Sin embargo su importancia, excediendo lo meramente financiero, radica en el crucial papel político que representa, en función de los conceptos religiosos que conlleva y aporta a la compleja entidad de la ciudad, centro de la civilización musulmana.

Dentro del mercado islámico existe una jerarquización que empieza por los *tuyyar* (mercaderes). Ellos tienen el monopolio del comercio de importación y exportación, el comercio de suministros de alimentos y materias primas, con un mecanismo doble:

- El pago en especie por parte del campesinado.
- La venta a los habitantes de la ciudad, a través de vendedores ambulantes, *pilevar*, que intercambian sus géneros por productos rurales. Este intercambio de géneros o bien se realiza en el campo o bien en la ciudad.

El mercado rural se hace en general en la periferia de las ciudades con las siguientes características:

- se trata de un amplio espacio abierto,
- resulta de fácil acceso,
- es un lugar de encuentro donde nadie se siente a merced del otro,
- siendo un área de uso intermitente, su costo se reduce,
- el campesino vende sus productos por dinero, no hace trueque; para sus compras va a la ciudad, a los mercados especializados.

En cuanto a las instituciones económicas, el sistema corporativo en las ciudades islámicas incluía a todos los que se dedicaban a la producción, a la distribución y a los servicios. No hacía diferencias de ningún tipo, integraba tanto a gentes de alta y de baja condición, a ricos y a pobres, a musulmanes, a cristianos, a judíos, a nativos y a extranjeros naturalizados. A los gremios también pertenecían los propietarios de las factorías de almidón, de talleres de curtidos, tintorerías, obradores de azufre y todos los que se ocupaban de trabajar con materiales que, a causa del mal olor, se realizaban en zonas más alejadas, no en los bazares. Es realmente interesante la forma en la que se confiaba la continuidad de estas corporaciones: si bien hay textos escritos que ayudan a comprender su estructura, la explicación del sistema social y conceptual de los gremios se transmitía en forma oral, de padres a hijos, generación tras generación.

Tradicionalmente, los miembros de las corporaciones en las ciudades islámicas, para sostener la piedad y el servicio a la *Umma* y el temor a Dios, se afiliaban a las órdenes o 'cofradías' sufíes. "Esto no se puede realizar desordenadamente ni sin orientación o gracia (*baraka*); de ahí que el viajero precise un guía (*mursid*) o un *Sayj* (*maestro*) para que le conduzca por la 'senda' que él ya ha recorrido"[157].

4. La ciudad multicultural en constante evolución económica y social

En la actualidad, en Irán las diferentes corporaciones, para celebrar sus ceremonias religiosas, forman sus propias comunidades y se reúnen en un ciclo periódico, semanal o mensual, en la casa de uno de sus miembros. En consonancia con el pensamiento del islamismo sufí, manifiestan que las habilidades manuales reposan sobre una base moral y espiritual. Para el artesano musulmán, su arte consiste en la transformación laboriosa de un material, más o menos carente de forma, en un objeto conformado de acuerdo con un modelo ideal.

En el siglo XIX, hubo un enorme cambio en el delicado sistema socioeconómico del mundo musulmán, como consecuencia de las ocupaciones de colonizadores occidentales y la aparición del sistema de gobierno del

---

[157] Serjeant, R. B. (ed.), "Las instituciones económicas", primera parte de *La ciudad islámica*, op. cit., p. 146-147.

Estado–Nación. Apenas ocupaban las diversas zonas, los colonizadores occidentales comenzaban a explotar las materias primas y a manipular los mercados. Como es natural, los artesanos locales fueron sus primeras víctimas y las corporaciones entraron en decadencia, hasta que se produjo la desaparición gradual de las diversas corporaciones en el mundo musulmán. La presión colonial y los precios altamente competitivos de los productos europeos acabaron por cerrar las puertas a las fuentes de trabajo de los artesanos locales, hasta que desaparecieron del todo. Todo esto obedecía al plan implícito de extender la economía de mercado con impronta occidental. Esto se consiguió introduciendo sistemas seculares de enseñanza cuyo efecto fue la división demoledora de la sociedad islámica entre los observadores de la tradición y quienes adoptaron las prácticas "modernas".

La antigua estratificación de la organización social de la comunidad islámica ha perdurado hasta nuestros días, especialmente en la parte sur de la Península arábiga. El Islam nació en la ciudad y toda su aristocracia militar, desde el comienzo de las conquistas árabes hasta hoy, es de extracción urbana. El Islam nació entre las tribus de las áreas habitadas por la población sedentaria del *Hadar* y no de la *Badiya*, que es el hábitat de los beduinos o nómadas. Las tribus árabes extendieron su dominio sobre el vasto imperio islámico en el siglo VII, sin embargo, a pesar de haber entrado en contacto con tantos y tan diversos grupos humanos, la propia población de Arabia continuó, en general, viviendo como vivía. La estratificación social en las ciudades sureñas de la Península arábiga, y especialmente en Yemen, ha mantenido intacta sus costumbres milenarias que se vieron enriquecidas por el advenimiento del Islam.

Un bellísimo ejemplo de sincretismo arquitectónico pre y post islámico lo representa la ciudad de San'a, actual capital de Yemen. Dos civilizaciones diferentes con sus respectivos reinos, el de Saba (VIII a.C. a I d. C.) y el de Himyar (II a VI d.C.), florecieron sucesivamente en esta zona y compartieron una misma base cultural. El estilo sabeo y el sabeo himyarí de aquel período se expresó en construcciones y monumentos, gran número de los cuales perduró en la cultura local tras la llegada del Islam. Se aprecia que aquellos edificios preislámicos fueron utilizados como base para construcciones posteriores que se pueden admirar caminando por las calles o visitando los jardines. Aunque a lo largo de la historia San'a ha sido escenario de muchos conflictos, su valor histórico, arquitectónico y cultural la convierte en un ejemplo vivo de las posibilidades del espíritu islámico.

La Ciudad Vieja de San'a, que fue declarada Patrimonio de la Humanidad por la UNESCO, representa un legado único de la civilización islámica y un testimonio de la creatividad y la adaptación del ser humano a su entorno. Su combinación de antigüedad, importancia religiosa temprana, arquitectura distintiva y rica cultura la convierten en una ciudad modelo dentro del mundo islámico y una fuente de orgullo para sus habitantes. La Gran Mezquita de San'a, una de las más antiguas del mundo islámico, fue construida bajo las mismas órdenes del Profeta, quien estuvo personalmente en la ciudad. Las escuelas que funcionaron y siguen funcionando en sus numerosas mezquitas contribuyeron a la preservación y transmisión del Islam; sus bibliotecas custodiaron valiosos manuscritos para el conocimiento de la filosofía islámica; en sus mercados perdura una organización medieval perfectamente eficiente.

Una vez más, es necesario subrayar que en la sociedad islámica, el Sagrado Corán y la tradición religiosa constituyen el modelo de la organización social. Desde hace varios siglos el mundo islámico se ha ido identificando con una determinada concepción sociocultural. Se trata de una realidad altamente compleja por la gran cantidad de entornos que el mundo islámico incluye. Si se quisiera hablar en términos de "subdesarrollo" de ciertos sectores e, incluso, de ciertos países, no sería lícito hacer un examen aplicando las categorías de análisis occidentales. El eventual retraso económico no responde a las aparentes incapacidades tecnológicas; es, en cambio, la reacción concreta a un fenómeno sumamente complejo en que se combinan múltiples aspectos sociales, políticos, psicológicos y culturales. Lo que se puede calificar de "decadencia" en el mundo islámico fue causada principalmente por el estancamiento de las minorías creadoras y la corrupción de ciertos gobernantes. Tales factores originaron una fuerte crisis moral e intelectual. En las sociedades musulmanas se percibe, hoy en día, el típico malestar cultural que, en todas las épocas y en todas los grupos humanos, genera la crisis de identidad.

La cultura islámica se conforma a partir del conjunto de principios basados respectivamente en el Corán, los dichos y hechos auténticos del Profeta, el *Iyma* (aprobación general de los eruditos) y el *Qiyas* (razonamiento por analogía, que permite la adaptación de las leyes precedentes a las situaciones nuevas). Las verdades conceptuales del Islam se ocupan lo relacionado con el universo, el hombre y la vida. El Islam disfruta de una metodología general divina, en la cual la realidad humana gira en torno al eje fundamental de la creencia en la unicidad. Las características distintivas de la cultura islámica son que se encuentra en armonía con la naturaleza humana, concilia la ciencia y la moral y sostiene la universalidad, gracias a lo cual favorece la unión de la humanidad y sus ideales. El denominador común para el mundo islámico –que vive en diferentes zonas geográficas y que goza de una extensa variedad cultural–, es el Islam. La justicia social es uno de los pilares de la comunidad. "El Islam es un sistema completo de la vida, lleva en su seno orientaciones tanto políticas, económicas y jurídicas como espirituales, y está para regir la vida de sus adeptos en este mundo y prepararlos para el otro mundo."[158]

El colonialismo, durante los años en que ocupó y explotó a los países islámicos, supo sacar enorme ventaja de las contradicciones culturales que existen en su sociedad. Y lo hizo casi con éxito total. "La verdad es que nada es comparable al éxito de esta manipulación que fue la 'superescolarización' de los *kabyles*, manipulación que el poder colonial practicó al pie de la letra siguiendo 'los estudios y consejos de los etnólogos de finales del siglo XIX y en particular Masqueray'".[159] Se refiere a los Cabilas, grupo étnico bereber indígena del norte de Argelia. Actualmente existe una importante diáspora cabilia, en Europa, principalmente en Francia, y América del Norte, especialmente Quebec. Y no sólo los Cabilas. Hoy el mundo islámico contiene una preocupante situación de contradicciones culturales y de búsqueda de identidad que exige soluciones globales y serias. Es la

---

[158] Delliou, Foudil, "Las contradicciones culturales", cap. segundo de *las contradicciones culturales en el mundo islámico. El caso de Argelia*, Universidad Complutense, Madrid, 1990, p. 76.

[159] Bruno, E., *L'Algérie, cultes et révolutions*, Le Seuil, París, 1977, p. 147; citado por Delliou, Foudil, Las contradicciones culturales, op. cit., p. 80.

consecuencia de los fracasados ensayos de Occidente para lograr una homologación, sin haber conseguido la pérdida de autenticidad en la sociedad islámica.

El **pensamiento del Islam** tiene dos rasgos distintivos: se trata de un **pensamiento religioso** y posee un **carácter racional**. Es la respuesta humana a la necesidad de comprender mejor el mensaje divino que fue comunicado a la humanidad a través del profeta Mohammad (La paz sea con él y con sus descendientes). El pensamiento islámico surge en el último cuarto del primer siglo de la hégira (661 a 700 d. C.) por el desarrollo de otras disciplinas auxiliares de la hermenéutica coránica. En aquel momento, las diferentes escuelas de pensamiento sobre ciertos temas religiosos y legales aún no estaban definidas. En el último cuarto del primer siglo de la Hégira se fijaron las bases para el ulterior desarrollo de las principales disciplinas islámicas: la *Tafsir* o exégesis coránica, el *Hadiz* o recopilación de los relatos sagrados, el *Fiqh* o jurisprudencia y la *Kalam* o Teología.

El pensamiento islámico, desde su creación ha atravesado tres etapas. Hoy nos encontramos transitando la cuarta. Las cuatro etapas son:

Primera etapa: los tres primeros siglos de la **HÉGIRA**. Se formaron las corrientes esenciales de la sociedad islámica y sus diferentes escuelas: ideológicas, teológicas y jurídicas, así como las filosóficas y místicas.

Segunda etapa: los cinco siglos siguientes. Corresponde a la **CONSTRUCCIÓN** de la sociedad islámica.

Tercera etapa: siglos XI a XX de la era común. Es la era de la **IMPOSICIÓN**. Se caracteriza por los desafíos y enfrentamientos. Una constante fundamental es la invasión militar, sociopolítica y cultural de Occidente a través de los colonizadores y misioneros con el intento de dominar al mundo islámico y de explotarlo. "En esta etapa crítica del pensamiento islámico se manifestaron dos corrientes: una se orientó hacia el apoyo del colonialismo o por lo menos a ser su aliado, y la otra hacia la resistencia a la invasión occidental".[160]

Cuarta y última etapa: el **DESPERTAR** del mundo islámico. Surgieron en ella tres movimientos: el reformismo islámico, el liberalismo islámico y el movimiento salafí. Desde el comienzo del despertar, hubo que afrontar muchos retos, en especial, la triple independencia militar, política y cultural. "Afortunadamente, hubo bastantes intentos reformistas que retomaron el hilo de la continuidad y la renovación del pensamiento islámico y esto fue la característica de la última etapa que tuvo también sus altibajos"[161].

En el mundo islámico actual, numerosos movimientos masivos tienen el objetivo de recuperar la propia identidad puesta entre paréntesis durante la invasión cultural de Occidente. En realidad, esta búsqueda de identidad es una lucha ideológica entre el pensamiento y los valores islámicos y el pensamiento y los valores occidentales. Los movimientos trabajan en recuperar para re-construir en función de la actualización de nuevas perspectivas. Dada la fuerte interdependencia entre las culturas que caracteriza la realidad geopolítica de la post colonización y la descolonización en el mundo, el Islam siente la urgencia de adaptarse, parado en sus fundamentos tradicionales. Sin embargo, en este período el nacionalismo y el socialismo están a la orden del día.

---

[160] Delliou, Foudil, "Las causas de las contradicciones culturales" cap. III de *Las contradicciones culturales…*, op. cit., p.112

[161] Op. cit., p.119

Occidente dejó una especie de veneno al retirarse de los países islámicos, ya que a través de los intelectuales occidentalizados de los países islámicos, se ha ido difundiendo en ellos la concepción del 'nacionalismo' que es inherente al pensamiento occidental. La idea de cualquier nacionalismo es necesariamente opuesta al espíritu islámico. La inclusión de todas las criaturas en el espíritu del Islam no está en armonía con la división y menos, con un socialismo concebido desde la perspectiva occidental. Tales estrategias, en el mundo islámico, tienen unos efectos particularmente nefastos para su civilización que, resulta, según A. Mallelart, "(…) desposeída de sus tradiciones, de sus lenguas, de su historia, de su identidad, de sus facultades creadoras, para integrarla en un sistema de referencias, llamado universal, que prepara y acompaña la agresión política, económica y militar"[162].

Para re-construir es imprescindible que se alcance primero la concordancia sobre los pilares fundacionales de la Unidad (espiritual, terrenal, social), ya que las contradicciones culturales son el mayor obstáculo para el desarrollo armónico en un país. Sólo existe una *civilización* islámica con sus características, fundamentos y objetivos propios. La *civilización* islámica se divide en *culturas* islámicas. Las *culturas* islámicas se corresponden con "*zonas*" más o menos delineadas en las que se pueden identificar *subculturas* con carácter local o regional.

---

[162] Mattelart, A., *Conferencia Internacional*, Argel, 1977; citado por Delliou, Foudil, "Sus Causas", op. cit., p. 140.

Capítulo V. EL ISLAM Y LAS GESTIONES ECONÓMICAS

1. El Islam y la posibilidad concreta de una transformación económica

Cabe preguntarse, en primer lugar, si del especial código islámico, el cual no descuida ningún aspecto, es posible conformar un sistema económico. Si la respuesta es sí, entonces, tal sistema ¿podrá ofrecer una alternativa al extensamente difundido sistema capitalista, una de cuyas derivaciones indeseable, entre otras, es el engranaje de la usura? La respuesta a la primera pregunta es sí. Dado que el Islam que tiene sus propios códigos sociales y jurídicos, no tiene que sorprendernos que haya también establecido todas las nociones pertinentes a la economía. En la actualidad, dentro de la Economía contemporánea se estudia la rama de la economía islámica, que se encuentra en sus fases iniciales de desarrollo.

En las últimas décadas, a raíz de los movimientos socioeconómicos que tuvieron lugar en los países con mayoría de población musulmana, los pensadores islámicos comenzaron a examinar la propia posición desde la perspectiva geoeconómica del Islam. El resultado fue fructífero, en el sentido que consiguieron articular una aproximación islámica a los problemas económicos que identificaban en estos países. Curiosamente, el fenómeno de la descolonización funcionó como detonante para las dificultades constatadas en el tejido social. La necesidad de re-construir en toda el área, a la luz del Islam, los esquemas económicos –trastocados y contaminados por Occidente– aceleró la dedicación de los pensadores en busca de respuestas útiles.

En las culturas occidentales, el derecho y la religión están separados, lo cual tiene determinadas consecuencias. En el Islam, por el contrario, como en todos los aspectos de la comunidad, la esfera legal está estructurada por un sistema que entreteje los intereses del plano divino con la observación de reglas que rigen las relaciones del hombre con sus semejantes.

Considerando la debilidad de la naturaleza humana, el Islam insiste en el principio de que las transacciones económicas de todos los niveles han de reposar sobre la pureza, la pureza de los tratos mercantiles y financieros, para que los negocios no degeneren en la nefasta usura. Se puede afirmar –de acuerdo con Francisco Monchón (1897-1998)– que la economía islámica es una ciencia que se ocupa de analizar cuál es la mejor manera de tomar decisiones para que los recursos disponibles, que siempre son escasos, favorezcan el desarrollo de los individuos y de las sociedades. Las elecciones han de contribuir de la mejor forma a satisfacer las necesidades individuales y colectivas de los grupos humanos. El elemento diferenciador, que le confiere su singular identidad a la economía islámica es "(…) el compromiso del investigador de esta materia en considerar el Corán y la Sunna (tradición profética), como su guía y punto de referencia"[163].

El mismo marco conceptual que da sentido a la *zakat* –el gesto de la donación "purificadora", anteriormente analizado– funciona igualmente en todos los otros aspectos relacionados con los bienes terrenales: todos los actos humanos, aun si su desenvolvimiento cotidiano se realiza

---

[163] Monchon, Francisco, *Economía Básica*, Mac Graw-Hill, Madrid, 1994.

en contacto con el plano material, debe tener y tiene una proyección trascendente en lo espiritual y un objeto que emana de la esencia y del fin último. Los elementos, en apariencia, sólo materiales se redimensionan y cobran sentido pleno en la visión global del universo, de la vida y del hombre, que es propia del Islam. El Islam no es una religión de vieja estampa, de las que viven en las páginas de los libros o en discursos que emocionan entre los muros de los templos, escindidas del mundo real, aquellas a las que se recuerda para juntarse e intercambiarse saludos o regalos, como sucede con tantas religiones del mundo occidental. La connotación espiritual de la fe en el Islam supera la aceptación mental o pasional de un salvador o de un dogma: el Islam encarna una forma de vida espiritual / material al mismo tiempo, es una entidad indisoluble que yendo más allá de la concepción teórica se convierte en un hecho vivo y cotidiano.

En el Islam, Dios es la causa principal y todo procede de Él. Todo procede y pertenece al Creador y Él es el amo y Señor de toda la creación. Por lo tanto, la propiedad en el Islam tiene un carácter transitorio y administrativo. Por este mismo motivo, los títulos de propiedad en el Islam están sujetos al buen uso de los objetos, su naturaleza es temporal. Lo que sucede en el sector agrícola es un ejemplo elocuente de este mismo concepto: cualquier propietario que abandone su finca por período superior a tres años pierde todos los derechos sobre la misma a favor de aquel que comience a explotarla.

La propiedad en el Islam está limitada. La legislación islámica prohíbe la propiedad individual de los bienes libres tales como el agua o el aire, también prohíbe la propiedad individual de materias primas básicas como, por ejemplo, los yacimientos mineros o petrolíferos y, en algunos casos, los espacios forestales.

En el Islam, el *zakat* o *azaque* es una obligación universal –con algunas diferencias entre las ramas sunnita y chiita–. Desde el punto de vista económico, es un tributo. La tasa común es del 2.5% del total de determinados bienes –ciertos metales como oro y plata, dinero en efectivo o depositado como ahorro, ganado, activos comerciales, etc.,– poseídos durante un año lunar. El cálculo para determinar si un adulto es rico se hace en función del valor monetario de 85 gramos de oro o 595 gramos de plata, lo cual constituye el umbral de riqueza o *nissab*. El Corán explica quiénes son los potenciales beneficiarios: los administradores del *zakat*, los que están recorriendo el camino de Dios y aquellos cuyos corazones necesitan ser reconciliados con el Islam, los pobres y los necesitados (*al-fuqara* y *al-masakin*), las personas cuyas deudas superen sus activos, los cautivos o esclavos para pagar su liberación, los viajeros en dificultad como los refugiados. Los beneficiarios, los pobres, tienen derecho sobre los adultos ricos, que se consideran religiosamente obligados a hacer esta donación.

El *zakat* se traduce en la sociedad como resorte nivelador entre los grupos que la integran. Su impacto socioeconómico es crucial ya que fomenta la cohesión social y la redistribución de la riqueza. Contribuye a sostener el mercado, desde el momento en que las clases menos afortunadas aumentan su poder adquisitivo y participan en la estabilización de toda la economía.

El *joms* ("el quinto") es otra obligación financiera en el Islam. Se diferencia del *zakat* en varios aspectos, en especial, en la jurisprudencia chiita. Tasa el 20% de las ganancias, inspirándose en la aleya 41 del sura 8: "Y sabed que, de los bienes excedentes que obtengáis de cualquier cosa, una quinta parte pertenece a Dios, al Mensajero y a los viajeros,..."[164]

Sin embargo, superando la letra del texto sagrado –que habla del botín obtenido en las guerras defensivas–, el musulmán chiita adulto debe pagar el *joms*, se trata del 20%, de todas sus ganancias netas que excedan sus gastos anuales legítimos –vivienda, comida, ropa, educación–. Incluye las ganancias obtenidas por las extracciones de minerales, por el descubrimiento de tesoros, por las tierras de un no musulmán sometido al control islámico, de los elementos preciosos extraídos del mar.

Los beneficiarios del *joms* se dividen en dos grupos: por un lado, los descendientes del Profeta que atraviesen una situación difícil –de pobreza, exilio forzado o hayan quedado huérfanos– para así garantizarles una vida digna y, por otro lado, los altos clérigos chiitas o *marja' taqlid* que tienen la obligación de administrarlo, para realizar obras y actividades guiadas por el clero para el bien de la comunidad chiita, como la promoción del conocimiento religioso, la construcción de instituciones educativas, la ayuda a estudiantes religiosos, etc.

En síntesis, la puesta en práctica de los conceptos de *zakat* y de *joms* dentro de la sociedad islámica tiene la finalidad de eliminar las diferencias abismales que en occidente son notorias entre las clases de los ricos y de los

---

[164] González Bórnez, Raúl, *El Corán*, Centro de traducciones del Sagrado Corán, Qom, Islamic Republic of Iran, p. 183.

pobres. El fin último de la economía islámica es el de servir a la comunidad y satisfacer las necesidades humanas. En el Islam, la actividad económica está al servicio de fines sociales. Para eso, aplica mecanismos correctores que impiden el abuso y el monopolio en cualquier actividad productiva.

El sistema financiero, dentro de la ciencia de la economía islámica, ofrece los mismos servicios que el sistema financiero mundial tradicional: cuenta corriente, cartillas de ahorro, fondos de inversión, etc., sin embargo, tiene diferencias distintivas que le otorgan un sello propio. La finanza islámica se aplica –con modalidades que varían de país en país– según la guía de los principios de la *Shari'a*, con el objetivo de promover la justicia, la equidad y la responsabilidad social. Es innegable el crecimiento de la finanza islámica durante los últimos años, así como es evidente la diferencia cuando se lo compara con del sistema financiero convencional occidental que se alimenta del cobro de intereses y se apoya en la especulación.

Los principios fundamentales de la economía islámica pueden agruparse en las siguientes nociones:
1. El Islam considera que cualquier forma de interés es usura. Prohíbe estrictamente el cobro y el pago de intereses. Los bancos islámicos cuando realizan préstamos no obtienen ganancias a través de tasas fijas de interés sino por mecanismos de prorrateo de pérdidas y ganancias, el comercio de activos.
2. Prohíbe la especulación pura, los contratos complicados o de incierto resultado para una de las partes, para reducir al mínimo la incertidumbre y evitar engaños y transacciones ambiguas. La banca administra capitales

para su inversión con un rol activo en la creación, la gestión e impulso de nuevas empresas.

3. Para proteger a la comunidad de caer en la adicción, la costumbre de obtener dinero fácil y evitarle la ruina económica, están prohibidas las operaciones relacionadas con las apuestas y el juego de azar.

4. La ciencia económica del Islam alienta la inversión en economía productiva: el dinero no puede generar dinero por sí mismo. Tiene necesariamente que resultar de una transacción comercial o de una inversión concreta. Las transacciones financieras deben estar respaldadas por activos tangibles y actividades económicas reales, no por un "fondo fantasma".

5. No existe la relación tradicional de prestamista-prestatario: en la finanza islámica el proveedor de capital y el emprendedor son como dos socios que comparten el riesgo y la recompensa. En el sistema financiero islámico no existe un interés fijo sin riesgo por parte del capital.

En el sistema financiero islámico, la banca interviene en el proceso productivo como socio, asumiendo al mismo tiempo los riesgos y la titularidad mutua de los bienes. Así se evita que se convierta en un ente de usura. Una empresa, por ejemplo, junto con el banco invierten en la compra de una nave. La empresa después pagará por plazas y sin intereses la cantidad invertida por el banco del siguiente modo: supongamos que el precio de la nave es doce millones pero el empresario dispone sólo de cuatro millones; el banco aporta los ocho millones que faltan para poder pagar el total. En términos de propiedad, el empresario es dueño del 34% y el banco del 66%. Entonces, ¿cómo va a adquirir el empresario del 66% que al comienzo de la operación le pertenece al banco? La respuesta es sencilla: el banco fija un alquiler al empresario.

A medida que el empresario paga el alquiler, este se irá descontando del 66% hasta que se complete la cifra total. En el momento en que el empresario efectúa el primer pago del alquiler, el banco tiene el 66% sobre el beneficio o la pérdida existentes; el porcentaje irá disminuyendo a medida que se vayan realizando los pagos. Si el titular del préstamo fallece, el banco en primera instancia no podrá quedarse con el negocio, que debe pasar a los legítimos herederos para quienes el crédito procede sin que cambien las condiciones originales. Así, finalmente, el propietario o su heredero tendrá su nave, el banco habrá compartido los riesgos inherentes a la explotación del negocio y, lo más importante, se habrá evitado la usura. Un mecanismo realmente simple.

La economía islámica es moderna e innovadora. Los bancos han ido desarrollando los instrumentos financieros que se atienen a la *Shari'a*:

1. Venta con margen de beneficio, *murabaha*. El banco compra el total o un porcentaje de un activo y luego lo vende al cliente a un precio superior previamente acordado, pagadero en plazos. El margen de beneficio del banco es su ganancia, no un interés.

2. Arrendamiento financiero, *ijara*, que es el *leasing*. El banco compra un activo y lo alquila al cliente por un período determinado.

3. Asociación con participación en capital, *musharaka*. El ejemplo de la nave. El banco y el cliente comparten ganancias y pérdidas en un proyecto o negocio, según una estrategia y una proporción previamente acordadas.

4. Asociación con participación en ganancias, *mudaraba*. El banco provee el capital y el cliente, como emprendedor, aporta su experiencia y gestión. Ambos se ponen de acuerdo sobre la proporción en que se comparten las ganancias. El proveedor de capital soporta las pérdidas que se producen sin negligencia del emprendedor.

5. Bonos islámicos, *sukuk*. Representan una participación en la propiedad de un activo o proyecto que genera ingresos. Se diferencian de los bonos convencionales, que pagan intereses, porque el rendimiento de los *sukuk* se genera según las ganancias del activo subyacente.

6. Seguro islámico, *takaful*. La participación a un fondo común de seguro mutuo. Los contribuyentes tienen el objetivo de ayudarse mutuamente en caso de pérdida o daño. Los excedentes se devuelven a los participantes o se utilizan para el bien común.

Las principales religiones y escuelas filosóficas antiguas, tanto de Lejano oriente, India, Mesopotamia, Egipto y las grecorromanas, aborrecían la usura. Las civilizaciones correspondientes impusieron restricciones evidentes al cobro de intereses, en especial si se lo consideraba explotador o injusto. Las religiones abrahámicas –la islámica, el judaísmo[165] y el cristianismo[166]– condenan claramente la usura, entendida en sus inicios como cualquier tipo de interés. Que el dinero no debía "reproducirse" por sí mismo era una convicción, tema también recurrente en las discusiones de los filósofos Platón y Aristóteles. Esta condena se mantuvo a lo largo de la Edad Media.

Con la modernidad, la usura cambia color. Partiendo de la idea del derecho universal a la libertad en todos los órdenes de la existencia, se termina por justificar la

---

[165] La Torá prohíbe explícitamente el cobro de intereses a los hermanos judíos. Cf. Éxodo 22:25 y Deuteronomio 23:19-20. Por otra parte, sin embargo, se permitía el cobro de intereses a los no judíos.

[166] Cf. Lucas 6:34-35 y Salmo 15:5.

explotación indiscriminada de personas y recursos. A medida que las economías europeas se desarrollaban, la definición de usura se fue restringiendo a intereses "excesivos", pero la noción de "excesivo" depende de qué conviene a cada sistema financiero, no existe un patrón claro que tenga como objetivo al conjunto de la sociedad.

El Islam nunca perdió de vista que la usura tiene consecuencias desastrosas para el grupo y para los individuos. Siempre siguió condenándola. El Sagrado Corán, aleyas 160 y 161 del sura 4, señala el caso de la desviación del camino recto de los judíos, que practicaron la usura a pesar de tenerlo prohibido: "Prohibimos a los judíos cosas buenas que antes le habían sido lícitas, por haber sido impíos y por haber desviado a tantos del camino de Dios, por usurear, a pesar de habérseles prohibido, y por haber devorado la hacienda ajena injustamente. A los infieles de entre ellos les hemos preparado un castigo doloroso".[167] La Biblia declara explícitamente la prohibición de la usura: "Si tu hermano se queda en la miseria y no tiene con qué pagarte, tú le sostendrás como si fuese un extranjero y un huésped, y él vivirá junto a ti. No lo exijas ninguna clase de interés: teme a tu Dios y déjalo vivir junto a ti como hermano. No le prestas dinero a interés, ni les des comida para sacar provecho".[168]

La cantidad de pasajes que el Sagrado Corán dedica a la usura demuestra la enorme importancia del tema en el Islam. Se explica su carácter maligno, lo peligroso que es aplicarla, la consecuente corrupción que genera y la descomposición de las estructuras sociales que son su efecto

---

[167] Cortés, Julio, *El Corán*, Editorial Herder, Barcelona, 1999, p. 130.
[168] Levítico 25, 35-38.

inevitable. La idea se desarrolla claramente en las aleyas 275 a 280 del sura 2; reprochan la usura y sus provechos, es decir, que el usurero se apodere poco a poco del dinero o de los bienes de otro. Por el contrario, se aconseja el perdón de la deuda y se anuncia la futura recompensa que se recibirá por parte de Dios: "Quienes usurean no se levantarán sino como se levanta aquél a quien el Diablo ha derribado con sólo tocarle, y eso por decir que el comercio es como la usura, siendo así que Dios ha autorizado el comercio y prohibido la usura. Quien, exhortado por su Señor, renuncie, conservará lo que haya ganado. Su caso está en manos de Dios. Los reincidentes, ésos serán los condenados al fuego y en el permanecerán para siempre.

Dios hace que se malogre la usura, pero aumenta las limosnas. Dios no ama a nadie que sea infiel pertinaz, pecador.

¡Creyentes! ¡Temed a Dios! ¡Y renunciad a los provechos pendientes de la usura, si es que sois creyentes!

Si no lo hacéis así, podéis esperar guerra de Dios y Su Enviado. Pero, si os arrepentís, tendréis vuestro capital, no siendo injustos ni siendo tratados injustamente. Si está en apuro, concededle un respiro hasta que se alivie su situación. Y aún sería mejor para vosotros que le condonarais la deuda. Si supierais...".[169]

Riba es la palabra con que se menciona la usura, significa literalmente incremento, adición o crecimiento en general. *Riba* es un contrato que involucra el intercambio de calidades o cantidades desiguales del mismo producto, ya sea en el mismo momento del establecimiento del contrato o posteriormente. También se refiere al incremento

---

[169] Ibid., pp. 58-59.

de cantidades por tipos de pago que no son aceptados por la ley islámica, concertadas por uno de los contratistas en el acuerdo. Todo el proceso de *Riba* es reprobado. Dios condena a quien acepta *Riba*, a quien lo paga, a quien lo atestigua y a quien lo registra.

La usura y el comercio son dos prácticas diferentes que no se debe confundir. El texto del Sagrado Corán es muy claro y determinante al respecto, la aleya 275 del sura 2 dice: "(...) Dios ha autorizado el comercio y prohibido la usura..." [170]. Las diferencias son, a saber:

1.   El comercio es el intercambio de un artículo por un precio. La usura es el incremento de un precio en una fecha adelantada, cuando la persona no puede pagar el precio completo al contado.

2.   El comercio es el intercambio de beneficios y ganancias entre dos personas. La usura es la explotación de una persona por otra.

3.   La ganancia en el comercio es un intercambio en compensación por un esfuerzo, sea por ejercerse o por empeño. La usura es un intercambio por la espera durante un tiempo, el cual en la ley islámica no tiene ningún valor de compensación aprobado.

4.   Los comerciantes pueden perder o ganar. Los usureros tienen ganancias garantizadas que además se incrementan con el paso del tiempo.

5.   El comercio trata con todo tipo de artículos. La usura, en especial hoy, se limita al dinero. Genera dinero a partir del dinero, lo que se opone a la naturaleza del dinero, un instrumento que las civilizaciones crearon para simplificar el proceso de compra-venta de artículos y servicios.

---

[170] Ibid., p. 58

6.   El comercio, se espera, aporta bienestar al individuo y conduce al incremento económico razonable en el nivel macro. Los efectos ineludibles de la usura son el innatural enriquecimiento excesivo y la devastación económica del individuo, la comunidad o la nación.

En el Islam existen dos tipos de usura:
Riba al-Fadhl o *Riba al-buyu'a*, intereses en venta. Consiste en el intercambio del mismo producto por cantidades, medidas o calidades diferentes. Para evitar tal usura se deben vender los productos diferenciados mediante el pago de dinero en el acto.
Riba An-Nasee'ah, usura de los préstamos. Es el intercambio de un producto similar o diferente con pago diferido. Esto es exactamente lo que hacen los bancos hoy en día al prestar dinero por un tiempo especificado, con cuotas fijas o intereses anuales. En la ley islámica no existe ninguna urgencia que justifique caer en este tipo de usura. Por ejemplo, la mayor parte de la gente compra una casa, con el préstamo del banco, por el bien de sus hijos. Cuando sus hijos crecen y dejan la casa, los padres empiezan a pensar en la prohibición (*haram*) que han infringido, lo cual se evidencia en el sistema tributario al que contribuyen.

Además, el creyente en el Islam está protegido por su fe y no se deja arrastrar por la desesperación en casos extremos para solucionar un problema económico con la violencia de la usura. Las aleyas 2 y 3 del sura 65 recuerdan que "(...) A quien teme a Dios, Él le da una salida y le provee de un modo insospechado por él. A quien confía en Dios, Él le basta. Dios consigue lo que se propone.

Dios ha establecido una medida para cada cosa".[171] Entonces, hay que mantener la calma, confiar en Dios porque es Él resolverá el problema y mostrará la salida.

La ley islámica prohíbe la imposición forzosa de una única moneda en el mercado: está explícitamente declarado que "el dinero" puede ser cualquier tipo de mercancía socialmente aceptada como medio de intercambio. No se le da carácter monopólico al papel moneda, que no es un producto y cuyo valor es relativo en función a parámetros que determina el Estado. Solamente pequeñas comunidades o grupos muy específicos operan hoy con sistemas de intercambio alternativos al dinero. Es más, el hecho de que en el mundo contemporáneo no existe ningún Estado donde el sistema monetario del papel moneda no sea aplicado es razón suficiente para afirmar que los musulmanes viven en un mundo donde el auténtico gobierno islámico está ausente.

El préstamo se solicita, por lo general, para realizar un negocio concreto con una persona determinada y para alcanzar resultados claramente definidos. Esto no debe ser echado en la misma bolsa con otro tipo de negocio, cuyo alcance y naturaleza no son claros para el inversor e incluso, a veces, ni siquiera la identidad del agente con el que está tratando. La ley islámica se apoya en la **claridad** en todos los ámbitos de la existencia, por eso, los intentos de recuperar un mercado islámico equitativo con negocios y transacciones islámicas equitativas han de basarse en el principio coránico de la **equidad**. La aleya 282 del sura 2 dice: "¡Creyentes! Si contraéis una deuda por un plazo determinado, ponedlo por escrito. Que un

---

[171] Ibid., p. 749.

escribano tome fiel nota en vuestra presencia, sin rehusarse a escribir como Dios le dé a entender. Que escriba. Que el deudor dicte en el temor de Dios, su Señor, y que no deduzca nada...".[172]

2. Los tratos comerciales en las órdenes sufíes

Los tratos comerciales en las órdenes sufíes –enmarcados en la observación de la tradición del Profeta del Islam– pueden funcionar como el modelo de una economía islámica aplicada a la administración de los recursos materiales y económicos necesarios para la subsistencia.

Así como en el Islam se pueden identificar cuatro etapas, en el estudio del sufismo se observan diferentes momentos de su desarrollo. Algunas corrientes historiográficas[173] marcan tres etapas en el desarrollo del sufismo. Hasta el siglo X el sufismo fue sobre todo un **fenómeno individual** que sólo implicó a personalidades selectas. Era un movimiento aristocrático, cuyos miembros se reunían en lugares que se llamaban *Zawiya* en el oeste del mundo islámico o Jangah, en el este. Luego, entre los siglos XII y XV, el sufismo de las **Sendas** se difundió en las zonas urbanos. Así se extendió, transformándose en un movimiento burgués. Por último, a partir del siglo XV, el sufismo de las **Cofradías** adquirió las características de un movimiento popular.

El mundo musulmán cambió profundamente a partir de la segunda mitad del siglo XIV, sobre todo en la cuenca mediterránea debido a la combinación de diversos

---

[172] Ibid., p. 60.
[173] Trimingham, *The Sufi Orders in Islam* (1971).

factores desestabilizadores. Se difundían las epidemias, hubo desórdenes sociales, las estructuras políticas se debilitaron y sus influencias se limitaban a los centros de poder. Las formaciones nómadas se volvieron incontrolables, las ciudades se encerraron en sí mismas, a menudo superpobladas por la afluencia de campesinos que llegaban en busca de una vida más segura. En los espacios pastorales turco-iraní la situación era diferente. La conquista otomana prosiguió y el poder musulmán se mantuvo vigoroso en el joven sultanato. Hacia el este, las ciudades siguieron abiertas al intercambio y otras más se fueron fundando. Pero, la capacidad de gestión de los poderes fue insuficiente para controlar la superpoblación debida tanto la enorme afluencia de pueblos nómadas o seminómadas como, en el caso de los otomanos, la necesidad de integrar los pueblos cristianos conquistados. En tal contexto, la red de *Zawiya* tuvo que asumir un papel muy distinto del que había tenido hasta entonces y se volvió importante.

No es posible medir los recursos materiales y la importancia económica de las órdenes sufíes ignorando la evolución de los países musulmanes, la crisis que experimentaron a partir del siglo XV –sin duda por razones demográficas–, las epidemias y los movimientos de población que escapaban al control de las estructuras políticas.

Las órdenes sufíes circulaban por el mundo conocido. Interactuaban con la sociedad practicando el comercio, siempre bajo una estricta ética basada en los principios espirituales islámicos sufíes. Los tratos comerciales en las órdenes sufíes enfatizaban la honestidad y la integridad en todas las transacciones. El fraude, la mentira y el engaño eran actos contrarios a los valores que observaban los islámicos sufíes. Se promovía un trato justo y equitativo para las partes involucradas en una transacción: se condenaba la explotación, la usura y cualquier forma de injusticia en el establecimiento de los precios y de las condiciones de compra-venta. La confianza era un pilar fundamental en las relaciones comerciales sufíes. Se esperaba que se honrara la confianza mutua. El abuso de esta confianza de una de las partes para enriquecerse, podía llevarla a la pérdida de oportunidades futuras, porque la riqueza no era un fin, sino un medio y debía ser usada de manera responsable y generosa. La distribución de la riqueza obtenida gracias al comercio estaba garantizada por el ya mencionado *zakat*. Las ganancias a menudo se destinaban a mantener las *Zawiyas*, a los miembros de las cofradías que, a su vez, velaban por los pobres de la comunidad.

Las actividades comerciales específicas de los sufíes giraban, como se ha mencionado, en torno al comercio, sea de objetos, artesanías o productos agrícolas. Las caravanas comerciales, podían tener una fuerte influencia sufí, ya que los sufíes a menudo actuaban como guías espirituales y culturales en estos grupos. En segundo lugar, debían ocuparse de la gestión de los bienes donados, propiedades y dotaciones, gestión que implicaba otras actividades comerciales y la administración de los ingresos generados por ellos. En las cofradías sufíes se alentaba la autosuficiencia y el trabajo honesto, ya que el Profeta había sido, él mismo, un comerciante que con su esfuerzo personal se había ganado la vida.

Las órdenes sufíes, en especial aquellas con una mayor institucionalización, tenían sistemas internos para el manejo de los recursos y los impuestos, flexibles y adaptados a las circunstancias. La relación entre las órdenes sufíes y el poder político a menudo implicaba acuerdos económicos. Los sistemas internos de control se ocupaban de evitar que hubiese desviaciones o que se perdiera de vista la espiritualidad y se usara el sufismo con fines lucrativos que se alejaran del único objetivo, el de servir a Dios y a la comunidad.

3. La equidad financiera, resorte de justicia social

La finalidad trascendente de la economía en el Islam sólo se alcanza eliminando los dos mayores males que padece la sociedad: la jactancia y la ostentación de las clases más ricas y poderosas, que con sus vidas de lujo y derroches humillan a las clases más pobres. Al desaparecer estos dos males mayores, se elimina la desigualdad extrema y se obtiene un sistema económico moderado y equilibrado. La distribución armoniosa de la riqueza confiere firmeza a la comunidad en los aspectos económicos, morales, culturales, políticos y de seguridad. La justicia es el espíritu mismo de los mandatos religiosos y es con la moderación que la justicia y la equidad se aplican. No hay equidad sin moderación: "Hemos mandado a nuestros enviados con las pruebas claras. Y hemos hecho descender con ellos la Escritura y la Balanza, para que los hombres observen la equidad. Hemos hecho descender el hierro, que encierra una gran fuerza y ventajas para los hombres. A fin de que Dios sepa quién auxilia en secreto a Él y a Sus enviados. Dios es fuerte, poderoso".[174]

La riqueza como un fin religioso, justo y vital, se consigue sólo con la aplicación de un sistema económico

---

[174] Ibid., p. 723, aleya 25 del sura 57.

equilibrado. Existen múltiples vínculos entre la riqueza, su esquema de distribución y su circulación entre la gente, por un lado, y la educación de la humanidad, el mantenimiento social y la presencia de la religión y sus enseñanzas en la sociedad, por el otro. Tanto la acumulación exagerada de riqueza como la miseria extrema conducen la vida humana a la decadencia y la aniquilación. Estos dos grandes factores de corrupción amenazan la permanencia de la religión del Islam en particular y, en general, la espiritualidad y la misma existencia humana. De ahí la importancia de organizar las cuestiones económicas a partir de los dos puntos firmes, principios fundamentales del Islam: el Corán y la Tradición (*Hadiz*). Religión y economía orientadas a alcanzar el bien superior.

A lo largo de la historia, la opresión económica ha sido la mayor dificultad que debieron afrontar ciertas civilizaciones. La opresión económica es una de las formas más crueles y peligrosas de tiranía. Más aún: es en sí misma la opresión total, la simiente de la cual derivan otras manifestaciones retorcidas de despotismo.

Dar vía libre a la libertad de disponibilidad y alentar desenfrenadamente el consumo fertiliza la tierra hacia la opresión económica. Cuando se abren las puertas a la acumulación y la fastuosidad, se promueve el espíritu clasista y privativo, ignorando cada uno de los matices de la justicia y aplastando la equidad. El Noble Corán señala claramente que hay que combatir de forma global y profunda a quienes practican la opresión económica. Nos advierte sobre los peligros que conlleva y orienta nuestros pensamientos en la dirección opuesta a ella. Es en este punto que los sabios del Islam tienen un papel decisivo porque ellos guían a la gente, a la hora de restaurar las instituciones humanas de la comunidad y, asimismo, vivir individualmente de acuerdo con los mandatos islámicos. Los musulmanes deben luchar contra cualquier tipo de injusticia: el paso debe darse a partir del conocimiento y con la orientación ofrecida por un liderazgo justo.

El Islam considera la distribución equilibrada de la riqueza entre la gente como una herramienta fundamental para corporeizar el principio de equidad dentro de la sociedad. Una característica exclusiva del Islam es que, como religión divina, convierte la economía en un instrumento de justicia y bienestar, entonces, garantiza serenamente el desarrollo espiritual del ser humano, armonizando en la vida real, la naturaleza de las criaturas de Dios y su dignidad en la creación. El Islam considera que las riquezas son un medio de mantenimiento y de elevación para la gente, que el alimento hace posible la observancia de la oración, el ayuno, la peregrinación y el cumplimiento de otros deberes. El ser humano, como criatura con su propia naturaleza e instinto, necesita para subsistir la alimentación, el vestido, la salud, el bienestar, etc. Por el contrario, la miseria se convierte rápidamente en causa de impiedad.

El Islam dignifica la economía: posee abundantes enseñanzas sobre cuestiones financieras, enseña a garantizar la subsistencia de la gente mediante la defensa de los derechos de los desposeídos, la eliminación de toda miseria y pobreza del ámbito de las sociedades y la tendencia hacia un nivel de vida equilibrado entre las masas. La economía se reforma a través de la justicia. La doctrina original y pura del Islam consiste en consagrarse a la justicia y su aplicación, así como a la recuperación de los derechos de los despojados en los distintos sectores de la humanidad. Para un auténtico líder revolucionario islámico, las dificultades de los hambrientos son sus propias dificultades y la lucha contra los fastuosos usurpadores y tiranos económicos es el fundamento de sus principios. Nunca permanecerá callado frente a un inicuo devorador de los bienes públicos ni ante un oprimido hambriento.

Tanto la acumulación de riquezas como la fastuosidad tienen raíces en la opresión económica y son inseparables. Numerosas aleyas del Sagrado Corán condenan y rechazan a quienes se abocan a una vida de lujo excesivo, así como a sus conductas depravadas que nutren la base de la opresión económica. Para el Islam, los ricos y poderosos son ocupadores inicuos. En esta dirección, exhorta a los sabios y a la gente en general a abandonar la compañía de los ricos y todo tipo de contacto o relación con ellos. Alejarse de ellos, volverse sordos a ellos, ignorarlos hasta el punto de derribarlos de sus niveles sociales. En cuanto al Estado, para garantizar un gobierno justo, hay que mantener a los ricos alejados de los círculos en que puedan participar de las decisiones políticas.

El Islam no se conforma hasta el exterminio de la acumulación económica de los poderosos opresores, ataca también toda manifestación de ostentación pomposa, a fin de que la gente la identifique como la raíz de la corrupción y el extravío y la destruya. Toda acumulación es innecesaria y su ostentación ofende a Dios. Ya Dios, en su sabiduría, ha establecido provisiones y sustento para toda la gente –"(...) nosotros les dispensamos las subsistencias en la vida de acá..."[175]–. El Imam Sadeq (la paz sea con él) ha comentado: "La riqueza ha sido distribuida

---

[175] Ibid., p. 650, aleya 32 del sura 43.

y garantizada para vosotros. La ha distribuido un Justo entre vosotros"[176]. El gran Profeta Mohammad (la paz sea con él y con sus descendientes) dijo que "Dios ha establecido las provisiones de los pobres en las haciendas de los ricos. Si existen hambrientos y desnudos, se debe al pecado de los ricos".[177]

En el Islam, la economía es garante de una vida serena en consonancia con la naturaleza humana, con su bienestar espiritual y social. Cada aspecto se encuentra ya pensado, expresado y transmitido en su literatura sagrada. Todas estas vivas enseñanzas, acordes con las directivas del Generoso Corán, moldean los principios del Islam, apareciendo como una eminente obligación legal para los sabios, para el gobierno islámico y para todos los musulmanes sin importar a qué se dedican profesionalmente dentro de la comunidad. Esta obligación consiste en consagrarse a la ecuanimidad económica y al combate contra la opresión financiera, apartando a los tiranos económicos del poder, de la legislación y de la economía que dirige a la sociedad.

Lo importante en la vida económica del Islam, es no dejar de lado los factores espirituales de la existencia del hombre, pues sin ellos no se alcanzaría nunca una situación libre de daños y perjuicios: todos saldrían perjudicados aunque hubiera prosperidad económica. La eliminación de una existencia fastuosa, pomposa y ostentadora, así como de la miseria y pobreza extremas son los primeros pasos en la edificación de una sociedad.

---

[176] *Al Kafi*, tomo I, p. 30.
[177] *Al Mustadraq*, tomo I, p. 509.

El Islam considera, además, que es necesario enriquecer a los pobres hasta hacer que sus familias se equiparen con el nivel medio del resto de la sociedad. La eliminación de las clases más pobres y las más adineradas tiene como objeto garantizar los derechos de todos. En un justo Estado económico y en cuanto a los más pobres, ellos tienen derechos ante el Estado. El Estado es el garante y con una justa distribución de la riqueza el sector menos favorecido puede dar paso adelante y salir fácilmente de su situación crítica. Entre los dos extremos "financieros" de la sociedad, los muy ricos y los muy pobres, existe una franja en la cual los individuos se desarrollan y prosperan en forma acorde con los esfuerzos que realizan.

El sistema económico islámico permite la propiedad privada y alienta el progreso del individuo que se esfuerza, trabaja, produce y cumple con sus obligaciones hacia la comunidad y el Estado. Recordemos además, que las riquezas naturales no son privadas, son bienes de toda la Nación y deben ser admitidas por el Estado.

Todavía no han sido definidos conceptos muy importantes como los límites de la hacienda, los marcos de su aprovechamiento, la forma en que debe circular entre la gente, los caminos para su explotación, el modo correcto de explotar, producir, importar, distribuir, consumir, etcétera. Si faltan estas definiciones, no se puede hablar de una verdadera "economía islámica". Con estos conceptos claros, le será fácil al economista entender la doctrina islámica en los asuntos financieros y a los juristas dictaminar las normas pertinentes para ponerla en práctica.

En la economía islámica, el valor humano y su consideración desempeñan un papel fundamental. La hacienda no posee nobleza ni valor por sí misma si no garantiza la dignidad humana. Por eso, el Islam censura toda forma de enriquecimiento y progreso que promueva la destrucción del valor del ser humano, lo denigre en jerarquía y aniquile las bases de la justicia y la equidad. El Islam censura también toda riqueza o propiedad que no haya considerado lo que se llama "derecho de Dios", así como sus leyes y los derechos de la gente toda en cuanto a su adquisición y consumo.

Todas las normas y conductas que pretenden ser islámicas deben mostrar fielmente los principales propósitos del Islam en cuanto a dignificar al individuo y edificar la sociedad. Los mandatos coránicos para afrontar la desigualdad social tienen como fundamentos principales la corporeización de la justicia y la equidad, la supresión de la acumulación económica y la lujuria y, fundamentalmente, la protección de los oprimidos. Es primordial que los sabios garanticen el carácter islámico de la jurisprudencia que regula una sociedad, atendiendo a las múltiples relaciones entre las leyes y su conexión con los principios fundamentales del Corán, base de todas las disposiciones jurídicas. Los nuevos temas que ocupan la atención de Estados y Naciones en la actualidad, con sus complicadas relaciones y derivaciones, exigen, hoy más que nunca, el esfuerzo intelectual (*iytihad*) de los sabios instruidos para la dilucidación de los mandatos en concordancia con estas fuentes del Corán y el Hadiz. Porque, obviamente, los sucesos actuales no son iguales a los de los tiempos pasados. El conocimiento de cada época con sus acontecimientos y las dimensiones que adquieren son la clave para la permanencia. Por el contrario, el atraso y la intransigencia, ligadas a la ceguera y el fanatismo, estrechan el panorama y facilitan la caída en el engaño que favorecen las maniobras de los ricos y opulentos, destruyendo la religión y el mundo entero. Los musulmanes deben llevar el último Mensaje de Dios para toda la Humanidad y ofrecer generosamente, con claridad, este Mensaje a los pueblos necesitados y oprimidos que, tristemente, constituyen la gran mayoría de los habitantes del mundo.

A pesar de lo muy científica y atractiva que es la estructura de la teoría de la política económica islámica, para concretar su aplicación es necesario que exista un importante soporte de condiciones previas. A partir de esta base, se podrá, entonces, implementar un auténtico Estado islámico. En primer lugar, la idea teórica deberá examinarse en función de las realidades de la estructura política y económica existentes hoy en día en cada uno de los países islámicos.

Para que existan reales Estados islámicos, de hecho y derecho, hace falta una transformación, etapa por etapa, de las estructuras existentes. En relación con ello, por ejemplo, los planificadores tendrían que examinar la reducción del índice del interés en un período de tiempo, durante el cual se debe establecer ágilmente una sólida institución del mercado islámico de préstamos. Con cada eliminación del interés debe manifestarse, poco a poco, la presencia de *Mudarabah* –el sistema de participación en los beneficios en el Islam– a nivel económico nacional e internacional de los países islámicos. Para que la transformación sea exitosa, es de fundamental importancia que sea auténtica la voluntad de aquellos países que creen en *Mudarabah* para el progreso interior y regional y la cooperación recíproca.

El proceso de transformación en el Estado islámico debe ir acompañado por la enseñanza de las fuentes humanas en todos los niveles. El aprendizaje ha de iniciarse, de modo particular, desde el nivel más bajo. La satisfacción central en los programas del desarrollo de las fuentes humanas debe subordinarse a las líneas de formación, motivación y conocimiento profesional, favorecidas por el proceso de transformación islámica. El conocimiento y la sabiduría de la generación política islámica debe volverse evidente a los ojos de otros, mostrando activamente que el objetivo al que se aspira es la justicia económica y social en todos los niveles sociales. La formación de la que se beneficia esta generación ha de difundirse en todos los países que creen en el sistema de *Mudarabah*.

El recorrido de cada etapa no es simple. Revertir ciertos mecanismos, a veces, es complicado y demora los resultados. Pero, para alcanzar el objetivo de vivir con un orden social justo y *Tawhidi* –monoteísta– es necesario avanzar en cada una de estas etapas. Es el único camino posible para la aprobación de la efectividad de *Mudarabah* en una sociedad islámica, cuyos integrantes confían en el mensaje contenido en las siguientes palabras: "¡Creyentes! Si teméis a Dios, Él os concederá un criterio, borrará vuestras malas obras y os perdonará. Dios es el Dueño del favor inmenso"[178].

---

[178] Cortés, Julio, *El Corán*, Op. Cit., pp. 230-231, aleya 29 del sura 8.

Capítulo VI. EL ISLAM, PATRIMONIO CULTU-RAL

1. Cultura sin fronteras

El deterioro político y la devastación social causados por cuatro siglos de enfrentamientos bélicos –recordados como Guerras Romano-Sasánidas (siglo III a VII)–, entre el Imperio persa y Bizancio, facilitaron la propagación del Islam. En ambos imperios convivían zoroastrianos, judíos y cristianos. El debilitamiento de las clases gobernantes creó un vacío de poder, dejando Bizancio y Persia a merced de la rápida expansión del poder emergente del primer califato islámico –Califato Rashidun–. El Imperio Sasánida sería completamente aniquilado, mientras que Bizancio perdería gran parte de sus provincias orientales. Los musulmanes, observadores de los preceptos del Sagrado Corán y seguidores de la tradición del propio Profeta del Islam, protegieron y respetaron a los habitantes de las tierras conquistadas, como gentes de Escritura. Este hecho impulsó la acepción del Islam en tales tierras.

Después de que el Islam se estableció en las tierras vencidas, las sociedades siguieron su desarrollo. En toda la zona hubo un importante proceso de transformación urbana y se pusieron en marcha diversas actividades intelectuales y comerciales en el marco de la tradición islámica. El estudio de las ciencias religiosas floreció con los pensadores de la escuela racionalista mutazilí. Estos eruditos estaban claramente influenciados por la filosofía griega y entre todas las teorías que introdujeron en la reflexión teológica se encuentra la del libre albedrío: toda persona es responsable de sus propias acciones. Hubo un auge de los estudios jurídicos de inspiración islámica, mientras se cultivaban activamente disciplinas seculares como las matemáticas, la astronomía, las ciencias de la navegación, la medicina, la alquimia, etc.

Los dos focos culturales del mundo islámicos eran Bagdad, en el este, y Córdoba, en el oeste. Desde allí irradiaban el esplendor de su ciencia y su sabiduría hacia todo el mundo.

En la península ibérica, los dos primeros califas omeyas de Córdoba, soberanos representativos del Islam en occidente, lideraron al-Ándalus de manera excelente. **Abderramán III** (m. 961), octavo emir de Córdoba, se proclamó califa en el año 929, elevando el Emirato de Córdoba a la categoría de Califato. Su hijo, Alhakén II, como su padre, fue un gran impulsor de la cultura y el conocimiento. Durante su reinado, al-Ándalus –famosa por la biblioteca de Córdoba– alcanzó momentos de esplendor político, militar y cultural. Este califato desplegó su hegemonía política y cultural en el Mediterráneo mientras contuvo el avance de los reinos cristianos peninsulares hacia el sur. Córdoba se convirtió en punto de encuentro para la firma de fructíferos acuerdos de paz y tratados comerciales con embajadores y representantes del emperador de Bizancio y de los soberanos cristianos europeos.

La cultura islámica transformó completamente el mundo occidental. Su presencia fue indispensable para que la Edad Moderna se abriese paso. Durante los mil años transcurridos en lo que se clasificó como "Edad Media" y la concepción teocéntrica controlaba el pensamiento en Europa, los sabios y científicos islámicos mantuvieron vivo su cordón umbilical con la filosofía griega, cuyo eje giraba en torno a la importancia del hombre en el cosmos. El mundo islámico custodió la concepción humanística precristiana y la enriqueció con el legado cultural de las civilizaciones persas e hindúes.

Los musulmanes vivieron real y concretamente el humanismo griego, difundido entre su gente mediante las traducciones siríacas[179] del griego al árabe. Con una incansable labor intelectual, trasladaron su tesoro de conocimientos a todos los rincones de Europa, realizando la traducción de sus propios textos árabes al latín. La lengua árabe fue la depositaria y portadora del pensamiento, la filosofía y los conocimientos de la antigua Grecia hacia la Europa agobiada por el teocentrismo. A partir de la creación de al-Ándalus la puerta de ingreso para la renovación científica fue la España musulmana, gracias a las relaciones mantenidas por el califato Omeya con los reinos cristianos.

Abderramán III envió un embajador al rey Otón I de Francia, futuro emperador del Sacro Imperio Romano Germánico, para iniciar relaciones diplomáticas. Otón I respondió enviándole su propia embajada, liderada por el monje Juan de Gorze, según lo registra el propio de Gorze en su autobiografía. No obstante las dificultades iniciales debidas a la complejidad de los protocolos de ambas partes, el Califato siguió cultivando el contacto diplomático con mensajeros y representantes enviados desde Córdoba –incluyendo en las comitivas, para el mejor entendimiento lingüístico y cultural, también a judíos y

---

[179] El siríaco es un dialecto del arameo, lengua semítica ampliamente difundida en el Cercano Oriente. El siríaco se desarrolló como lengua literaria y eclesiástica en Mesopotamia a partir del s. II d. C.

cristianos de al-Ándalus–, dada la importancia que los musulmanes otorgan a las buenas relaciones internacionales.

Desde las primeras civilizaciones, la agricultura fue la base de la subsistencia y, en consecuencia, de la economía de los pueblos. El pueblo árabe ha estado siempre a la vanguardia en este campo y llevó a Occidente cultivos hasta entonces desconocidos que, desde la península ibérica se difundieron por toda Europa y luego, en América. No sólo cultivos, sino también técnicas agropecuarias altamente innovadoras contribuyeron al desarrollo de las elementales prácticas de los feudos medievales.

El rico legado cultural de los pueblos islámicos expresa el pensamiento y la manifestación más auténtica del género de vida de los musulmanes. Partiendo de los preceptos individuales y sociales que emanan del texto del Sagrado Corán y observando los comportamientos y las costumbres del Profeta del Islam, estos pueblos viven su cotidianidad dentro del marco de la *Shari'a*. ley Islámica divina, corazón y núcleo del Islam. La *Shari'a* es el regulador de las prácticas rituales y religiosas al mismo tiempo que regula las disposiciones y/o prohibiciones legales. Para el Islam, la *Shari'a* goza de estatus jurídico con respecto a la vida social de los musulmanes, aunque según el punto de vista occidental no constituya una forma de Derecho. Con la aparición del Islam y el establecimiento de sus códigos civiles y sociales, se desarrollaron otras modalidades individuales y sociales en las ciudades. La conquista musulmana de los territorios, tanto en el este como en el oeste, no supuso la destrucción de las antiguas ciudades ni de sus estructuras sociales. Por el contrario, surgieron ciudades nuevas, como Kufa y Basora en actual Irak, que hasta entonces eran apenas campamentos fortificados. Un caso ejemplar es el de la creación de la ciudad de Bagdad por orden del califa Al-Mansur: cuando fue fundada tenía cien mil habitantes, cuarenta años después, albergaba dos millones de ciudadanos y era la mayor metrópolis de aquella época. Lo mismo sucedió con otras ciudades, como El Cairo, Qairuán, Túnez y Fez, en África, y la ciudad de Almería en España. Para comprender el tipo de sociedad que vive en las ciudades islámicas, hay que recordar que el concepto de justicia es fundamental en el Islam. "El mundo del Islam (*dar al-Islam*) es llamado también mundo de la justicia (*dar al-adl*) porque la Ley que en él reina es la de Dios, el justo (*al-adel*)."[180]

En la ciudad islámica las funciones se organizan alrededor de relaciones contractuales (*uqud*), que se apoyan en el idea de que Dios designó al hombre su lugarteniente en la tierra. Quien obedece al lugarteniente, obedece a Dios. Tales contratos rigen los actos de la vida social y del derecho privado. Mediante los contratos, los hombres se comprometen los unos con los otros sin perder nunca de vista los supremos atributos de dignidad de Aquel quien, antes de cualquier iniciativa humana, estableció reglas para todas las cosas. La ciudad debe apoyarse en hombres para que reine el orden emanado de Dios. Tales hombres han de tener probadas cualidades morales, además del conocimiento profundo de las fuentes y las ramas de la religión, para que esté garantizado su sentido de la equidad (*adala*) tal como lo indica la aleya 135 del sura 4 del Sagrado Corán: "¡Creyentes! Sed íntegros en la

---

[180] Michon, Jean–Louis, "La ciudad musulmana: sus bases institucionales", Primera Paret de *Luces del Islam*, Sophia Perennis, Barcelona, 2000, p. 42.

equidad, cuando depongáis como testigos de Dios, aun en contra vuestra, o de vuestros padres o parientes más cercanos. Lo mismo si es rico que si es pobre, Dios está más cerca de él. No sigáis la pasión faltando a la justicia. Si levantáis falso u os zafáis... Dios está bien informado de lo que hacéis".[181]

En los capítulos anteriores se ha explicado detalladamente de qué manera la mezquita, que es un lugar físico para las funciones de culto, articula el pulso cultural de la sociedad; cómo los sermones de los imames predican acerca del camino que se debe seguir para mantener la comunidad unida. Otro factor para el mantenimiento y la supervivencia de la civilización islámica es la difusión amplia y libre de la enseñanza religiosa, pues, todos los ciudadanos pueden hacer cualquier tipo de consulta en el seno de la colectividad.

Para que una sociedad se mantenga sana, se debe recurrir siempre a la estrategia coránica de ordenar lo lícito y prohibir lo ilícito. De este modo, los integrantes de la sociedad distinguirán siempre qué cosa los conduce a la corrupción de aquello que les regala la felicidad. El Islam es el hilo conductor de todos los musulmanes creyentes. Al mismo tiempo, es la cadena que une a todos los eslabones que, ciertamente, se caracterizan por entablar muy diversos tipos de asociaciones: una fe acomuna al mundo musulmán de todas las latitudes. A nivel social, surgieron agrupaciones muy variadas, como las milicias o *ahdath* sirios, *ayyaran* y *fityah* de Irak e Irán, movimientos populares y autónomos urbanos en el mundo islámico

---

[181] Cortés, Julio, *El Corán*, Herder, Barcelona, 1999, pp. 125-126.

medieval. Hubo otros movimientos que, con las enseñanzas del Islam, conformaron una ética de dimensiones universales: las órdenes caballerescas, *futuwwat* en orientales o *murabitun* en Magreb; las corporaciones de oficio, *sinf; las* cofradías sufíes, *turuq,* las primeras ciudades fundadas por el Islam. Las cofradías sufíes fueron relevantes para la posterior expansión del Islam en India, en el sudeste de Asia, en Magreb y en África Subsahariana.

Las reglas de urbanidad y el código de los gestos de cortesía –actitudes y palabras con que los ciudadanos se saludan e, incluso, se felicitan en situaciones varias– derivan del Sagrado Corán, de los relatos de la vida y tradiciones del Profeta y de los Imames Inmaculados. Este conjunto de indicaciones es el código de cortesía que guía la conducta entre los integrantes de la comunidad.

Para el modo en que los hombres han de relacionarse con Dios, existe otro compendio de tratos y conductas, normas que evidencian ante el Creador que los individuos reconocen Su omnipotencia. El uso del turbante –que ya el Profeta usaba– testimonia la existencia de la alianza con Dios; el turbante puede mostrar en ciertas comunidades, que quien lo lleva, tiene determinada dignidad religiosa, es una forma excelente de expresar la dignidad del creyente; la pronunciación de ciertas fórmulas coránicas, como *"insha-Allah"* (¡Si Dios quiere!) que anuncia el hecho de que se está en manos del Señor, *"bismillah"* (en el nombre de Dios), la *"alhamdolillah"* (alabanza a Dios). Con estas fórmulas, el creyente abre y cierra un acto, reconociendo que toda eficiencia corresponde a Aquel que ordena todas las cosas y concede todo favor.

Las fuentes institucionales del Islam son inagotables pues las enumeraciones de los preceptos y las reglas de la Ley religiosa –tantas y bien detalladas– tienen el material vivo para señalar el camino de todos los aspectos de la vida musulmana. Estas normas, por estrictas que sean, no impiden la creación de una verdadera transformación espiritual en constante evolución, tal como se evidencia en las obras de los pensadores y míticos musulmanes –tratados filosófico metafísicos de *Ibn Sina* (Avicena), *Ibn Arabi*, *Mulla Sadra*; los cantos de amor divino de *Ibn al-Farid*, de *Rumi* y de incontables sufíes.

2. El arte. Artistas y artesanos

El arte es una expresión fundamental de la comunidad islámica. El arte expresa el Islam. Desde el corazón del Sagrado Corán se ilumina la función del artista: consiste en transformar los ideales de la religión divina en un elemento que los sentidos de los seres humanos puedan percibir. El artista musulmán se considera a sí mismo un siervo de Dios, uno más entre otros. Cuando finaliza su creación artística, en especial aquellas de las mezquitas, al pie, incluye un ruego a los que la observan y oran: que supliquen por él. El arte islámico es funcional al plano espiritual. No existe el arte por el arte. Es arte útil –que puede tener como soporte material un objeto como un candelabro, un plato de bronce, la fachada de un edificio o los bordados del velo que cubre la Kaaba de la Meca– para la trascendencia de la gloria de Dios.

El arte islámico celebra la belleza porque, justamente, "Dios es bello; Él ama la belleza (*Allah jamillun wa yuhibbu al-jamal*), dice un *hadith* que puede considerarse el fundamento doctrinal de la estética musulmana"[182]. Y, siendo el hombre una criatura, el Creador fue su maestro en el campo de las artes: "¡Recita en el nombre de su Señor, Que creó, creó al hombre de sangre coagulada! ¡Recita! Tu Señor es el Munífico, Que enseñó el uso del cálamo, enseñó al hombre lo que no sabía."[183]

En el mundo islámico tradicional, el artista es un profesional que ejerce su actividad como sus conciudadanos. A diferencia de lo que ha sucedido –según estudiamos en la Historia del Arte en Occidente– con valiosos creadores, cuyo talento fue tantas veces ignorado por la sociedad, aquellos marginados o despreciados por sus contemporáneos, esto no sucede en la sociedad islámica. El artista musulmán no persigue la búsqueda de una expresión individual, no se autodefine en esa originalidad que corre el riesgo de acarrear el rechazo social como suele pasar entre el artista y los públicos de Occidente

Ciertos oficios que integran la cadena de producción terminan por crear una obra de arte de manera indirecta, es el caso de las profesiones artesanales, tales los cardadores y tintoreros de lana o los curtidores de cueros. Una silla de montar o una alfombra, por ejemplo, se transforman en una pieza artística. Desde los comienzos del Islam hasta hoy, las técnicas de los artesanos se transmiten de generación en generación de padres a hijos o de maestro a aprendiz. Por otra parte, desde el punto de vista espiritual y ético, los artesanos, como los artistas en general, trabajan inspirados por el Mensaje coránico.

---

[182] Michon, Jean–Louis, "El mensaje del arte islámico", segunda parte de *Luces del Islam*, op. cit., p. 58.
[183] Cortés, Julio, *El Corán*, op. cit., p. 814, aleyas 1 a 5, sura 96.

El arte islámico no es un hecho aislado que surgió porque sí. Floreció a partir de los contactos que mantuvo el Islam con las antiguas culturas preislámicas ya existentes en aquellos territorios. Fusionando técnicas y formas artísticas practicadas por varias civilizaciones –la helenística, la romano bizantina de Siria, la sasánida el Irán y Mesopotamia, la herencia faraónica representada por los coptos de Egipto, numerosas tradiciones locales como la de los beréberes del África del Norte o la de los visigodos de España–, el arte islámico llegó a su punto más alto de esplendor. La influencia del arte preislámico en el campo religioso se ve en la construcción de las mezquitas; los artistas bizantinos, por ejemplo, se encargaron de decorar las fachadas del patio y las paredes del pórtico durante la construcción de la Mezquita Mayor de Damasco, El otro caso más generalizado en la arquitectura de las mezquitas es la construcción de los cuatro pórticos copiados de la arquitectura sasánida.

El rechazo de las representaciones figurativas en el arte islámico no responde a una prohibición legal presente en el Corán. Es el hombre quien se opone a representar imitando las formas de la naturaleza. El hombre no quiere sustituir a Dios, el Creador, que hizo esas formas de manera perfecta. Además, el artista queda protegido de su propia soberbia: supongamos que el artista completa o añade detalles a su figura natural, entonces puede sentirse tentado de experimentar el orgullo ilusorio de haber "creado" algo especial. Esa ilusión puede ser su perdición, porque el peor, el más grave de los pecados es el orgullo, pues pone a la criatura al mismo nivel del Creador y Dios no es un igual o un colega. Por eso, el arte islámico se ha inclinado a las formas lineales e impersonales, cuyas estructuras espaciotemporales se relacionan con los números, las proporciones y la geometría. "Toda la filosofía del arabesco y del mocárabe, sea floral o geométrica, como la del decorado poligonal, descansa en la idea de un centro omnipresente, que se manifiesta dónde quiere, tantas veces como quiere, sin que nada en su naturaleza sea afectado, aumentado ni disminuido por esta aparición"[184]. La decoración geométrica, aparte de la atracción artística de su belleza, tiene un papel unificador, igual que los estilos arquitectónicos y los ritmos musicales en el mundo islámico.

Existe un tipo de pintura que, sin recurrir al arte figurativo, adornó con frescos, primero, los deliciosos palacios omeyas y luego decoró los manuscritos científicos con preciosas ilustraciones. Se trata de la caligrafía, rama del arte islámico que ha desempeñado la inigualable labor de inscribir el Mensaje del monoteísmo, *tawhid*, allí donde puede alcanzarlo la vista humana. Por eso, se exhiben obras de caligrafía no solo en las fachadas de las mezquitas, sino también en las tiendas, los comercios, los talleres de artesanos, las salas de visitas de las casas, los objetos de alfarería, etc. A lo largo de la historia del Islam, el arte ha ejercido siempre su efecto espiritual en el alma materializando en sus elaboraciones concretas el *leitmotiv* de la Unidad del Ser.

Se aprecia en los frescos, por ejemplo, su evolución desde motivos de inspiración preislámica –helenísticos, mesopotámicos y persas– hasta la perfección estilística alcanzada en el siglo XIII por la inconfundible ilustración figurativa presente en la confección de libros, en los que se armonizan la caligrafía, a la ilustración geométrica y

---

[184] Ibid., p. 66.

floral. Este estilo, típico del arte musulmán, se hace evidente en todas las manifestaciones artísticas, sea decorativas que artesanales, y se denomina "arabesco". La palabra "arabesco" llega al español desde el italiano, en que durante el Renacimiento se utilizaba como sinónimo de "árabe". El arabesco, que hunde sus raíces en antiquísimas formas de decoración egipcias y asirias, consiste en el empleo de patrones repetitivos de formas geométricas y de flores y follajes, a menudo estilizados. Tras un lento proceso evolutivo, se convierte en el elemento distintivo del arte islámico, presente en incontables obras maestras de arquitectura, manuscritos, telas, tejidos, etc., a través de los siglos.

Bajo la protección y el patronato del Imperio islámico florecieron las artes y las ciencias, que dejaron el legado del Islam en Occidente. Tan relevante era la presencia musulmana en la península ibérica, que tras la expulsión de los moriscos del territorio español a principios del siglo XVII, el país se vio privado de un día para el otro de todos sus artesanos y agricultores hábiles. La consecuencia inevitable fue la decadencia de España. Fue una catástrofe para los pueblos que, gracias a la presencia musulmana, habían superado en el desarrollo de las artes, las ciencias, la filosofía y las letras a los más finos eruditos inspirados por el pensamiento cristiano del siglo XIII, precursor del Renacimiento europeo.

La Reconquista cristiana en España facilitó el terreno para que la cultura islámica se extendiera velozmente en toda Europa. Esta difusión de todos los campos de conocimiento en que los musulmanes eran sobresalientes se fue haciendo evidente con la reconquista de Toledo en el año 1085, Córdoba en el 1236, Sevilla en el 1248 y, finalmente con la caída de Granada en el 1492.

El arte de cerámica de España –uno de los tantos legados islámicos– es actualmente reconocido y valorado a nivel mundial hasta el punto de que incluso muchas ciudades españolas producen sus artesanías siguiendo fielmente la tradición de sus antepasados musulmanes, como por ejemplo Málaga y Manises que, curiosamente, se encuentran separadas una de la otra por 600 km de carretera. La cerámica española, particularmente la andalusí, adaptó y sigue usando los patrones geométricos, los arabescos y la caligrafía islámicos. El **alicatado**, una técnica de mosaico cerámico heredada directamente del Islam, es un claro ejemplo.

Este arte figurativo, a través de pinturas de miniatura, alcanzó su punto culminante en Irán. La miniatura iraní posee una dimensión espiritual inefable, que por su belleza trasciende los límites geográficos originales, cuando el emperador Humayun del Imperio Mongol de la India lleva a la India a dos maestros de la miniatura iraníes. Los maestros, llamados Abd al-Samad y Sayyid Ali, fundaron lo que se conocería como Escuela mongola de la miniatura, la cual alcanzó el apogeo y desplegó su identidad propia en el siglo XVI durante el reinado del emperador Akbar.

3. Construyendo para la organización urbana

Como fuera explicado en el punto 3.3. del Capítulo IV, la ciudad, tal como la conocemos hoy en el mundo islámico, se conforma durante la Edad Media para responder a las exigencias de la población rural y/o nómada que se reunía periódicamente para comerciar. El emplazamiento, erigido según ciertos criterios, fue el lugar de recurrencia para el abastecimiento de las necesidades materiales; se crearon estructuras laberínticas, los mercados cubiertos en el centro de ciudades. Allí, los concurrentes y los vecinos de la ciudad encuentran todos los utensilios que necesitan para el desenvolvimiento de sus vidas. Dado que la mezquita es a la ciudad como el corazón para el cuerpo, en las ciudades del mundo islámico las mezquitas se unen directamente al o a los mercados mediante diferentes puertas abiertas.

Las cinco escuelas principales de la arquitectura islámica son: la sirio-egipcia, la hispanomusulmana, la persa, la otomana y la india. Como sus nombres lo indican, las características de cada una proceden de las tradiciones de construcción local. Los primeros árabes conquistadores carecían de arte arquitectónico; adoptaban los estilos de las naciones conquistadas. Algunas, como Irán y Armenia, poseían un estilo milenario desarrollado. Sin embargo, aun en países de origen diverso, desde el comienzo la arquitectura urbana tuvo un sello distintivo: los conquistadores edificaron en primer lugar mezquitas y otros edificios religiosos –escuelas teológicas (*madrasas*) y santuarios–, mostrando que la arquitectura islámica se basa en la fe del Islam. La planta base era similar y variaba según el gusto de cada zona: las persas, en ladrillo, se decoraban con relieves de yeso y azulejos esmaltados; más tarde, ese estilo se puso también de moda y los países que construían en piedra (Siria y Egipto) la copiaron.

Durante las cruzadas se construyeron en Tierra Santa numerosas iglesias y excelentes fortalezas. Los cruzados aprendieron de sus rivales musulmanes el arte de la fortificación. Los musulmanes se beneficiaron de la técnica de los constructores armenios. Oriente y Occidente se enriquecieron recíprocamente en cuanto a la técnica y a la decoración. El Islam aportó, además de su pericia técnica, los modelos geométricos ornamentales.

Aquella producción arquitectónica islámica urbana es el escenario de la cotidianidad, hoy, como hace miles de años. continúa todavía en algunos de los remotos países donde floreció hace más de mil años. El vínculo mercado-mezquita evidencia la unión entre el mundo material y el espiritual y su imprescindible complementariedad. Así, desde el minarete a la hora de oración, el almuédano lanza su llamada a todo el tejido urbano y recuerda al pueblo que ha llegado el tiempo espiritual, el de las oraciones, el momento en que hay que interrumpir las actividades materiales. "La función principal de la ciudad, en efecto, es realmente de orden religioso, como lo indica la formación de numerosos núcleos urbanos alrededor de un primer santuario (como el de Mulay Idris I en Marruecos o las ciudades santas chiitas en Irak e Irán) y la concentración de la vida pública (comercio y artesanado, establecimientos educativos, baños) alrededor de la mezquita aljama o mezquita del viernes, construida para acoger a predicadores y fieles para la oración en común".[185]

En la mezquita se encuentran los vecinos de la ciudad, conversan, se intercambian noticias de actualidad, hablan de los asuntos de la ciudad. Allí encuentran asilo los fugitivos y los indigentes; en la mezquita, sin duda, recibirán la ayuda material para poder subsistir, confiando en lo que dicen las aleyas 36 y 37 del sura 24 del Sagrado

---

[185] Ibid., p. 69

Corán: "en casas que Dios ha permitido erigir y que se mencione en ellas Su nombre. En ellas Le glorifican, mañana y tarde, hombres a quienes ni los negocios ni el comercio les distraen del recuerdo de Dios, de hacer la azalá y de dar el azaque".[186]

Como se ha explicado en el punto 4. del Capítulo IV, a lo largo de la historia del Islam las mezquitas tuvieron el importante papel de ser los centros de instrucción para la educación de la gente. Así, las ciudades de El Cairo, Kairuan y Fez en el norte de África tuvieron universidades famosas varios siglos antes que existieran las primeras universidades en Europa. Al mismo tiempo se creaban las escuelas coránicas en las mezquitas del barrio o escuelas teológicas (*Howze elmiyeh*) en ciudades de cierta importancia, en especial, en las ciudades que albergan los restos de los Imames Inmaculados y los santos.

4. Los sonidos del universo

Una de las ramas del arte, cuyo estatus aún no está bien precisado en la reglamentación de la ley religiosa y con respecto a su ubicación en el seno de la sociedad islámica, es la música. Algunos doctores de la ley islámica, como Ibn al-Jawzi, aceptan ciertas especies rítmicas que pertenecen a determinados géneros musicales. Son lícitos los cantos en los que no hay elementos pasionales, tales como los de los camelleros, los combatientes de la fe, los peregrinos a La Meca. Las innovaciones introducidas en la música, si alteran su misión original, pueden generar problemas a la hora de aceptar o no aceptar un género determinado.

---

[186] Cortés, Julio, *El Corán*, op. cit., p. 463.

En el siglo IV de la hégira lunar (siglo X) hubo un grupo de eruditos llamado Ikhwan al-Safa, Hermanos de la Pureza. En una interesante epístola hablaban de la música. La consideraban un arte que apunta al plano material, el cuerpo, y al plano espiritual, al mismo tiempo. De acuerdo con estos eruditos, la música comparte con las otras artes el hecho de relacionarse con los dos mundos pero trabaja en dos direcciones simultáneamente: puede liberar la materia para espiritualizarla y materializar lo espiritual y hacerlo perceptible. La música entra en los cuerpos, por eso, puede agitar y hacer danzar a la gente y también influye sobre el alma y los sentimientos.

Una práctica normal en las cofradías sufíes es la audición musical (*alsama*). Para que *al-sama* alcance su dimensión espiritual deben existir necesariamente las condiciones que garanticen su eficacia y eviten los extravíos de la psique. Los sufíes, mediante la audición musical (*al-sama),* llegan al estado de éxtasis *(wajd).* "En la música se inter penetran dos aspectos inherentes al Ser supremo, *Allah*: el aspecto de la Majestad (*al-Jalal*), traducido por el ritmo, y el aspecto de la Belleza (*al-Jamal*), traducido por la melodía".[187] Para los sufíes, cada instrumento tiene un sentido especial. Por ejemplo, el tambor es una alusión al círculo de los seres. La flauta es la manifestación de la esencia humana y canta la inmanencia de la inagotable Riqueza (*al-ghina*) que ninguna imaginación humana es capaz de comprender jamás. "Tales resultados, por otra parte, son conformes a la teoría de los acordes del laúd – formulada entre otros por Al-Kindi–, según la cual las cuatro cuerdas del instrumento están en correspondencia

---

[187] Michon, Jean–Louis, "Música y espiritualidad en el Islam", tercera parte de *Luces del Islam,* op. cit., p. 98-99.

con otros cuaternarios microcósmicos y macrocósmicos como las tendencias animales –amabilidad, cobardía, inteligencia y valor–, las facultades del alma -memoria, atención, imaginación y razón-, los elementos –agua, tierra, aire y fuego–, las estaciones y los signos del zodíaco".[188]

El mundo islámico divide la música en tres clases:

- Música **ritual devocional y litúrgica**: la salmodia coránica, la llamada a la oración, los cantos de alabanza al Profeta y a los Imames Inmaculados, las múltiples formas de concierto espiritual (*sama*) practicadas en los círculos místicos.
- Música **clásica o culta**. Procede de las ciudades, las cortes principescas, los letrados y los notables. Esta clase de música que en Irán se llama "tradicional" busca, sobre todo, suscitar los diversos matices de la emoción estética (*tarab*). Descansa sobre las mismas bases técnicas que la anterior y tiene esencias místicas en sí mismas.
- Música **popular**. En esta clase musical entran los ritmos de las estaciones y asimismo celebrar las alegrías y los duelos. Este género musical en muchos casos también es penetrado por el Islam.

En el Irán islámico de escuela chiita existen músicas devocionales, algunas de las cuales tienen indiscutibles resonancias místicas. Uno de los casos más eminentes es la conmemoración de la matanza de Karbala, en la que el Imam Hossein (la paz sea con él) y los miembros de su familia encontraron el martirio en el año 680 d. C.

---

[188] Ibid., p. 101.

La otra música devocional y heroica específica de Irán es la música de las *zurkhanéh* —"casa de la fuerza" en persa–, las instituciones culturales y deportivas en Irán. Son infinitamente mucho más que un simples gimnasios, allí los concurrentes practican un ejercicio físico que puede combinarse con la lucha, la música, la poesía y la profunda filosofía espiritual del misticismo sufí junto con los valores islámicos chiíes. Hunde sus raíces en el centro de entrenamiento para guerreros, los *Pahlevans* (héroes/campeones) de la antigua Persia. Allí desarrollaban su fuerza física, su templanza de carácter, disciplina y virtudes morales. Su forma actual resulta de aquellos principios, fusionados con elementos del zoroastrismo y, más tarde, con la filosofía islámica. La UNESCO ha reconocido la **zurkhaneh** y sus rituales como **Patrimonio Cultural Inmaterial de la Humanidad** procedente de la cultura iraní. Durante los entrenamientos, el *morshed* o guía, sentado en una plataforma elevada, va marcando el ritmo con cánticos religiosos, poemas épicos y el sonido acompasado de un tambor y una campana.

En Pakistán y en el norte de la India existe un tipo de cantos místicos llamado *qawwali*. Se trata de música etno-islámica, popularizada en la India por la orden sufí de *shishtiyya* entre los siglos XIII y XIV d. C., tras la llegada del Islam en el subcontinente indio en los siglos XII y XIII d. C. En el marco del sufismo de las cofradías, la expresión musical a nivel popular es especialmente rica gracias a la influencia de los ritmos y los modos melódicos (*ragas*) de la música indostánica.

Los maestros sufíes y los miembros de la orden *shishtiyya* fueron los primeros artífices de la irradiación de la luz del Islam en el subcontinente indio y de la entrada de cientos de miles de hindúes a la fe islámica. "Practicando el *sama* como método de realización espiritual –Muin al-Din Shishti, fundador de la orden, consideraba que el canto es el alimento y soporte del alma– estos sufíes contribuyeron a introducir en la música clásica india numerosos elementos islámicos, mientras que ellos, a su vez, bebían ampliamente del riquísimo repertorio melódico y rítmico del Indostán".[189]

En el oeste de Irán, en la provincia de Kirmanshah existe un tipo de música devocional, interpretada por una secta chiita de carácter esotérico. Para los seguidores de esta secta –llamada Ahl-i-Haqq (Fieles de la Verdad)–durante sus reuniones rituales la música desempeña un papel relevante. Su música devocional conserva numerosas características de la antigua música irania de los músicos de corte, que se había perdido por completo debido a las persecuciones sufridas, en especial en tiempos de los safawíes. La característica principal de la música de los fieles de la Verdad es el uso casi exclusivo de un instrumento llamado *tanbur* (bandola), que produce un sonido agudo y un sonido grave que pueden ser ejecutados solos o para acompañar al canto. La música iraní, partiendo de la tradición sasánida, se enriqueció con los aportes islámicos árabes, turcos e indios. El resultado fue una música etno-islámicas que contiene las melodías gnósticas más profundas.

A menudo se suprime la distinción entre música culta y música profana en la música clásica, por su carácter espiritual. En la sociedad musulmana la música clásica ha

---

[189] Ibid., pp. 119 – 120.

resonado y resuena tanto en las reuniones literarias artísticas con músicos cultos, como en las cofradías sufíes.

Especial atención merece la música arábigo-andaluza. Se trata de otra rama de la música étnica del mundo islámico. La música arábigo-andaluza es la normal continuación del desarrollo de la música árabe culta –nacida de la antigua melopea popular y enriquecida por los aportes persas y helenísticos– desde mediados del siglo II de la hégira lunar, VIII d. C, hasta la finalización del califato omeya de Damasco.

Ziryab, músico de origen persa, fue el artífice del trasplante del arte musical: injertando melodías musicales del Oriente musulmán en las de al-Ándalus, creó un nuevo ritmo. Ziryab, había sido alumno de Ishaq al-Mawsili en Bagdad, antes de emigrar a Córdoba. En al-Ándalus, respetando los cánones de la música clásica, desarrolló un estilo musical original impregnado de percepciones simbólicas, la *nawba*, al agregar al laúd la quinta cuerda que representa el alma. La música andalusí, expresa un sentido plenamente compatible con sus sentimientos religiosos.

En las ceremonias religiosas de las órdenes sufíes del Magreb, la música andalusí (las melodías de la *nawba*) se interpreta para una danza sagrada (*imara*), acompañada por un coro de cantores (*munshidun*) y toques de tambor. "Una *nawba*, término que podría traducirse aproximadamente por 'suite', tiene cuatro (cinco en Marruecos) movimientos melódicos y rítmicos (*dawr*) ejecutados en canto y orquesta en un orden fijado por Ziryab y que nunca ha variado".[190] Cada uno de estos movimientos melódicos y rítmicos tienen una finalidad distinta: estilo recitativo libre (*nashid*), movimiento moderado (*basit*), pasajes rápidos (*muharrakat*) y movimiento final ejecutado a ritmo vivo (*hazajat*).

Durante la dinastía safawida, los medios oficiales chiitas han endurecido su rechazo hacía las órdenes sufíes, pero no pudieron acabar con su música espiritual, cuyas melodías tradicionales emanan un sentido de lo sagrado. Es notable que a lo largo de la historia islámica, tanto Irán como España hayan sido recíprocamente las difusoras de expresiones en variados ámbitos, tanto en el terreno meditativo como en el pensativo. La música no constituye una excepción: así lo declaró el erudito francés Michon, Jean–Louis, reconocido experto de orden internacional tanto en arte islámico como en sufismo, cuando confesó que según su propia experiencia, una sesión de música andalusí y la audición de un concierto de música clásica de Irán requieren del oyente la misma disposición meditativa; ambas lo llevarán por los mismos caminos hacia las mismas experiencias.

La música turca se parece mucho a la iraní. La música de Turquía es heredera de formas melódicas árabes, bizantinas y persas, enriquecidas por ritmos procedentes de las estepas de Asia central. La música turca está impregnada de preocupaciones místicas y esta característica la convierte en un elemento significativo durante las ceremonias de las grandes órdenes religiosas, los baktashíes, los khalwatíes y los mawlawíes, para quienes la música

---

[190] Michon, Jean–Louis, "Música y espiritualidad en el Islam", op. cit., p. 114.

terrenal es el eco de la música celestial. Una de las formas más características de la música culta turca es el *peshrev* o preludio. El *peshrev* se realiza en las sesiones de los derviches giradores. Durante el *peshrev* el músico se concentra y el oyente reflexiona de manera contemplativa.

El Islam fue dejando las músicas populares en todas las tierras que iba penetrando. A veces, la música popular de una zona consiste en una estructura clásica que se ha vulgarizado mediante su adaptación a la lengua vernácula y a los instrumentos locales. Un tipo de música popular es aquella relacionada con el culto de un santo, por lo cual está presente regularmente en ceremonias y fiestas religiosas. Un caso destacado en esta conexión se registra en el poblado de Jahjuka, situado en la región india de los Jbala. En este pueblo existe una banda musical de clarinetistas y tamborileros y cada viernes, los músicos van en procesión por todos los rincones del pueblo hasta la tumba del santo. Junto a la banda musical caminan los fieles orando por la curación mental y corporal.

La música desempeña un papel fundamental en numerosas ceremonias religioso-médicas en diversas culturas de todo el mundo. Las melodías, los ritmos, algunos instrumentos inducen estados de trance que facilitan la sanación física y emocional de los participantes. Estos estados alterados de conciencia, realizados bajo la guía de místicos u otro tipo de conocedores de los senderos del alma, se consideran un puente hacia lo espiritual, un ámbito donde se cree que se pueden acceder a energías curativas o interactuar con entidades que propician la recuperación. La música tradicional del Islam es otro de sus medios para la unificación de lo múltiple: ayuda a que el hombre comprenda cuál es el camino hacia la verdadera belleza, Dios, y el camino para llegar a Él. En el norte de África, Medio Oriente, Turquía y ciertas zonas del Sudeste Asiático las órdenes sufíes dan prueba de la diversidad y riqueza del Islam. Estas órdenes sufíes practican un ritual colectivo, la *Hadra*, para recibir a Dios en sus corazones. *Hadra* significa "presencia". Para que Dios se haga presente en sus corazones, los participantes entonan poemas religiosos y textos devocionales sufíes con estructura melódica y rítmica que contribuye a la atmósfera de trance. Según la modalidad de cada orden, a la pronunciación del Nombre divino, la *Hadra* puede incorporar tambores de percusión, laúdes y flautas, ya que la música es indispensable para establecer el ritmo y la atmósfera. El objetivo de la *Hadra* se alcanza cuando se supera el yo individual y el corazón es purificado en la conexión con Dios, profunda y trascendente.

La música árabe recibió la influencia de las técnicas musicales persas y bizantinas, debido a que entre los siglos VIII y X d. C. los tratados de teoría de la música y ciencia del sonido griego se tradujeron al árabe. Curiosamente, al-Farabí, principal teórico musical en el mundo islámico, en la introducción a su obra dice que escribió su *Gran libro de la música* tras haber descubierto defectos y puntos oscuros en las obras griegas. Finalmente, cabe señalar que durante toda la Edad Media, fueron los trovadores los auténticos propagadores de la música árabe por todos los rincones de Europa.

5. Un cuerpo vital en constante evolución. El lenguaje

Entendido en un sentido muy amplio, un lenguaje es un sistema complejo de comunicación que permite a los individuos que lo comparten intercambiar información, expresar pensamientos, sentimientos e ideas, y construir y compartir conocimientos. Si nos detenemos en el español moderno, el que hoy es la lengua oficial de 21 países en tres continentes, según indica la RAE del árabe proceden alrededor de 10000 palabras, si se cuentan las palabras originales y sus derivados, las palabras técnicas y algunas ya en desuso.

Los campos semánticos de la lengua española, enriquecidos a partir de la existencia de al-Ándalus, cubren todas las ciencias, las artes, el comercio, la arquitectura, la agricultura y la vida cotidiana con cientos de expresiones normalmente utilizadas por todos los hablantes. Pero no se detiene ahí la labor vitalidad del árabe. Durante casi ocho siglos, se fue propagando ininterrumpidamente, debido a que el español actuó como un puente lingüístico fundamental para la transmisión de incontables arabismos al resto de Europa. Además, gracias a los navegantes y colonos portugueses, también se difundieron en las nuevas tierras tras el descubrimiento de América.

La vitalidad del idioma árabe lo convirtió en instrumento privilegiado para tratar acerca de todos los temas relacionados con el progreso. Era un progreso imposible de detener que, desde los dos faros islámicos del mundo musulmán –al-Ándalus y Sicilia–, se iba abriendo paso en Occidente. Como consecuencia, hoy en día los arabismos son muy evidentes en el francés, el italiano, el inglés y el alemán, que adaptaron las palabras según su modalidad y necesidades. Las palabras árabes integraron el patrimonio lingüístico europeo hasta tal punto que, cuando hoy un sueco o un noruego o un danés pide un café, una bebida alcohólica, un poco de azúcar, habla de si fuma o no tabaco, si come o no espinacas, echa mano a uno de los cientos de arabismos presentes en su idioma. Lo mismo sucede con el polaco, el checo y el eslovaco que recibieron los arabismos, a su vez, a través del alemán, el húngaro y el latín medieval, que ya los habían incorporado. Desde el cercano oriente llega el árabe a Europa del este, a los países eslavos y a la zona de los Balcanes, tanto por imposición estratégica durante el Imperio Otomano como a través de las rutas comerciales.

Las palabras son los ladrillos del pensamiento. El pensamiento islámico no deja nunca de interrogarse para encontrar orden y sentido en el mundo. La conexión entre la claridad de expresión y la claridad de pensamiento es profunda, intrínseca y bidireccional. El pensamiento islámico se auto expresa en las frases sagradas que describen lo Uno y lo múltiple. El pensamiento islámico necesita de la literatura para trascender.

Superado el periodo primitivo –1050 a 1250–, la literatura española abre sus puertas al registro científico riguroso, propio de los estudiosos musulmanes, y a la fantasía y la imaginación que inundaban los relatos de Oriente. La ciudad de Toledo fue la sede de la escuela de traducción de lenguas orientales en los dos sentidos. Sus traductores eran expertos en la selección y elección de las palabras adecuadas y en la disposición gramatical para transmitir exactamente, sin ambigüedades, los contenidos del pensamiento, las ciencias y las técnicas islámicas cuyo sello distintivo es la claridad del pensamiento.

Un caso notable en la literatura española posterior a la Reconquista cristiana es la **literatura aljamiada**. La palabra *aljamiada* deriva de *ajami*, que significa extranjero / no árabe, *al'ajamiya*, quiere decir lengua extraña. La particularidad de esta literatura consiste en que las palabras son españolas, pertenecientes al dialecto aragonés, valenciano, castellano, catalán y hasta al portugués pero, están escritas en caracteres árabes. Los manuscritos se mantuvieron ocultos para evitar las persecuciones de la Inquisición. A partir del siglo XIX comenzaron a reaparecer los manuscritos, custodiados en casas particulares. La remodelación de una vivienda en Almonacid de la Sierra (Zaragoza), sacó a la luz cientos de manuscritos aljamiadas, enterrados y finalmente olvidados. El interés académico fue aumentando y los eruditos españoles se dedicaron a estudiar estas joyas de la creación literaria que demostraba el amor de los españoles por la escritura árabe. Los hallazgos continuaron durante el siglo XX y hasta hoy. La Real Academia de la Historia en Madrid custodia la colección más importante de manuscritos aljamiados y arábigos. Todo este material es fundamental para reconstruir el importante capítulo de la historia de España posterior a la caída de Granada.

La lengua española hablada en todas las latitudes, con su riqueza léxicas, sus formas poéticas, los géneros narrativos y los temas culturales que la nutren, no hubiese podido existir tal y como es hoy si no hubiese recibido la herencia de al-Ándalus, que contribuyó a forjar la literatura española con su impronta distintiva. La literatura islámica también influenció enormemente las corrientes populares de la literatura europea, tanto cuanto lo hizo la literatura grecorromana. La poesía literaria de Oriente está presente en la poesía medieval europea. La fantasía que despliegan los relatos orientales en sus colecciones de cuentos, el asombro que transmite la literatura islámica de viajes y cosmografía han transmitido aires de renovación a la literatura europea. La adopción de temáticas de origen árabe por parte de los poetas y narradores medievales tomó la forma de un verdadero movimiento intelectual que se generalizó en toda Europa. Las preferencias por los temas árabes se manifestaban tanto en prosa como en poesía y tanto en el aspecto formal como en el de contenidos. Un caso evidente es la influencia de la tradición oral y la cultura árabe en las obras de Andalucía después de la Reconquista cristiana.

Aunque durante el Renacimiento europeo se puso entre paréntesis Oriente y se levantó una barrera infranqueable para frenar la influencia oriental, nadie pudo evitar que los relatos de las *Noches árabes* atravesaran los siglos y llegaran hasta nosotros. Sin la literatura de viajes oriental, tal vez no se habrían escrito los *Viajes de Gulliver* u otras novelas de navegantes perdidos.

Fue imposible hacer a un lado aquella herencia. Los mayores poetas europeos, como Goethe (1749-1832) o Víctor Hugo (1802-1885):, fueron tocados por la magia literaria de Oriente, en especial, de la literatura persa. En su obra poética *Les Orientales* (1829) Víctor Hugo escribe: "Sólo cuando nos damos cuenta de que Oriente actuó como levadura sobre el espíritu, es cuando le concedemos mayor importancia". Víctor Hugo y Goethe pertenecían decididamente al Orientalismo –corriente artística y literaria que tuvo su auge en los siglos XVIII y XIX y sus ecos se extendieron hasta el Modernismo– como, entre otros, Alphonse de Lamartine (1790-1869), Gérard de Nerval (1808-1855), Lord Byron (1788-1824), Coleridge (1772-1834) con su famoso poema *Kubla Khan*, el español José Zorrilla (1817-1893), Alessandro Manzoni (1785-1873) y Rabindranath Tagore (1861-1941).

Algunos conocieron Oriente gracias a relatos de los viajeros, otros viajaron y lo recorrieron personalmente.

En la actualidad la literatura oriental está encontrando su lugar en el mundo y en la vida de toda la humanidad. Cabe recordar a los *Ijwan ol-Safa*, grupo de sabios medievales que hereda y difunde la sabiduría pitagórica y neoplatónica en Oriente. Sus enseñanzas evidencian el talento gnóstico y sus ideas perduran hasta hoy. Son un modelo inspirador para la aproximación interdisciplinaria al conocimiento. Tienen especial relevancia por su creencia en la compatibilidad de la fe islámica con otras tradiciones intelectuales y religiosas. Son una valiosa guía en las consideraciones contemporáneas sobre el diálogo interreligioso y la coexistencia. La literatura del sufismo es rica y variada; incluye tanto poesía como prosa, tanto filosofía como ética, tanto historia como ensayo, tanto alabanza como súplica y tanto narración como música. Se destaca por sus simbolismos, sus cuentos místicos, sus jaculatorias y odas del derviche ambulante. En ella se exalta la nobleza del espíritu y su carácter es tan profundo y generoso que aun después de tanto tiempo, incluso el misticismo occidental puede seguir bebiendo de la fuente de la sabiduría de Oriente. Ya en la Edad Media, el misticismo era el terreno común donde la cristiandad y el Islam se comunicaban de un modo inmediato. Las materias primas de teología dogmática o mística están en El Sagrado Corán. "(...) según Ghazalí y la mayoría de los musulmanes posteriores, las revelaciones hechas por los santos son el complemento de las de los profetas y constituyen la fuente y base del verdadero conocimiento."[191]

---

[191] Thomas Arnold y Alfred Guillaume, "Misticismo", cap. VIII de *EL legado del Islam*, p. 280.

Un hecho importante en el siglo XII se verificó en forma paralela tanto en el mundo islámico como en la cristiandad: la generalización de una vasta organización de la vida religiosa musulmana y la organización de las órdenes monásticas en el mundo cristiano medieval. Es en este contexto que aparece la figura de Ibn Arabí (1164-1240), el gran genio teórico, un monista integral. Los estudiosos consideran que los Ikhwan al-Safa sentaron algunas bases filosóficas que pudieron haber contribuido al ambiente intelectual en el que las ideas de Ibn Arabi se desarrollaron y florecieron. Ibn Arabi explica su pensamiento místico conforme a la doctrina de la unidad de la existencia. Según él, el mundo no es más que el aspecto exterior de lo creado por Dios. Explica que no hay creación *ex nihilo*, porque ya existen las ideas de las cosas en el conocimiento de Dios y, de ellas, emanan tales cosas, y es allí, al conocimiento de Dios, a Dios, adonde regresarán en último término.

Para Ibn Arabí, la existencia espiritual es lo primero que Dios creó a través de una luz celestial, llamada *nur Mohammadi*, que encarnó en Adán y en toda la serie de profetas que vinieron después hasta la aparición del propio Mohammad (la paz sea con él y con sus descendientes). Según la escuela chiita, la luz no termina con la llegada del profeta Mohammad (la paz sea con él y con sus descendientes); la luz continúa a través del Imam Ali pasa a otros Imames Inmaculados hasta llegar al duodécimo Imam –Imam Mahdi (que Dios acelere su aparición)–. Entonces, esta luz celestial seguirá existiendo para guiar al ser humano hasta el fin del mundo.

Ibn Arabí revolucionó el pensamiento del sufismo. No solo fue un místico, poeta y filósofo, sino que articuló y sistematizó la metafísica sufí de una manera que no se había hecho antes, dando al Sufismo una expresión filosófica completa y sofisticada, superando los sentimientos que inspiraban a los místicos anteriores a él.

6. Se hace camino al andar... Geografía y comercio

Como se deduce de cuanto hasta aquí se ha explicado, se deduce fácilmente que la pericia comercial y el conocimiento de la geografía concurrieron en la difusión de la cultura islámica. Desde el punto de vista de las conquistas militares, la expansión del Islam se realizó en tres etapas: El califato Ortodoxo (632-661); la dinastía Omeya (661-750); la dinastía Abasida (750-1258). Tras la muerte del Profeta y hasta el siglo XV los musulmanes extendieron su patrimonio cultural también gracias al intercambio comercial dentro y fuera de las zonas incorporadas.

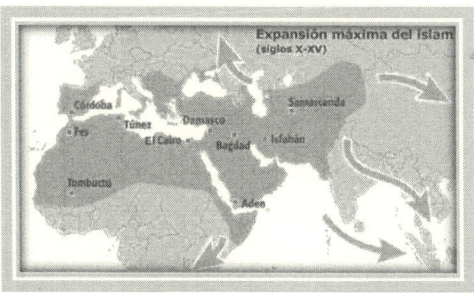

Además de todas las palabras ya presentadas en el análisis de influencias lingüísticas, el Islam aportó a la civilización occidental moderna un copioso elenco de palabras técnicas árabes de la navegación –amarrar, racha, albufera, ola, calafatear, dársena, almirante, chalupa, arsenal, cable, cenit, nadir, etc.,–. Entre los siglos IX y XIV los árabes escribieron importantes tratados de técnicas náuticas, astronomía de la navegación y oceanografía. El incesante tráfico mercantil entre las costas mediterráneas favoreció la asimilación práctica de las técnicas y la adopción lingüística de los términos con los correspondientes trasvases fonéticos del árabe a las otras lenguas.

Al-Khwarizmi (780-850 d. C.), "padre del álgebra", matemático, astrónomo, geógrafo e historiador persa, compiló el conocimiento de Grecia y de la India. Creó tablas astronómicas, las *Zij al-Sindhind*; contribuyó a la elaboración de un mapa del mundo para el califa Al-Mamun; participó en un proyecto para determinar la circunferencia de la Tierra. Corrigió y mejoró la *Geografía* de Ptolomeo con representaciones más precisas de Asia y África. Sus tablas astronómicas, basadas en la astronomía india, tienen las primeras funciones trigonométricas conocidas de seno y cotangente y algoritmos para el cálculo de fechas. Su obra de aritmética. Traducida al latín como *Algoritmi de número Indorum*, introduce el sistema numérico indio y los algoritmos de cálculo, por esto se lo considera "abuelo de la informática". El libro más antiguo conocido en el mundo islámico es su *Kitab al-jabr wa'lmuqabala*, cuyo título da origen a la palabra "álgebra". Al-Khawarismi –a quien deberemos volver a mencionar en el Capítulo IX– parte, sin duda, de concepciones preislámicas babilónico-persas y divide el mundo en siete zonas o climas ya en el año 830.

La palabra *Arín* es una corrupción árabe del nombre de la antigua ciudad india de Ujjayini que, con su observatorio planetario, era un centro de estudio de astronomía y matemáticas de vital importancia. Desde del siglo VIII, los árabes asimilaron y tradujeron los conocimientos científicos indios. En los tratados astronómicos árabes, el término *Arín* hacía referencia al meridiano central de la

220

Tierra habitada, que pasaba por Ujjayini. La teoría *Arín* de la geografía islámica contribuyó activamente al descubrimiento de América.

Hay que subrayar que los árabes hicieron una revolución cultural con la difusión comercial de un producto que cambiaría la vida de la humanidad: el papel. Este material, había sido inventado en China alrededor del año 105 d. C. por Cai Lun. La técnica de su fabricación era un secreto custodiado en Asia hasta que, tras la Batalla de Talas (751 d. C.), los árabes capturaron a artesanos chinos que lo conocían. Los árabes adoptaron y perfeccionaron la técnica, construyendo molinos papeleros en todo su imperio, desde Samarcanda hasta el norte de África. El papel ingresa a Europa por al-Ándalus. El primer molino papelero estuvo en Valencia (1056). Luego hubo otros en Córdoba, Sevilla, Granada y Toledo y se extendieron por toda Europa.

Transitando por las diversas zona europeas con la finalidad de comerciar, los musulmanes fueron pioneros en la difusión de productos de la industria textil, como obviamente, los tapices orientales. Ya se ha hablado del comercio de las piezas de arte decorativas y de la artesanía cerámica. El arte persa, cuya sistematización de las líneas alcanza una fineza excepcional, renueva la estética del arte islámico con el traslado de la capital del califato de Damasco a Bagdad. El arte persa recorrió los caminos del territorio islámico y, por ellos, también entró a Europa. El diseño de tapices y alfombras orientales hechos a mano –y en menor medida las esculturas y los trabajos en metal– fascinaron a los potenciales compradores y cambiaron el gusto estético del mercado europeo.

7. Y de nuevo la filosofía y la teología

Los sistemas filosóficos islámicos florecieron durante la Edad de Oro del Califato Abasí (750 d. C. a 1258 d. C.). En Oriente, la universidad Mustansiriyah, fundada en Bagdad en el año 1234 d. C, fue la más importante. En Europa, las academias ya existentes recibieron el inestimable aporte de la cultura islámica para los estudios en las Universidades cristianas. Como ya se ha señalado, gracias a las obras y a las traducciones árabes, en Europa se pudo conocer el pensamiento de los filósofos griegos, la filosofía platónica y la aristotélica.

Dado que el Islam es una religión monoteísta abrahámica, muchos cristianos y judíos abrazaron la fe islámica ya que no hay oposiciones profundas entre los tres credos. Algunos lo hicieron por convencimiento, otros, para evadir impuestos. En la actualidad el fenómeno de transitar del cristianismo al islamismo se sigue registrando entre intelectuales y eruditos. Entre los siglos VIII y X, surgió en Basora, actual Irak), una tendencia racional, el mutazilismo. Esta doctrina enfatizaba la función de la razón y del libre albedrío para comprender los preceptos del Islam: Dios no puede predestinar las acciones de los hombres, porque Él es un ser moral que no puede hacer nada más que lo que es justo. Se trató de una teología que enfatizaba la justicia divina y el papel de la razón humana para profundizar en todas las nociones sagradas.

En el Islam, filosofía y teología están indisolublemente unidas a la manera en que se estructura la sociedad. Si bien mantuvo la conformación original que ya existía en la antigua Arabia, como por ejemplo, estructurar los grupos sociales según la ascendencia a un antepasado común, compartir la misma fe y practicar las mismas costumbres, el Islam hizo un cambio notable. Anuló el vínculo de sangre, que era la base social y política de la tribu árabe y lo sustituyó por la comunidad de la fe. Sólo contaban los vínculos con aquellos de la propia fe.

Siguiendo a la teología islámica, como ya se ha dicho antes, la ley divina (*Shari'a*), es el fundamento de la comunidad. El Islam es el gobierno directo de Dios, por lo tanto la ley es la voluntad de Dios. Entonces, la teología islámica implica la justicia. Dios regula el comportamiento humano, establece los límites para las acciones, prohíbe algunos actos y ordena otros a fin de beneficiar al máximo la primitiva libertad del hombre, para el individuo y para la sociedad. La libertad es la base de la ley y para los jurisconsultos islámicos, tiene dos caracteres:

• Es limitada por su propia naturaleza, ya que la libertad ilimitada conduciría a su propia destrucción.

• Ningún límite es arbitrario, puesto que está determinado por su propia utilidad, por el bien supremo del individuo o de la sociedad.

La utilidad de la libertad como fundamento de la ley, también tiene su límite y su extensión. En el Islam tampoco existe la libertad ilimitada respecto a la propiedad. Porque la propiedad como derecho tiene límites marcados en su propia naturaleza, cuyos fines son la utilidad.

La aplicación práctica de esta filosofía se extiende a las recomendaciones del Sagrado Corán para el uso provechoso de la tierra y sus productos. El objetivo es cuidarlos y no malgastarlos sin objeto o a capricho: En esta relación en el Corán leemos: "Él es Quien ha creado huertos, unos con emparrados y otros sin ellos, las palmeras, los cereales de alimento vario, los olivos, los granados, parecidos y diferentes. ¡Comed de su fruto, si lo tienen, pero dad lo debido el día de la cosecha! ¡Ya no cometáis excesos, que Dios no ama a los inmoderados!"[192]. El Islam insiste en la moderación y discreción a la hora del uso de la riqueza, para estar en consonancia con la ley y con el fin que dio Dios a los bienes al género humano.

La filosofía islámica explica la necesidad de la elección del jefe de la comunidad. La *Shari'a* comunica que el príncipe es la columna principal del edificio del Estado así que todo musulmán tiene el deber de participar en su designación. Hay un dicho popular que dice: quien muere sin conocer a su Imam (Guía) es igual que un pagano. El Imam como Califa de los musulmanes es el depositario de la fe de la comunidad de creyentes. Su poder es legítimo en virtud de que ha sido elegido, pero es limitado: el príncipe debe procurar el bien de la comunidad islámica y de ello dará cuentas a Dios. En este círculo virtuoso, teología, filosofía, poder legislativo y ejecutivo se interconectan indisolublemente. Y tanto el califa elegido, como sus electores, todos, deben obedecer a la misma ley de Dios y no existen privilegios si han faltado a ella y deben ser castigados.

La filosofía islámica no es en absoluto una disciplina abstracta y contemplativa, por el contrario, está empeñada en dar respuestas y estrategias a la sociedad para vivir socialmente en armonía. Está enfocada al logro del bien común del conjunto de gente vinculada por el principio de mutua ayuda. De la filosofía islámica se deriva el concepto social y moral del Estado, en él las normas cambian según su utilidad porque, como todas las

---

[192] Cortés, Julio, *El Corán*, op. cit., p. 186, aleya 14 del sura 6.

sociedades, la islámica es un organismo vivo que experimenta incesantes mutaciones durante su existencia. En el curso de la historia islámica es evidente la continuidad, los cambios existen siempre en el marco de su confianza en la escritura del Corán. Sobre la eficiente base precedente –la institución legal de la sociedad limitada, *qirad* (concepto central en la economía islámica que describe un acuerdo de inversión entre el inversor y el gestor del capital), o ciertas estrategias de legislación comercial–, el pensamiento islámico originó cargos para las diferentes ramas del gobierno e incluso, se acuñó moneda.

8. Más contribuciones a las sociedades modernas

Gracias a la continuidad de la civilización islámica en el sudeste asiático, la India, Persia, Turquía y en otras incontables comunidades musulmanas las prácticas y costumbres islámicas fueron conocidas y utilizadas en los países europeos. Ya hemos explicado en detalle cómo la ciudad de Toledo se convirtió en punto desde el que se irradió la literatura científica árabe, en la que, entre otras cosas, se mantenía viva la doctrina de la esfericidad de la Tierra, de la que huelga explicar su relevancia para el descubrimiento de América.

De mayor importancia todavía fue el legado de la noción ya explicada en el punto 7. de este capítulo, el centro llamado "cima del mundo" en el hemisferio terrestre conocido. Estaba situado a igual distancia del norte que del sur, del este y el oeste. Al-Battanï pensó la "Cúpula de la Tierra" como una isla. Otro autor de la misma época, Ibn Rusta, la denomina "Cúpula de *Arín*". Maslama al-Mayriti, el científico, astrologó y astrónomo de al-Ándalus (nacido en Madrid en el siglo X y muerto en Córdoba el año 1007 o 1008), cambió la ubicación de la "Cúpula de Arin" de Ujjayini a Córdoba. Con esta modificación, durante algún tiempo la referencia en los sistemas orbítales geocéntricos pasó a depender de un nuevo observatorio en el archipiélago de Socotora –a 380 km al sur de la Península Arábiga– y determinó la acomodación integradora para los pueblos árabes e islámicos. Esta situación resultaba muy natural, siendo el califato de la Córdoba omeya un faro universalmente reconocido y la gran capital andaluza, el punto de referencia para los estudios astrológicos y astronómicos. Entonces, Córdoba, como ya se explicó en este capítulo, por iniciativa de los califas omeyas, en especial de Al-Hakam II, se erigió como centro y primer motor de los mundos. Los conocimientos científicos custodiados y transmitidos o alcanzados por los árabes son elementos firmes hasta final del siglo XVII, ya que, incluso las teorías de Johannes Kepler (1571-1630) y Nicolás Copérnico (1473-1543) habían sido puestas contra las cuerdas por consideraciones teológicas retrógradas. La teoría *Arín* se registró en la obra *Imago Mundi* del cardenal Pedro de Ailly (1410). Allí la conoció Cristóbal Colón, quien dedujo que la Tierra tenía forma de pera y que en el hemisferio occidental había otro centro, opuesto a la Cima de *Arín*.

El Islam, religión universal, por su teología, su derecho y su cultura cosmopolita, demostró notable capacidad de resistencia y pervivencia gracias a la Unidad de la multiplicidad, al mantenimiento de la unidad de una sociedad multicultural por excelencia.

Capítulo VII. MOVIMIENTOS REFORMISTAS EN EL ISLAM

1. Del ocaso del Imperio otomano al contraste del colonialismo

La decadencia del Imperio otomano, tras la Primera Guerra Mundial, abrió la puerta a la ambición territorial de las potencias colonialistas occidentales, que aceleraron su desmembramiento. Juan Goytisolo (1931-2017), el intelectual español, dijo que sería injusto afirmar la incompatibilidad del Islam con la democracia, pues las élites intelectuales árabes, turcas e iraníes, desde el desmembramiento del Imperio otomano, defienden la libertad de expresión, los derechos humanos y trabajan en adaptar sus pueblos a los principios de una constitución democrática. Pero este es el reformismo contemporáneo... El reformismo musulmán se remonta a la Edad Media; se desarrolló entre el siglo XII –con el sabio Abu Hamid al-Gazali– y el XIV –con Ibn Taymiyya–.

Muhammad Ibn Abd al-Wahhab (1703-1792) adoptó y difundió las ideas de Ibn Taymiyya. Elaboró la ideología *wahhabita* que hoy impera en Arabia Saudí y otros países del mundo islámico. Para Ibn Taymiyya, la decadencia del mundo musulmán no depende del simple equilibrio circunstancial entre fuerzas militares y económicas. La causa se encuentra en que los príncipes traicionaron el mensaje del Islam –corrompidos por el apego al poder y al lujo–, en la parálisis del pensamiento musulmán y en la tendencia general a aceptar la imitación (*taqlid*) por pereza. Se traicionó la tradición estricta, llegándose a admitir innovaciones (*bidá*) más alejadas de la enseñanza de la unicidad divina (*tawhid*) en las costumbres.

Según el Islam, Dios encomendó a cada profeta la misión de corregir la conducta desviada de las sociedades de sus épocas. En el marco de la interpretación estricta del Corán y la *Sunna*, en los últimos siglos cobró forma un reformismo que sostiene la capacidad del Islam para aceptar la evolución y adaptarse a cada época. Sus seguidores no responsabilizan la decadencia del mundo musulmán al Mensaje, sino, por el contrario, a los intereses egoístas de los poderosos. El objetivo común de este reformismo exige el retorno a la inmediatez –libre de la mediación– de los textos para encontrar el camino a la esencia del Islam, siendo fieles al sentido (*qasd*) de la letra, no a literalidad formal ni a la expresión contingente.

Esta corriente reformista trabaja sobre acontecimientos reales. No se enfrente directamente a Occidente, no aspira a convertir el Islam en potencia mundial, sino sencillamente, deducir que no es lo mismo alcanzar una supuesta grandeza que atenerse a las exigencias concretas de la Revelación. El reformismo se inspira directamente en la Revelación para trabajar sobre las causas de cómo se pierde la capacidad de gestionar la realidad en sus manifestaciones sociales, políticas y económicas.

Los dos planos de análisis de la evolución del pensamiento reformista son:
1.   La reflexión sobre los temas primordiales de las ciencias islámicas: la *Shari'a* (legislación), las *muamalat* (asuntos sociales) y del *fiqh* (jurisprudencia islámica)
2.   El análisis de la política nacional e internacional.

La revolución islámica de 1979 en Irán, liderada por el Imam Jomeini con el fin de crear un Estado islámico, desorientó a los analistas en tres aspectos:

1.   El **histórico**, pues el "Islam político" les parecía surgido como por arte de magia en 1979. No tenían en cuenta la evolución del pensamiento reformista musulmán desarrollado durante todo el siglo XX.

2.   El **social**, porque ignoraban las dinámicas sociales presentes durante varias décadas.

3.   El **político**, porque es intrínseca al Islam la capacidad para impulsar el desarrollo y ofrecer un nuevo modelo social basado en el poder popular religioso.

En la segunda mitad del siglo XIX, el Imperio otomano, agonizante, evidencia de su desmembramiento, fue entonces que Yamal al-din al-Afgani (1838-1897) desarrolla un pensamiento político y social original, basado en la interpretación dinámica del Corán y la tradición profética. Al mismo tiempo, simplemente según las indicaciones de la literatura sagrada, exhortaba a los musulmanes a liberarse de la presencia extranjera. Así, en la práctica, la Revolución islámica de Irán es continuación del reformismo. A partir del año 1979 en la escena de la política mundial surge un nuevo fenómeno político, aparecido en el escenario en que Ciro el Grande (m. 529 a. C.), " el rey del mundo", fundó del Imperio aqueménida liderando el primer Estado universal del mundo.

2. El movimiento reformista de Los Hermanos Musulmanes

En marzo de 1928, en Ismailia (Egipto), Hasan al-Banna (1906-1949) y seis compañeros, impresionados por sus enseñanzas, fundaron el movimiento social de los Hermanos Musulmanes. Hasan al-Banna, en la línea de los pensadores reformistas anteriores, desarrolla el concepto de la **referencia islámica**. Reconociendo el vacío de ideas en la renovación del pensamiento y la ausencia de realizaciones concretas de su época,se remite en sus memorias a Yamal al-din, Abduh y al-Kawakibi, que "en el alba del renacimiento contemporáneo" habían intentado "corregir las ciencias que tratan de la fe (*al-aqida*) y reformar el pensamiento[193].

El grupo de Hasan al-Banna trabajó desde las bases del pueblo de Ismailia: construyeron una mezquita y junto a ella fundaron la escuela Instituto Islámico de Hira. En esta escuela enseñaba religión y también materias de formación técnica de oficios agrícolas y artesanales, junto con la educación de la escuela primaria. Esta modalidad educativa se extendió en la región de Ismailia y luego en todo el país. El precio de escolaridad se fijaba en función de la renta de los padres. La pedagogía de los docentes, en consonancia con Al-Banna, se basab en el diálogo, la proximidad, la atención y el afecto.

El foco de atención de los Hermanos Musulmanes está puesto en el pueblo; su objetivo es crear una opinión pública con juicio crítico. Al-Banna realiza numerosos viajes para ponerse en contacto con los responsables de las mezquitas de otras ciudades, impartir cursos y conocer las necesidades de la gente. La ignorancia de los pueblos los hundía en un sopor que les hacía olvidar sus referencias islámicas y caer en la humillación.

En el año 1933, los Hermanos Musulmanes abren exitosamente una escuela destinada a las mujeres. Allí se enseñaban, gracias a los últimos avances de pedagogía, las

---

[193] Ramadan, Tariq, "Los horizontes de un renacimiento", Parte I de *El reformismo musulmán*, Bellaterra, Barcelona, 2000, p.65.

disciplinas de las ciencias humanas y nociones de la organización familiar. A partir de la apertura de esta escuela para niñas, nace la idea de crear una sección de Hermanas Musulmanas. Las profesoras de la escuela fueron sus primeras docentes, elaboraron su propio reglamento interno y se encargaron de formar a las mujeres según el modelo de las secciones masculinas. El mismo año se abre la sección para la educación física, los Senderistas. Al-Banna cultivaba así la cualidad de combatiente de los hombres y organizaba acampadas y salidas según el modelo de actividades de los Scouts. Deseaba anticiparse en caso de que fuera necesario participar en la lucha contra la presencia colonial inglesa, con una organización similar a la resistencia argelina de Abd al-Qadir contra los franceses o a la libia de Omar Mujtar contra los italianos.

Los Hermanos Musulmanes se apoyan en un principio general, la filosofía social del movimiento reformista, con dos orientaciones: una interna y otra externa. Con respecto a la orientación interna, las fuerzas del pueblo son sostén para la acción y la movilización. La orientación externa es la práctica del trabajo educativo que transmite el fundamento de la reforma proyectada por al-Banna. Educar a la comunidad, tanto a hombres como a mujeres, en la toma de conciencia, construyendo un frente de rechazo y resistencia a la ocupación colonial inglesa. Cada cual asume su propia responsabilidad, incluso desde el punto de vista de la disciplina física, principio del *yihad* para al-Banna.

Entre las muchas críticas al movimiento, está la de su intolerancia a otras ramas del Islam, la tendencia al sectarismo sunní, el *wahhabismo* y, partiendo de Arabia

Saudí, la influencia del Estado de Arabia Saudí en los centros del movimiento en Europa y en Occidente.

3. Seyed Yamal od-Din Asad Abadi (Al-Afgani)

Se trata del reformista más importante del mundo islámico de los dos últimos siglos. Nació en el año 1837 – 1254 de la hégira lunar– en la ciudad de Asad Abad (prov. de Hamadan, en el oeste de Irán). Murió mártir en manos de los otomanos en el año 1897 –1314 de la hégira lunar–. Se fijó la misión de unir a los musulmanes y liberarlos de la ignorancia, el colonialismo y el autoritarismo. Para conseguirlo, no dudaba en ocultar su nacionalidad y la escuela religiosa a la que adhería. Por su enorme generosidad se transformó en el mejor ejemplo de lo que es capaz de hacer quien se juega por la unidad del Islam. Las convicciones de este verdadero líder de la unidad del Islam inspiran hoy en día el propósito de quienes sostienen la necesidad del acercamiento. Sabiendo que los sunnitas no veían con buenos ojos al chiismo, en Otomania y Egipto se presentó como ciudadano de Afganistán, donde la mayoría del pueblo es sunnita. Sin duda, lo hizo para predicar su mensaje de unión y despertar del sueño de la ignorancia a la comunidad. "Sabía que si se enteraban de que era chiita y no árabe, es decir, iraní, no estarían dispuestos a escucharle ni un minuto".[194]

Su pensamiento teológico-político se centró en la respuesta musulmana a la presión ejercida por Occidente y la necesidad de una revitalización del mundo islámico.

---

[194] Safat-ollá Yamali, *Documentos y datos sobre Seyed Yamal*, p. 117; cit. por Movassaqi, Seyed Ahmad, *Los seguidores de la escuela de la unidad del Islam, Seyed Yamal od-Din Asad Abadi, un reformista pensativo y político*, Ed. Bustan-e Ketab, Qom, 2000, p. 63.

En su sistema de pensamiento se inspiraron todos los movimientos islámicos posteriores a él: el movimiento Arabi Pasha, el de los Hermanos Musulmanes en Egipto, el de Mahdi Sudani con el liderazgo de Sadiq al-Mahdi y el del doctor Hasan al-Torabi en Sudán, otros movimientos contemporáneos en el norte de África, el movimiento indio de Califato, el movimiento constitucional en la Otomania y Egipto y los movimientos de Irán –desde el ya explicado "movimiento del tabaco" hasta la Revolución islámica–. En línea con sus ideales, Seyed Yamal od-din Asad Abadi se propuso dos objetivos complementarios:

1.   Infundir un nuevo espíritu –limpiando su moral y sus costumbres y liberándola de supersticiones– al alma de Oriente para que recupere su esplendor y su nobleza, uniendo cultura, ciencia, educación y religión.

2.   Expulsar de Oriente la influencia y el dominio extranjeros mediante levantamientos, para que los países de Oriente recuperen su independencia, se administren autónomamente según sus propios principios y se protejan de los peligros que los acechan por todos los lados.

Asad Abadi aspiraba al panislamismo, pues, según su opinión, no hay que confundir la unidad del Islam con la unificación. Creó el movimiento "Los seguidores de la escuela de la unidad del Islam" cuya finalidad era que Imperio otomano e Irán se unieran para defender el Islam ante la amenaza de Occidente. Propugnaba por un federalismo que sólo se lograría después de superar los conflictos religiosos y nacionales. Tras la muerte de Asad Abadi, nunca se extinguió la idea de la unidad del Islam. Si bien con altibajos debidos a cuestiones políticas, con el paso de los años dio lugar a diferentes transformaciones, gracias a su capacidad de acción y de adaptación

Asad Abadi dio vital importancia al papel de los *ulemas*, los expertos jurídico-religiosos, pues su liderazgo debía ser determinante en los levantamientos políticos y filosóficos de Oriente. Instó a los *ulemas* en que se esforzaran para acercarse cada vez más a los elevados ideales islámicos. A ellos los consideraba responsables del crecimiento de las virtudes morales y la adquisición de la sabiduría divina de los pueblos. En el sunnismo los *ulemas* actúan de acuerdo con los gobiernos. Por eso, la colaboración que Asad Abadi recibía de los *ulemas* sunnitas era limitada; con ellos estaba en conflicto permanente. Por cierto, Asad Abadi pensaba que aquellos *ulemas* debían reformarse a sí mismos antes de estar en condiciones de guiar a los otros creyentes.

Los *ulemas* de la escuela chiita se niegan a depender de un gobierno tirano y a unirse al aparato dominante mientras no haya un gobierno justo. Actúan de forma independiente y mantienen sus escuelas teológicas con fondos públicos. Los grandes *ulemas* y jurisprudentes religiosos de la escuela chiita gozaron del máximo respeto de Asad Abadi. Se acercarcaba constantemente a los sabios de esta escuela chiita, a la que él mismo pertenecía. Había frecuentado la sabiduría de grandes personalidades chiitas en la ciudad santa de Nayaf –el jeque Morteza Ansari y el Ajond Mulla Hossein-qoli Hamadani–, había sido amigo de los destacados Agha Seyed Ahmad Teherani Karbalai y Seyed Saeed Hobbubi. Asad Abadi, musulmán revolucionario consciente, tenía una alta opinión del clero chiita en general y del de Irán en particular: una realidad independiente que siempre ha estado de parte del pueblo y en contra de los malos gobernantes. Aunque sufría molestias a nivel personal, nunca lo condenó, gracias a la elevada consideración y respeto que por él sentía.

Los intelectuales occidentales y los occidentalizados de países islámicos se preguntan si el Islam y los musulmanes tienen los medios suficientes para afrontar las vicisitudes de su época siendo fieles a sus principios. Asad Abadi considera que las referencias islámicas fundamentales son universales, reivindica el necesario dinamismo de la facultad racional y reconoce el lugar protagónico de la Revelación en las fuentes del pensamiento. Él considera fundamental el ejercicio de la reflexión sobre el derecho islámico, de modo tal que se active su capacidad evolutiva que le permite adaptarse al presente y al futuro.

El Corán supera ampliamente todo lo que pueden descubrir los sabios de todas las épocas, por eso, hay que atenerse a extraer las opiniones jurídicas que interesan a nuestra época siguiendo los pasos de quienes nos han precedido. En este sentido existe el *iytihad* –uso por parte del jurista de su capacidad o energía intelectual para formular una opinión jurídica–. Cuando para una cuestión no se encuentra referencias directas en los textos del Corán o en las tradiciones proféticas, ha de apoyarse en sus propias fuentes o referencias. Los especialistas de *usul al-fiqh* –fuentes del derecho–, al fundamentar sus opiniones jurídicas mencionan la aleya 4, 59: "¡Creyentes! Obedeced a Dios, obedeced al Enviado y a aquellos de vosotros que tengan autoridad. Y, si discutís por algo, referidlo a Dios y al Enviado".

Fiqh –jurisprudencia religiosa– es la totalidad del derecho islámico para la esfera cultural y asuntos sociales. El *fiqh* bien entendido es la respuesta del jurista, emanada en un momento determinado de la historia. No obstante el encomiable esfuerzo realizado por su contribución a la formulación de la legislación islámica, tales decisiones o proposiciones no tienen valor absoluto o sagrado. En cambio, la *Shari'a* ofrece principios eternos con los que cada época debe calibrar su fidelidad mediante la aplicación bien meditada del *fiqh* que cambia y evoluciona en función de la *mu'amalat* o interacciones humanas.

Asad Abadi, como todos los grandes sabios, es contrario a la sacralización del *fiqh*, pues cerraría las puertas del *iytihad* al jurista que ha de opinar sobre un asunto y referirlo al espacio y al tiempo presente. De esta forma libera las energías reprimidas por el *taqlid* (seguimiento de un jurista). La aplicación del *iytihad*, no implica una lectura sólo racional que rechaza o supera las referencias fundamentales –el Corán y la tradición profética–. Por el contrario, amplía la aplicación bien entendida de las orientaciones generales, de las finalidades y de los objetivos de la Revelación y las tradiciones; por ello, exige un retorno constante al origen, que concede a la razón la posibilidad de conservar los hitos que la mantienen fiel a las fuentes.

Cuando alguien se declara fiel al Corán y a la *Sunna*, afirma, al mismo tiempo, que admite el principio de evolución de los tiempos y de las sociedades. Se declara fundamentalista y también modernista. Así, surge la pregunta: ¿qué es, entonces lo tradicionalista y lo fundamentalista, lo modernista y lo moderado? Asad Abadi apelaba a la liberación del peso del Islam actual a favor de la fidelidad al Islam original, el de los *salaf*. Èl pensaba la reforma en dos direcciones: acciones sociales para la reforma interna y organización de la resistencia a la presencia extranjera de naturaleza política.

Asad Abadi aprovechaba todas las ocasiones que se le presentaban para difundir sus ideas: reuniones sociales, encuentros culturales e incluso en los cafés. Para acceder a los ámbitos del poder, se introdujo en los círculos franceses de la masonería e hizo entrar a los intelectuales egipcios de su círculo, que más tarde protagonizaron la revolución de Urabi.

Mediante la enseñanza innovadora de carácter racional, con resultados concretos y prácticos, y apelando al espíritu crítico opuesto a la memorización mecánica tradicional, instó al compromiso con la publicación de obras y generó un movimiento ideológico y una forma de concebir la acción social totalmente originales. Creó células de reflexión especializadas en diferentes campos y buscó la forma de difundir su pensamiento a un público lo más amplio posible. Creía que a través de la educación, la formación, los musulmanes resolverían parte de la crisis que atraviesa el mundo islámico. En Francia, junto con su discípulo Muhammad Abduh, creó el periódico llamado *Al-Urwat al-wuzqa* para iniciar una vasta empresa de formación de los pueblos. Con el mismo nombre, fundó una asociación para reunir a los intelectuales musulmanes, con secciones en muchos países del mundo. En sus publicaciones expresó la idea de una alianza objetiva, en los países sometidos a la presencia extranjera, entre los fieles de diversas religiones Su compromiso era genuino y todas sus acciones lo demostraban

El otro eje de reflexión de Asad Abadi se ocupa de las reformas políticas internas que deberían hacer los gobernantes. En presencia de gestiones autocráticas, autoritarias o basadas en la transmisión dinástica, Asad Abadi, apoyándose en el ejemplo del Profeta del Islam y en las orientaciones de la *Shari'a*, apeló a los responsables para que aplicasen los principios relativos al concepto de la *shura* o concertación. Aconsejaba a los poderes que procedieran a través de una delegación y una concertación más amplias, para ir creando un sistema de representativo que, a largo plazo, emanara de la elección del pueblo.

Ante la evidencia de que los gobernantes no están dispuestos a renunciar al absolutismo, dirige al pueblo diatribas de tono revolucionario, que acabaron por caracterizar su estilo. Impulsa a los pueblos para que se levanten contra la dominación extranjera: "Se acerca el día en que el sol saldrá por Oriente, en ese día se oscurecerán las trágicas tinieblas y, después de esa opresión, no volverá sino la libertad"[195]. Frente a estas palabras, es lícito preguntarse si Asad Abadi fue un reformista o un revolucionario, un nacionalista o un panislamista.

No cabe duda de que Asad Abadi fue, en los dos últimos dos siglos, el pionero del reformismo musulmán. En el plano religioso se declara comprometido con la renovación. Impulsa entre sus correligionarios la difusión del espíritu crítico, motivándolos a la acción y a la transformación. Aspira al renacimiento religioso mediante el recurso de la aplicación renovada del *iytihad*, el desarrollo de un racionalismo razonable, la liberación del espíritu científico, que en la segunda mitad del siglo XIX se consideraba el camino hacia el éxito. Un renacimiento cuya vía sería comprometerse en la formación y la educación.

Asad Abadi fue decididamente un reformista, dio vida a una escuela de pensamiento atenta a aspectos sociales

---

[195] Imara, Muhammad, *Al-amal al-kalima li-Yamal al-din al-Afgani*, Ediciones AlJatira, Beirut, 1931, p. 457; cit. por Ramadan, Tariq, "Yamal al-din al-Afgani. La doble liberación", cap. II de *El reformismo musulmán*, Bellaterra, Barcelona, 2000, p. 107.

y. sobre todo, a la acción para devolver a los pueblos su identidad, su dignidad y su libertad. Un testigo de su labor incansable es su discípulo Muhammad Abduh; nos describe al maestro como un hombre alimentado por la fe, empeñado en volver a la fuente viva del mensaje auténtico, activo en la educación, la formación y la difusión de las ideas (*dawa*), un hombre convencido de que el Islam exige que los musulmanes luchen por la justicia y la libertad, dispuesto a oponerse a todo dominio extranjero.

4. Muhammad Iqbal Lahori (1877-1938)

Pasó su infancia y su primera juventud en la India británica (actual Pakistán), donde obtuvo la licenciatura y la maestría en filosofía. Luego se trasladó a Europa, siguió sus estudios en el Trinity College, Universidad de Cambridge en Inglaterra, se recibió de abogado en la Universidad de Londres y se doctoró en filosofía en Alemania, en la Universidad de Múnich. Por su trayectoria formativa en contacto directo con las corrientes intelectuales europeas de su tiempo, adquiere una profunda familiaridad con la filosofía, la literatura y la ciencia occidentales.

Su relación intelectual con Oriente y Occidente es profundamente compleja y bidireccional: no se limitó a la adopción o al rechazo de uno o del otro, por el contrario, buscó una síntesis que le permitiera revitalizar el pensamiento islámico en la era moderna. En ambos mundos se lo conoce como fino poeta, místico y filósofo. Escribió sus poemas en urdu y persa, cultura que admiraba por el esplendor que le regalara a la civilización islámica. Su pensamiento filosófico-religioso conforma una excelente síntesis de los desafíos representativos del reformismo contemporáneo. Según él, la filosofía da coherencia a las

239

nociones que, conectadas entre sí o tratadas singularmente, desde Asad Abadi hasta Ibn Badis, expusieron los
pensadores contemporáneos.

En su modelo, razón y ciencia son compatibles con la
religión y se complementan recíprocamente. Conocedor
de la filosofía occidental –y mejor preparado en este sentido que Asad Abadi –, Muhammad Iqbal estableció la
diferencia entre la filosofía del ser y de la esencia –de
inspiración griega– y la filosofía islámica. El carácter de
la esencia de esta última es *a priori* diferente, pues se
basa en una Revelación que abarca todos los aspectos de
la existencia (*al-mawyud*), desde la percepción sensible
hasta el razonamiento puro. Así, la religión no es un aspecto más que haya que tratar por separado. Dado que
reivindica la totalidad de la realidad, debe ocupar un lugar central en cualquier síntesis de los datos de la experiencia humana. Muhammad Iqbal ofreció una síntesis de
su pensamiento respecto a la filosofía, compartiendo sus
reflexiones teológicas y la natural proyección sociopolítica en seis conferencias reunidas en el año 1928 bajo el
título "La reconstrucción del pensamiento religioso en el
Islam". Poniendo de relieve las prioridades del pensamiento reformista del primer tercio del siglo XX, en su
maravillosa obra Yavid-Nama (*El libro de la eternidad*)
hace intervenir a al-Afgani –Asad Abadi– por la importancia y los beneficios de la acción que él impulsaba.

Para conseguir un verdadero Renacimiento islámico,
Iqbal recurre al texto sagrado del Corán que fomenta con-
tinuamente la comprensión de las cosas. Cabe recordar
que los musulmanes fueron los creadores de la ciencia
experimental, en esta línea, el Renacimiento del mundo
islámico se concretará volviendo a la metodología

dinámica de antaño. Señala que será necesario estar muy alerta para evitar que el brillo superficial de la cultura europea distraiga al movimiento que desea analizar la cultura islámica en su verdadera profundidad. Iqbal considera que el Islam está en condiciones de hacer aportes significativos, incluso a la enseñanza de las ciencias y las técnicas, tal como circula dentro de la cultura occidental.

La *ljtihad* es la visión que hace un jurisconsulto chiita en asuntos de menor importancia para alcanzar una solución. Muchos pueden llegar a ser *mujtahid*, eruditos autorizados a realizar la *ljtihad*, pero muy pocos alcanzan el rango de *Marya-e-taqlid*, la guia a seguir a quien hay que imitar. Iqbal considera que el principio de *ljtihad* es, en el terreno jurídico del Islam, el punto conciliador entre lo permanente y lo mutable. En otras palabras, *ljtihad* es el principio dinámico de la estructura del Islam. Dado que existen tantos grupos islámicos que se desarrollaron en direcciones diversas y, a veces, opuestas, la mejor alternativa para lograr la *iyma* (el consenso), consiste en que el poder del *ljtihad* de los representantes de las escuelas individuales se transfiera a una asamblea general legislativa musulmana.

Iqbal condena todos los sistemas monárquicos y despóticos y propone una sociedad basada en la aplicación moderna del principio de *al-shuru*, la famosa concertación. El principio de la *shura*, con la guía de un cuerpo de personas competentes en la práctica del *ljtihad*, se puede adaptar a las estructuras de la sociedad modernas, siempre y cuando se respeten los principios generales del Islam en materia de legislación. Si la justicia y la igualdad se hacen realidad, cada persona podrá vivir libre y responsablemente.

Iqbal insiste en la necesidad de una religión purificada, libre de cualquier forma de desviación tradicionalista o mística. En línea con sus predecesores, acusa a los *ulemas* conservadores e intransigentes de ser responsables de muchos de los males del mundo musulmán. Pero al mismo tiempo, apuesta por la espiritualidad activa inherente al Islam, que se anticipa a la influencia materialista que de la mano de Occidente podría invadir los corazones de los musulmanes. Así, Muhammad Iqbal plantea la "democracia espiritual". La propuesta materialista del mundo capitalista de hoy es el mayor obstáculo para el progreso ético del espíritu. El musulmán se deja guiar por una Revelación que traspasa todos los planos de la vida y, gracias a ello, interioriza su aparente exterioridad.

Iqbal está a favor de una acción nacionalista, siempre y cuando sirva para liberar a un pueblo de la tutela occidental. Una vez libre de las cadenas del colonialismo, ha dec vivir de acuerdo con sus principios. Él es contrario a un patriotismo que haga depender la religión de la patria, como sucedió en Turquía con Mustafá Kemal Ataturk.

Iqbal ve la inutilidad de los nacionalismos que aíslan a los pueblos y reivindica la solidaridad musulmana por encima de las fronteras. Opta por organismos específicos conforme a las naciones según el modelo republicano. La forma de gobierno republicano no sólo está en consonancia con el espíritu del Islam, sino que se volvió necesaria debido a las nuevas fuerzas que se han liberado en el mundo del Islam. Propone una unión de los Estados islámicos que respete las diferencias que entre ellos existen.

En el foco del pensamiento de Muhammad Iqbal están todos los grandes temas del reformismo contemporáneo:

1. La esfera social, mediante la educación y la solidaridad, la política participativa del pueblo mediante la acción local, el desarrollo cultural mediante los centros culturales y las universidades.

2. El avance científico y tecnológico mediante la formación y la especialización.

Así pues, Iqbal, como otros reformistas de su época, presta especial atención a las exigencias del momento y a la apertura del compromiso del reformismo en el ámbito de la transformación social.

5. Ali Shariatí (1933-1977)

Desde muy pequeño se dejó guiar por los principios del Islam. Creyente musulmán chiita convencido con una fe profunda, llego a tener incluso una experiencia mística. Mientras Shariatí era becario de la Universidad de la Sorbona, entró en contacto con varios intelectuales franceses de la segunda mitad del siglo XX. Su amistad con Louis Massignon (1883–1962) –arabista e islamólogo francés con quien colaboró entre 1960 y 1962– le permitió profundizar su estudio acerca del cristianismo. Publicó el resultado en los artículos reunidos bajo el título de *Las causas de la soledad.* "Tenía mucho interés en profundizar en la teología de la liberación católica, que iniciaba por aquellos años el padre Gustavo Gutiérrez en Perú, y en la figura de Jesús."[196] Para Shariatí la religión, junto con las raíces culturales nativas, era imprescindible en las luchas de liberación nacional, para contrastar al imperialismo en los países subdesarrollados. Entonces, se puede afirmar que Shariatí fue el precursor de la teología de la

[196] Onrubia Rebuelta, Javier, "Ali Shariatí (1933 – 1977) Breve introducción a su vida y su obra", Editorial Diwan Mayrit, Madrid, 2025, p. 20.

liberación para el Islam: para él, la religión, no sólo aproxima al hombre a Dios, sino también, mueve las masas contra la injusticia y las sostiene en la lucha por una sociedad justa y equitativa. "(…) papel que debe desempeñar la religión en un mundo tan convulso e injusto como el actual, un papel liberador y de denuncia. De esta manera, la famosa y repetida frase de Carlos Marx ('la religión es el opio del pueblo') ya no tendría ningún sentido."[197]

Shariatí marcó netamente la diferencia entre el concepto de modernidad –adopción de los avances universales deseables para el progreso en todas las civilizaciones– y el de occidentalización –conversión del ser humano en un puro consumidor indiferente y obediente característica del capitalismo–. Como buen creyente en Dios, aceptaba todo lo bueno que le regalaba la religión, todo aquello que lo hacía crecer interiormente, y desechaba lo demás. El chiismo, una doctrina iluminadora, no separa la esfera religiosa de la política; ambas conforman la conciencia humana de acuerdo con su tiempo. El contexto histórico confiere una determinada responsabilidad social a los individuos. Según Shariatí, para conseguir una sociedad democrática basada en la verdad, el intelectual debe pensar el destino futuro, partiendo de los sufrimientos que experimentó tal sociedad en el pasado. Así lo expresa, con respecto a la sociedad islámica, en la siguiente frase: "Esta verdad se había empezado a plasmar en la sociedad que comenzó a construir el Profeta, y había que desarrollar en nuestra época bajo la guía de los Imames."[198]

---

[197] Ibid., p. 14.
[198] Ibid., p. 60.

En cuando sociólogo iraní, se convirtió en reformador del pensamiento religioso. Su relevancia reside en que construyó un puente de diálogo entre el pensamiento islámico y los intelectuales iraníes modernos. Su voz fue el instrumento que despertó el sentimiento revolucionario islámico entre los iraníes y, en especial, entre los más jóvenes. Entre sus numerosas obras, cabe mencionarse la *Sociología islámica*. Según su opinión, la educación es la principal arma para darle el poder al pueblo. Un pueblo enriquecido por tanta sabiduría y conocimiento será capaz de diferenciar el camino justo de las alternativas desviadas y convertirse en guía de sí mismo. Su espíritu, espontáneamente, transitará sin presiones la vía de Dios.

Tal vez sea claramente inspirado por la teología de la liberación latinoamericana, el único pensador musulmán que ha concebido una estrategia concreta contra colonialismo. El modelo reformista que elabora se asienta en dos pilares: el retorno a la identidad iraní y la potencia revolucionaria del Islam. En su doctrina se evidencia el retorno sincero y comprometido a las fuentes. Para su análisis, divide el chiismo en safávida y alávida.

El chiismo safávida es el pensamiento reaccionario que oficializó en Irán la dinastía safávida (1501-1736) al llegar al poder. Practicaban ritos que procedían de una noción supersticiosa, no del verdadero mensaje revolucionario del Islam difundido por el profeta Mohammad (la paz sea con él y con sus descendientes), el Imam Ali (la paz sea con él) y posteriormente por otros Imames. Por otro lado, el alavismo tiene una fuerte dimensión mística y esotérica. Incorpora elementos de diferentes tradiciones –el sufismo, el gnosticismo y creencias preislámicas de Anatolia– y no adhiere a una interpretación literal de las escrituras. Tienen una trilogía central de divinidad integrada por Dios, por el Profeta y por Ali. Ali es venerado, casi deificado, lo que los diferencia de la mayoría de las ramas chiitas y sunitas.

Ante este panorama, Shariatí, propone el retorno al "yo" iraní. Pero no se refiere de ninguna manera a volver a la civilización persa anterior al Islam, sino reconstruir el "yo" partiendo de la identidad islámica y chiita del pueblo iraní. Esta identidad islámica y chiita sigue viva en los corazones de las masas iraníes. Según Shariatí una nueva visión del mundo y del hombre, concederá la humanidad una nueva filosofía de la historia.

6. El movimiento del tabaco

En el Capítulo II.2. se ha explicado la relevancia del movimiento de tabaco (1889-1892) como detonante de un cambio radical en la civilización islámica. Fue el primer movimiento reformista musulmán que tuvo lugar en Irán. El levantamiento popular fue la reacción al contrato firmado por el rey Naser od-Din Sha y el inglés Mayor Talbot, según el que se concedía a la compañía inglesa Regy el monopolio del cultivo, la distribución y la venta de productos tabacaleros. El gobierno de Irán habría de recibir una recompensa anuales de 15 millones de libras esterlinas. Después de que los funcionarios de la Regy se instalaron en diversas ciudades del país, estallaron fuertes protestas populares en Shiraz, Tabriz, Isfahan y Teherán. Fue entonces que Seyed Yamal od-Din Asad Abadi, con un conocimiento profundo de la situación de aquel tiempo, decidió pedir ayuda y le envió una carta al famoso teólogo jurisconsulto Mirzaye Shirazi de la ciudad Santa de Samarra (Irak) y otras cartas a los *ulemas* en el interior de Irán para informarlos sobre el vergonzoso suceso del monopolio de productos tabacaleros, los desterrados y todas las complicaciones del asunto. La correspondencia de Seyed Yamal od-Din, junto con una rebelión popular ocurrida en el norte de Irán y reprimida por el rey Naser od-Din Sha, prepara el terreno para la sentencia religiosa (*fatwa*), del gran ayatolá Mirzaye Shirazi sobre la prohibición de fumar productos tabacaleros, cuyo texto es: "En el nombre de Dios, el Compasivo, el Misericordioso. Hoy el uso de productos tabacaleros en cualquier forma es igual que hacer guerra contra el Imam Mahdi (que Dios acelere su aparición)".

La sentencia marca el inicio de una lucha ideológica contra la colonización. A partir de su publicación y difusión entre las masas del pueblo, la gente deja de fumar y el comercializar productos tabacaleros. La lucha sigue hasta que el rey Naser od Din Sha se ve obligado a cancelar el contrato del monopolio interno con la compañía inglesa. Pero los *ulemas* y el pueblo no se dan por satisfechos, exigen también la anulación del monopolio exterior. Al final el rey cedió ante el lícito reclamo del pueblo. La resistencia popular y la unidad entre los valientes intelectuales religiosos y teólogos jurisconsultos dieron como resultado el triunfo de la nación iraní ante el absolutismo monárquico. Esta movilización popular fue el antecedente de otros movimientos posteriores, como el movimiento constitucional y la Revolución islámica liderada por el Imam Jomeini (que Dios lo bendiga).

7. Reformismo dinámico, incluir para construir

Con el triunfo de la Revolución islámica en Irán, podemos decir que el reformismo musulmán empieza una nueva etapa puesto que se extiende la concepción del Islam político y establece un Estado islámico con alcance globalizador.

Luego de la Revolución islámica tuvieron lugar sucesos violentos en diversas partes del mundo, por ejemplo, el asesinato de Anwar al-Sadat en 1981, el impedimento a los islamistas de acceder al poder en Argelia durante las elecciones de 1991 y otros actos aislados, como los ataques a los turistas occidentales en Egipto. La opinión pública se ha conmovido y consecuentemente, se ha comenzado a asociar al Islam, que es intrínsecamente pacífico, con la expresión de la violencia, el extremismo y el fundamentalismo. En esta sucesión de hechos violentos se inscriben el atentado terrorista aéreo a las Torres Gemelas del 11 de septiembre de 2001 en Nueva Cork, las bombas que explotaron dentro de un tren en Madrid el 11 de marzo de 2004, el ataque en Crocus City Hall de Moscú en marzo de 2024 con un saldo de 140 muertos y la larga lista de ataques de los llamados "lobos solitarios", personas que en nombre del Islam –algunas veces creyentes y muchas otras veces, afectados por problemas mentales– cometen reprobables acciones sangrientas en lugares públicos.

Parece como si el mundo musulmán estuviese aquejado de una enfermedad nueva, una y única, llamada "integrismo", "fanatismo" o "islamismo", que hay que extirpar a cualquier precio y contra la cual todas las fuerzas progresistas de Oriente y de Occidente tienen que armarse[199]. Cada vez que la prensa y los países occidentales

---

[199] Ramadan, Tariq, "Conclusión general", tercera parte de *El reformismo musulmán*, Bellaterra, Barcelona, 2000, p. 481.

difunden y denuncian la cerrazón del pensamiento de los "islamistas", en tal generalización sin matices se cierra la puerta a la posibilidad del debate y del diálogo constructivo para el entendimiento entre Occidente e Islam.

Yamal od-Din Asad Abadi (al-Afgani) fundó un movimiento cuyo pensamiento fue crucial para recuperar la identidad islámica y contrarrestar la hegemonía de Occidente: optó por liberarse del sometimiento al poder extranjero y elaborar un modelo social y político original. Su ideología fue aceptada por diferentes grupos, por las más variadas corrientes, tantas veces contradictorias entre sí dentro de la población, y por los intelectuales del mundo islámico. Todos los reformistas coincidieron en la necesidad de una reforma social desde las estructuras más básicas y primordiales. Los discípulos y los fieles seguidores de Yamal od-Din continuaron con su idea y la llevaron a la práctica en el ámbito social.

Si bien entre el Islam y Occidente la fe y las referencias son diversas, el diálogo entre ambas civilizaciones ha sido y sigue siendo posible. La condición para que la buena convivencia y el entendimiento recíproco se conviertan en realidad es que el respeto al derecho de los pueblos a disponer de sí mismos no sea una idea vana que se aplique según los intereses y las razones de Estado.

Capítulo VIII. UN IMPERIO SIN FIN

1. Los Persas. Organización, pluralidad y eficiencia

El Capítulo I. 3. contiene la información detallada de las excavaciones arqueológicas y los estudios en curso en la región de Jiroft. Las evidencias confirman que la civilización que vivió en lo que hoy es Irán tiene una antigüedad estimada de cinco mil años. Si nos atuviésemos a la historiografía antigua conocida hasta el momento del descubrimiento de Jiroft, se podría afirmar que la civilización iraní se remonta a la creación del Imperio persa por Ciro el grande (siglo VI a. C.). Según el *Shāhnāmeh* –*"Libro de los reyes"*– del poeta **Ferdowsi** que entre 977 y 1010 d. C. registra las tradiciones orales, hoy considerado como **epopeya nacional de Irán,** cuando en el año 636, el Califato Rashidun, árabe, conquistó el Imperio Sasánida –Imperio persa–, el Imperio persa contaba con 1.344 años de historia escrita y 7.000 años de antigüedad.

El fundamento del gran Imperio persa de Ciro y sus sucesores se apoyaba en la tolerancia y la libertad de culto para las naciones conquistadas. Poco después de su entrada en Babilonia, en su el primer acto oficial, firmó el edicto con que autorizó a los judíos para que regresaran a Palestina y reconstruyesen allí el Templo de Dios. Si bien no era judío, en el contexto bíblico se menciona a Ciro, incluso, como "el ungido de Dios", por haber sido elegido para cumplir la voluntad divina de liberar al pueblo de Israel y permitir la reconstrucción del Templo. Con su gesto, Ciro, en Babilonia, no sólo dejó libres de volver a su tierra, Jerusalén, a los judíos desterrados para que reconstruyeran su templo, sino también, redactó la primera carta mundial de los derechos humanos.

Con Ciro, la dinastía de los Aqueménidas deja una huella deslumbrante en la historia universal. Persia constituye un factor de importancia vital, pues contribuyó a la fusión de los pueblos y, con su ejemplo de **tolerancia** hacia quienes pagaran los tributos correspondientes y, sobre todo, mantuvieran la paz, aportó una preciosa contribución al desarrollo de la humanidad. La tolerancia persa era parte de una política pragmática para mantener la estabilidad del imperio y la recolección regular de impuestos. Permitía la autonomía local y la libertad religiosa siempre que no se desafiara la autoridad central. Bajo el reinado de reyes que excepcionalmente fueron menos tolerantes, como Artajerjes III, surgían rebeliones que amenazaba la estabilidad imperial.

En el Imperio aqueménida coexistían numerosas naciones, cada una con sus propias lenguas, cultos y creencias: el actual Irán, Caucásea, Armenia, Transoxiana, Afganistán, Sind, Mesopotamia, Siria y Asia Menor. Los bajorrelieves de Persépolis, la ciudad capital, muestran la escena en que los representantes de veintiocho naciones llevan sus ofrendas al rey de Persia en ocasión del comienzo del año nuevo solar. Los representantes de cada nación se diferencian unos de otros por sus vestimentas y el tipo de obsequio que llevaban. Así era el primer Imperio iranio, con caracteres que lo hacen único y especial en la historia universal.

La aparente contradicción entre la tolerancia aqueménida y la narrativa de la batalla de Maratón (12 de septiembre del 490 a. C.), que constituiría el freno al despotismo que avanzaba desde Oriente, representa un elemento a considerar cuando se analiza cómo se interpretó y se transmitió la historia antigua en Occidente.

Algunos historiadores, como el clérigo inglés Edgar Sanderson (1838-1907), cargan las tintas contra el supuesto despotismo de los gobernantes persas con un estilo narrativo que hoy calificaríamos de "populista": "La lucha incesante de la libertad contra el despotismo, quedó, para la historia de Grecia, definitivamente resuelta en la llanura donde los helenos arrollaron el poder de Persia, salvando así a Europa del peligro de caer bajo la dominación de un déspota oriental"[200].

Anderson, con una visión distorsionada, no tuvo en cuenta que la historiografía persa no se había ocupado de entrar en los detalles de aquellos sucesos porque las derrotas en las guerras eran situaciones normales y esperables en un imperio tan antiguo y tan extenso. Por otra parte, para los griegos –que experimentaban formas de gobierno más acotadas y preferían la autonomía del autogobierno de las Ciudades Estado a la gestión gubernamental de un imperio–, el haber derrotado en tierra helénica al famoso, poderoso e "¡invencible!" ejército persa con más astucia que soldados, era todo un acontecimiento. Las vicisitudes nos llegaron en el contexto de las Guerras Médicas gracias a las *Historias* del historiógrafo Heródoto (s. V a. C.). Es una obra monumental, sin duda muy valiosa, pero que estuvo escrita desde la perspectiva griega, exaltando los logros y la libertad de los griegos frente a la "barbarie" persa. Heródoto describe a los persas como un pueblo vasto y poderoso, pero a menudo los presenta como orgullosos, arrogantes y propensos a la *hybris*, en contraste con la moderación y la valentía de los griegos que luchaban por su libertad. Mientras que el

---

[200] Sanderson, Edgar, *"Outlines of the World's History"*, trad castellana por A. Herrero Miguel, *El universo y el mundo en que vivimos* de Historia de la Civilización, Sopena, Barcelona, 1941, p. 29

Imperio persa y particularmente Ciro, su fundador, velaban la paz, la seguridad y la convivencia para el pueblo.

Si bien la suya es una obra de divulgación, sin el espesor de un estudio antropológico-lingüístico, Sanderson realiza una sumaria subdivisión étnica y cultural de los pueblos iranios. Considera que la mayoría de los pueblos europeos y de otras partes del mundo proceden de la "raza aria de Caucasia".

"La raza caucásica, debido a su espíritu colonizador, se halla esparcida actualmente por todo el mundo, pero su región propia es Europa, el Occidente de Asia y la franja septentrional de África. Las nueve décimas partes de la población de Europa corresponden a la familia caucásica; la décima restante pertenece a la mongólica y en ella están comprendidos turcos, magiares (de Hungría), búlgaros, finlandeses y lapones. En Asia los caucasianos comprenden árabes, persas, armenios, afganos e indios. En África los caucáseos están profusamente esparcidos por el norte y son ahora muy numerosos, en la del Norte y la del Sur, dos tercios o más de población son ahora caucasianos"[201]. Según él, de los caucasianos procede la raza blanca, a la que pertenecen las civilizaciones de los imperios de la antigüedad. "El egipcio, el asirio, el babilonio, el hebreo, el fenicio, el indio, el persa, el griego y el romano. Esta raza reveló el tipo humano mejor dotado, más altamente civilizado y progresivo".

Los medos que, como los persas, se llamaban a sí mismos "arios", integraban un subgrupo muy importante. Relata Heródoto (*Historias*, I, CI) que Deíoces unió los

---

[201] Ibid. P. 31.

seis pueblos de la nación meda –busas, paretacenos, estrcates, arizantos, budios y magos– en un solo cuerpo.

La famosa frase de la Biblia, Libro de Daniel 6.,– "La ley de los medos y persas, la cual no puede ser abrogada"– constata el vínculo estrecho e indisoluble entre ambos. El hijo de Deíoces unió a los persas a su nación. Hacia el año 900 a. C. medos y persas se encontraban ya establecidos en su nueva patria gobernados por el mismo rey. Heródoto vuelve a mencionarlos en las *Historias* para explicar que debían defenderse de los asirios.

Clemente Huart (1854-1926), en *Persia antigua y la civilización irania*, explica que los medos eran pastores y agricultores, criadores de caballos, bueyes, carneros, cabras, y que había adiestrado al perro de pastor. Ya utilizaban carros con ruedas. Medos y persas practicaban la poligamia –forma de unión preislámica que el Islam ha modificado y regulado–. Los persas, estrechamente relacionados con los medos en cuanto a raza, idioma y religión, eran montañeses belicosos y nobles ejemplares de la raza aria. Llevaban una vida sencilla, eran veraces y fieles, intelectuales y generosos, y poseían un excelente carácter. El idioma de los medos y persas era el zendo. Estaba íntimamente vinculado con el sánscrito, que hoy subsiste en los libros sagrados del zendavesta: contienen el idioma y la doctrina de Zoroastro (en persa, Zardusht o Zarathustra), el fundador de la mal llamada religión de "la magia", cuyo dios supremo era Ormuz.

Para los persas, como para todos los pueblos de las civilizaciones de la antigüedad, el sistema de gobierno monárquico es el eje en torno al cual gira la estructura de los imperios. En este contexto adquiere su pleno valor la expresión **Shahanshah**, título imperial de origen persa que se traduce como **"Rey de Reyes"**, con su profunda significación histórica y política. El *Shahanshah* es el emperador, el soberano de un vasto dominio que abarca múltiples pueblos, culturas y gobernantes subordinados, los *Shahs* o reyes. Los integrantes del imperio procedían en libertad desarrollando las costumbres de cada tribu o pueblo, sus actividades comerciales e industriales, algunos se mantenían nómadas, otros se asentaban en ciudades. Las costas del Estado abrían la comunicación con los países extranjeros y el auto denominado "pueblo de Dios", los israelitas, practicaban libremente su religión.

Siguiendo su habitual método clasificatorio, los griegos registraron la presencia de diez pueblos o tribus persas: los agricultores sedentarios –maspios, marafios, pasardagas, pantialeos, derusieos y germanios– y los pastores y guerreros nómadas –daos, mardos, sagartios y drópicos–. Heródoto, en su *Historias*, describe a los persas de los tiempos de Ciro II como un pueblo que adopta lo mejor de las costumbres extranjeras.

Se puede considerar a Ciro II el Grande como instaurador y a Darío I, organizador y estadista del Imperio Persa (aqueménida). Darío dividió el territorio del Imperio en 23 entidades político-administrativas, las satrapías. Eran unidades territoriales que gozaban de relativa autonomía. Cada una pagaba tributos y aportaba tropas al poder central. Hay que pensar a la satrapía como una especie de provincia. El sátrapa, su gobernador, o pertenecía a la familia del *Shahanshah* o era una persona de su confianza. Sus funcionarios reales eran un general y un secretario de Estado, quienes, con el sátrapa, llevaban adelante la tarea administrativa de la provincia y se comunicaban directamente con el poder central. Por otra parte, existían los inspectores ambulantes, que controlaban al sátrapa y a los funcionarios. Darío el Grande contaba también con burócratas consejeros en todas las satrapías, en las que gestionaban los asuntos del Estado y de las propias satrapías. A Darío le corresponde el honor de ser el recopilador y codificador de las leyes del Imperio aqueménida.

El Imperio de Darío I y de sus sucesores tuvo **cinco capitales**: la elamita Susa, la meda Ecbatana (actual ciudad de Hamadán), la mesopotámica Babilonia y las persas Pasargada y Persépolis. El emperador y su corte se ubicaban en una u otra de las capitales según las necesidades gubernamentales y climáticas. Por ejemplo, Susa era la capital invernal y Ecbatana, la veraniega. La ceremonia de recibimiento de cada nuevo año solar –*Nowruz*– tenía lugar en Persépolis.

Darío I el Grande pensó y mandó construir una amplia **red vial** que abarcaba todo el territorio del Imperio. Una ruta de 2500 km unía las cinco capitales, facilitando el tránsito de personas y el transporte de bienes. Los puestos de vigilancia se habían construido en sectores elevados a lo largo de los caminos, en puestos clave para el estricto control del tránsito de los carros y la inspección de los viajeros. Una tradición milenaria que actualmente persiste en las carreteras de Irán. En consonancia con la red vial capilar, en el Imperio aqueménida se creó el primer **sistema de correos** del mundo. Los "carteros" eran mensajeros autorizados con permiso real; se trataba de jinetes veloces que galopaban los caminos entre una posta y otra, situadas entre sí a una jornada a caballo. La red postal garantizaba en pocos días la comunicación entre los confines del Imperio.

Darío aumentó extensamente el número de **qanats**, los canales subterráneos de agua para irrigar los cultivos, que partían desde pie de las montañas hasta las zonas áridas. Esta técnica es la que se sigue utilizando en Irán, en las zonas desérticas donde escasea el agua.

La organización tributaria que promovió Darío era un complejo sistema que comprendía un estándar de **pesos y medidas** y la acuñación de **monedas**. Los habitantes del territorio abonaban sus obligaciones fiscales –alrededor de un quinto de su producción y bienes, que normalmente se pagaba en especie– en centros de recaudación locales. Cada satrapía enviaba al *Shahanshah* una cuota proporcional a su capacidad productiva. El pago del quinto de producciones y bienes es el mismo que hasta hoy se mantiene en el mundo islámico bajo el concepto de *joms*, tal y como se ha expuesto muy detalladamente en el Capítulo V.1. Repitamos que en tiempos del Mensajero del Islam, el *joms* se aplicó sólo a los botines (*ganima*). El concepto fue desarrollado posteriormente por los Imanes de *Ahl il-Bait*, la Casa del Profeta, especialmente Imam al-Baqer y su hijo Yafar as-Sadiq (sobre ambos la paz), quienes explicaron las razones por la que el concepto se hace extensible sobre todo el beneficio neto obtenido anualmente –según se ha explicado en el Capítulo V– a las ganancias obtenidas por la extracción de minerales, el descubrimiento de tesoros, las tierras de un no musulmán sometido al control islámico y los materiales preciosos extraídos del mar.

Cuando se habla del mundo antiguo, es necesario considerar que nunca hubo un muro material o una barrera artificial entre las diversas civilizaciones. A esto se debe que, si bien, obviamente la religión helénica no copió ninguna religión semítica, los griegos tomaron numerosos elementos de ellas, los reinterpretaron y los integraron dentro de su propio marco cultural y teológico –politeísta, antropomórfico y guiado por la razón–. Los griegos asimilaron aspectos espirituales y prácticas rituales de los fenicios, arameos, cananeos, y posteriormente, asirios y babilonios, elementos que se fundieron con las tradiciones existentes y dieron como resultado algo específicamente griego. Aunque la religión griega mantuvo su carácter distintivo, reflejado luego en la religión romana, es innegable la presencia de los aportes e influencias de las religiones semíticas y del Cercano Oriente en general, en ciertos ámbitos y en ciertos períodos.

2. La religiosidad irania antes de la llegada del Islam

El cardenal Franz König (1905-2004), en sus estudios filosóficos, teológicos, de lenguas y de religiones persas, refleja un interés fundamental por las tradiciones religiosas iraníes preislámicas, particularmente el Zoroastrismo. Su obra es fundamental para tender puentes entre las diferentes culturas. Su visión interreligiosa pone el acento en la influencia ininterrumpida que la religión irania ha ejercido en la vida religiosa de Oriente. La evolución histórica del judaísmo, del cristianismo y del Islam, (en especial desde la fundación del Imperio aqueménida) fue permanentemente sostenida por la religión irania.

Cuando hace aproximadamente 6000 años la desertización del norte de África y Oriente Medio fue irreversible, los pueblos se congregaron en la llanura mesopotámica –del griego μέσος, en medio, y ποταμός, río– entre el Tigris y el Éufrates que afluían desde las montañas de Anatolia o, en el este de África, alrededor del río Nilo. La primera civilización en la Mesopotamia fue la de los caldeos, ubicados hacia el sur. Los asirios, un pueblo más áspero y montañoso, que residía en el norte de Mesopotamia, arrebató el poder a los caldeos. Los medos toman Nínive, la capital, en el año 625 a. C. En la zona que había ocupado el Imperio asirio, entonces destruido, los babilonios crearon un nuevo Imperio.

Es imposible pensar en Irán antiguo sin conectarlo con la Mesopotamia en todos los aspectos imaginables. Uno de ellos vincula la ciencia irania al interés de los asirios y caldeos por la astrología y la predicción del futuro mediante el horóscopo. Los pueblos de Mesopotamia adoraban el sol, la luna y los cinco planetas observables a simple vista en el ciclo límpido de Oriente, desconocidos en otras latitudes. Los caldeos construyeron templos que funcionaban como verdaderos observatorios astronómicos de los movimientos de aquellas divinidades. Los sacerdotes pensaban que esos astros eran dioses poderosos, que influenciaban el nacimiento y las acciones de los hombres por toda la vida, entonces, conociendo el comportamiento astral, era posible vaticinar el futuro.

La escritura pahlavi deriva de la escritura aramea, que era la lengua franca que se hablaba en el norte de Mesopotamia. El pahlavi fue la lengua oficial de las dinastías arsácidas y sasánidas posteriores a la aqueménida. Hoy la siguen hablando los zoroastristas, otros pueblos en Afganistán (lengua dari) y en Tayikistán (lengua tayiko). El pahlavi es el antecesor directo del persa moderno (o farsi), hablado hoy por millones de personas en Irán. En pahlavi, la palabra "rey" se pronunciaba a veces "šāh", otras veces, "šah"; derivaba de la secuencia de caracteres del arameo "*MLKA*" (מלכא): rey. Otro ejemplo era la palabra pahlavi para decir "hijo", que se pronunciaba "pus" o "puhl" y que derivaba de la secuencia de caracteres del arameo "*BR*" (ברא): hijo.

En la Mesopotamia, coexistía con el pahlavi –suroccidental– otra lengua "hermana": el parto –noroccidental–. Los partos eran, en su origen, una tribu procedente de las estepas de Asia central, la de los parni, que se estableció en Mesopotamia. El Imperio parto (250 a. C. a 224 d. C.) precedió al sasánida y, si bien el pahlavi se convirtió en lengua oficial, la interacción entre parto y pahlavi fue muy estrecha. De hecho, el término "pahlavi" se deriva de "parthav", lo que subraya su conexión histórica y gráfica. El parto también remitía su propia grafía al arameo. Las diferencias entre pahlavi y parto son más bien dialectales y se manifiestan en ciertas elecciones de vocabulario, sufijos y características fonológicas.

El mitraísmo era el culto de los antiguos arios de Irán y de la India védica. Se convirtió en religión oficial durante los cinco siglos que duró el Imperio parto.

Mitra es una de las deidades más antiguas en la historia de la humanidad. Pertenece al período proto-indo-iranio, es decir, antes de que los pueblos indo-arios (que se asentaron en la India) y los iranios (que se asentaron en

Persia) se separaran. La raíz indoeuropea de su nombre, *mitra*, significa "contrato/ pacto/ acuerdo/ amistad". Era el custodio de los juramentos y aseguraba que los acuerdos se mantuvieran. Estaba asociado con la luz del día y la vigilancia, ya que un contrato debe ser visible y honrado a la luz del día. Es importante subrayar que la deidad suprema de los antecesores de aquellos que habrían de adoptar al Islam fuera quien presidía los pactos, la verdad y la lealtad. Su culto se extendió por Asia Menor y todo el Oriente Próximo y desde allí, a Grecia y todo el Imperio romano, hasta el punto de que .en los siglos III y IV d. C., el mitraísmo, antes de que el cristianismo se convirtiera en la religión dominante, era su rival principal.

Se encuentran huellas del mitraísmo en diversas zonas de la península ibérica. El culto era exclusivamente masculino y se practicaba en secreto en los templos subterráneos llamados "mitreos" (lat. *Mithraea).* Los más importantes son: el Mitreo de Mérida (*Emerita Augusta*) de una *domus* romana con un espectacular mosaico cosmológico; el Mitreo de Cabra (Córdoba), crucial por ser un ejemplo de mitreo de carácter privado integrado en una residencia; el Mitreo de Lugo (*Lucus Augusti*), al noroeste de la península adonde incluso había llegado el culto, descubierto frente a la catedral mayor; el Mitreo de Els Munts (Altafulla, Tarragona), probablemente en villa imperial, lo que sugiere la presencia de sus seguidores entre la élite; un altar en Can Modolell (Cabrera de Mar, Barcelona). Hay estatuillas e inscripciones sacadas a la luz en todas las provincias de España actual dedicadas a Mitra tanto por comerciantes y funcionarios como por esclavos, libertos, soldados y por la elite gubernamental.

En otras latitudes Mitra no mantuvo su nombre pero sí sus atributos. Los babilonios lo identificaron como su divinidad solar Shams; los egipcios, con Isis y los frigios, con Magna Master.

Proveniente de un contexto socio religioso politeísta, Zoroastro[202] dinamitó el credo original de los persas. Proclama la existencia de un único dios, Ahura Mazda, el Sabio Señor. De este modo revoluciona el mundo espiritual iranio, dando origen a una de las primeras religiones éticas y monoteístas de la humanidad[203]. Zoroastro ha sido el único profeta proveniente del grupo ario. Zoroastro funda su religión tomando como punto de partida el mazdeísmo –religión dualista dominante en la meseta de Irán–. El mazdeísmo está emparentado con las religiones dualistas de la India: el mundo es el escenario de la lucha entre dos principios: el bien/la luz –Ahura Mazda u Ormuz– y el mal/el caos –Ahriman–. El primero acabará triunfando, para ello, el creyente debe ejercitar activamente el bien. La reforma religiosa de Zoroastro hizo que el mazdeísmo politeísta del mundo indo-iranio evolucionase hacia el culto monoteísta de Ahura Mazda, hasta entonces una de las divinidades del panteón mazdeo.

La tradición atribuye a Zoroastro la autoría de los diecisiete *Gatha* (Himnos) del *Avesta* –escritura sagrada del zoroastrismo– en que él mismo declara su intención de devolver a la religión su pureza primitiva (*Ushtavaiti Gatha*, *Yasna*, 44, 9). El *Dēnkart* –enciclopedia de la religión escrita en pahlavi en el s. IX d. C.– lo presenta

---

[202] La mayoria de los estudiosos modernos se inclinan por fijar su fecha de nacimiento en torno al final del II milenio a.C.

[203] En Egipto, Akenatón (1353-1336 a. C.) eleva al dios Atón (disco solar) a la posición de deidad suprema y exclusiva.

como un profeta ungido y legendario que combate el mal y las supersticiones con las armas de la razón y la piedad.

Heródoto nunca menciona el zoroastrismo pero declara la existencia de elementos compatibles con él entre los persas, como la falta de templos e imágenes, la adoración en las cumbres de las montañas, la veneración de elementos naturales como el fuego y el agua y la exposición de los muertos. La primera referencia a Zoroastro en Grecia aparece en el *Primer Alcibíades* de Platón (siglo V - IV a. C.), quien lo considera el fundador de la "magia". Con la palabra "magia" los griegos denominaban el compendio de la sabiduría, el pensamiento y la religión de los magos persas, siendo los magos una de las seis tribus de los medos originales, gente con conocimientos científicos, astronómicos, matemáticos y filosóficos.

Acerca de la etimología del nombre: "En el Avesta se lo llama Zarathuchtra, precedido o no de Spitama, que parece ser un nombre de familia relacionado con la palabra *spit*, que significa 'blanco'. *Ushtra* es el camello, pero la primera parte del nombre del profeta, *zarath*, ofrece toda la dificultad, y, sobre todo, la presencia del *th*, dental aspirante sorda; si no, podría pensarse en *zara*, y el nombre entero significaría 'poseedor de camellos de oro', sin embargo, es bien poco verosímil".[204]

El zoroastrismo, cuya doctrina exponen los textos del *Zend Avesta*, se apoyaba en los conceptos de que hay un mundo solo y de que los pueblos deben unificarse. "Una filosofía ideal para los conquistadores aqueménidas,

---

[204] Huart, Clemente, "La religión persa en tiempo de los sasánidas", cap. III, parte II de *Persia antigua y la civilización irania*, Cervantes, Barcelona, 1939, p. 373.

aunque solieran practicar esta religión sin prohibir otras con una tolerancia ejemplar"[205].

El maniqueísmo fue otra religión gnóstica y dualista de enorme importancia en la Mesopotamia. Fundado por el profeta persa, nacido en Babilonia, *Mānī* (c. 216-276 d. C.), se difundió desde el Imperio persa por el Imperio Romano y ganó adeptos hasta en la lejana China. *Mānī* se consideraba a sí mismo el último profeta de la línea que incluía a figuras tales como Zoroastro, Buda y Jesucristo. Su misión en la tierra era la de completar y perfeccionar las enseñanzas de sus predecesores, revelando una verdad universal y definitiva. Aunque el Califato abasí luego hostigó duramente el maniqueísmo por el indoblegable dualismo sobre el que se basaba, hay muchas coincidencias entre los ritos islámicos y los maniqueos. Por ejemplo, las cinco oraciones diarias de los musulmanes están calcadas sobre las maniqueas de antes del amanecer, a mediodía, cuando se pone el sol y antes de dormir. En ambos casos están precedidas por abluciones con agua y, en su defecto, con tierra. El ayuno del Ramadán es la réplica del mes de ayuno maniqueo que precede a la fiesta maniqueo más importante, la de Bema. El significado de la palabra griega βῆμα "paso/pisada" evoluciona a "tribuna/púlpito", lo que da sentido a esta fiesta. Cada año, en el mes de marzo, los maniqueos reproducían el púlpito elevado desde donde *Mānī predicaba*.

El sagrado Corán cuestiona la muerte de Cristo con palabras que traen a la memoria, extrañamente, los textos

---

[205] Ed Dımischqui, *Nujbat ad-dahr*, ed. y trad. C.M. Frahn y M. A. Mehran, "Cosmographia, St. Petersbourg, 1866; citado por Shafa, Shojaeddin, "Irán, los árabes y el Islam", en *De Persia a la España Musulmana*, op. cit., p. 118.

maniqueos escritos cuatro siglos antes. La *Epistula Fundamenti* de *Mānī*, los *Kephalaia*, colección de discursos y diálogos con sus discípulos de los textos coptos encontrados en Egipto, los *Salmos e Himnos Maniqueos* de Fayum en Egipto, Turfan e, incluso, en China explican detalladamente la cosmología y teología maniqueas, incluyendo la explicación de la esencia del Cristo maniqueo y su sufrimiento de naturaleza simbólica. En todos, invariablemente, subraya la irrealidad de su cuerpo físico. Ahora bien, en el sagrado Corán, leemos: "(...) por su incredulidad, por haber proferido contra María una enorme calumnia y por haber dicho: 'Hemos dado muerte al Ungido, Jesús, hijo de María, el enviado de Dios', siendo así que no le mataron ni le crucificaron, sino que les pareció así. Los que discrepan acerca de él, dudan. No tienen conocimiento de él, no siguen más que conjeturas. Pero, ciertamente, no le mataron, sino que Dios lo elevó a Sí. Dios es poderoso, sabio"[206].

Por una parte, *Mānī* con su pensamiento luminoso creía en el aspecto profundo y esotérico del cristianismo universal; fundó la Iglesia de la Justicia, que trasciende lo material individual, para transmitir los misterios del Hombre Perfecto en que se realiza la integración armónica de lo divino y lo tangible. Por otra parte, para el Islam, Dios nunca abandonó a uno de sus más grandes profetas y, mucho menos, lo humilló con la horrible muerte de la crucifixión. Puso en su lugar a otro ser semejante que aparecía ante los ojos de la gente y a Jesucristo lo elevó vivo al cielo, donde junto a Él, espera el fin de los tiempos.

---

[206] Cortés, Julio, *El Corán*, Herder, Barcelona, 1999, pp. 129-130., aleyas 156, 157, 158 del sura IV.

La conexión con el maniqueísmo es aún más extensa. El cronista Shams al-Din al-Dimashqi (1256–1327) en su obra *Nukhbat al-Dahr fi 'Aja'ib al-Barr wa al-Bahr*, enciclopedia geográfica y cosmológica, explica que son de clara inspiración maniquea tanto los versículos coránicos que identifican a Dios con la luz, como los que asimilan la Creación a la luz que ilumina las tinieblas: "Dios es la Luz de los cielos y la tierra. Su Luz es comparable a una hornacina en la que hay un pábilo encendido. El pábilo está en un recipiente de vidrio, que es como si fuera una estrella fulgurante... ¡Luz sobre Luz! Dios dirige a Su Luz a quien Él quiere"; "Alabado sea Dios, Que creó los cielos y la tierra e instituyó las tinieblas y la luz". [207]

3.   La búsqueda de concordancias en los primeros tiempos del Islam.

En la época inmediatamente anterior a la aparición del Islam, en la península arábiga –de población mayoritariamente politeísta y de adoradores de ídolos– coexistían tres corrientes monoteístas significativamente numerosas: el judaísmo, el cristianismo y el hanifismo. Los hanafistas se consideraban a sí mismos herederos de la fe original y pura del profeta Abraham o Ibrahim. Según ellos, Abraham no había sido ni judío ni cristiano, sino el monoteísta primordial que se había sometido a la voluntad de Dios. Era personas ascéticas; se apartaban de la sociedad para reflexionar en soledad y adorar a Dios, de ahí su nombre –la raíz árabe *hanf* significa "apartarse de/inclinarse a"– . De ningún modo era una religión estructurada como el judaísmo o el cristianismo. No tenían

---

[207] Cortés, Julio, El Corán, Herder, Barcelona, 1999, p. 463. aleya 35, sura XXIV y p. 162, aleya 1 del sura VI

líder central o una estructura jerárquica. Era más bien la tendencia de un conjunto de individuos que, o solos o en pequeños grupos dispersos, habían llegado a una creencia monoteísta y rechazaban la idolatría predominante. Uno de sus creyentes destacados fue **Zayd ibn Amr ibn Nufayl,** un primo del que luego sería el segundo califa del Islam, Umar ibn al-Jattab. Zayd ibn Amr ibn Nufayl fue contemporáneo del Profeta. En el sagrado Corán, aleya 67, del sura III, consta que Abraham no era ni judío ni cristiano, sino *hanif* y musulmán.

Los tres grupos monoteístas, que vivían en estrecho contacto en todo Cercano Oriente, prepararon el terreno fértil para que se acogiera el mensaje del Islam. En este escenario, alrededor del año 610 d. C, el Profeta del Islam comenzó a recibir revelaciones divinas del ángel Gabriel. El Mensaje estaba en consonancia con el monoteísmo estricto y predicaban la igualdad de las criaturas, la justicia social y un nuevo código ético y moral. Fue natural que los grupos iraníes reaccionaran positivamente a un pensamiento de tales características.

Con la muerte del último rey sasánida en el año 651 d. C. y la caída del Imperio persa en poder de los árabes, el zoroastrismo, que había sido la religión oficial durante casi un milenio, fue duramente condenado. En los primeros años pagaban un impuesto al Estado para que se les permitiera celebrar sus cultos. Luego, por motivos políticos, se agravaron las persecuciones y la discriminación, entonces muchos zoroastristas emigraron. Pero muchísimos otros abrazaron el Islam ya que, considerado desde adentro, el zoroastrismo bien podía estar en consonancia con el Islam. Se podría considerar como un proceso de asimilación natural de la "espiritualidad irania" dentro del Islam y su pensamiento universal.

La ya mencionada obra *Shāhnāmeh* –compuesta de sesenta mil endecasílabos pareados– del gran poeta épico iraní Ferdowsi, constituye el inicio y, a la vez, la culminación de la epopeya persa, de estatura semejante a la de las obras homéricas. En línea con Ferdowsi y sus discípulos, subsiste hasta hoy la paradójica idea de que cuando los "bárbaros" árabes destruyeron el glorioso Estado nacional sasánida, sentaron la base del renacimiento de la civilización que haría al mundo aportes culturales de trascendencia universal. Durante los primeros siglos de dominación árabe –a pesar de las duras sanciones y persecuciones organizadas– los zoroastrianos en Irán no aceptaban doblegarse y abrazar el Islam.

Cuando el Califato abasí, gobernando desde Bagdad, comenzó a debilitarse, la dinastía regional iraní de los buyíes (934 - 1062 d. C.) fue avanzando. Debían su nombre al fundador, **Abu Shuja Buya**. Sus tres hijos, Ali, Hassan y Ahmad expandieron la autoridad territorial de la familia, fundando los emiratos buyíes en Fars, Jibal e Irak. Los buyíes, eran iranios y chiitas duodecimanos. A partir del afianzamiento de los buyíes en el poder –quienes ofrecían una alternativa de corte nacional a la religión traída por árabes extranjeros –, los zoroastrianos comienzan a adherir al Islam. Lo mismo sucedió paulatinamente con muchos otros grupos hablantes de lenguas semíticas. Aunque no se produjo una conversión masiva, algunas comunidades judías en el Medio Oriente se integraron en la sociedad islámica y algunos individuos se convirtieron. Lo mismo sucedió en Mesopotamia con algunas comunidades cristianas arameas y las coptas, en Egipto.

En Irán, el Islam tuvo en cuenta la tensión que existía entre las diversas creencias religiosas y, en lugar de marcar límites, estableció la unidad en la creencia. La visión islámica siguió siendo un foco de atracción espiritual incluso después de que terminaran el gobierno y el dominio político de los árabes. La civilización islámica siguió brillando con luz propia mientras que, en Occidente, la concepción teocéntrica medieval ponía frenos limitantes a la filosofía y el desarrollo científico. Afortunadamente, gracias al desarrollo histórico de la expansión musulmana el flujo de la cultura y el pensamiento iranio llegó ininterrumpidamente a Europa de la mano de la filosofía, el arte y la ciencia árabes, tal como se ha analizado en el Capítulo VI.

Capítulo IX. LA VOCACIÓN DE IRÁN EN EL DESARROLLO DEL ESTADO UNIVERSAL

Una vez conocidas las raíces de la civilización islámica, es lícito establecer su posición de interlocutora en el diálogo –tan necesario y urgente– entre civilizaciones. Es la civilización que conquistó la mayor parte del mundo conocido, al que le insufló el florecimiento cultural durante el período que comprende desde el año 750 hasta mediados del siglo XI, que coincide con el apogeo musulmán en todos los planos de la cultura. En la Edad Media, numerosos buscadores de ciencia, sabiduría y filosofía emigraban a Córdoba, capital de al-Ándalus, famosa en el mundo occidental en cuanto sede del saber y el conocimiento. Allí entraban en contacto directo con los sabios musulmanes, la mayoría de cuyos libros procedían de las ciudades de Bagdad e Isfahan.

Los estudios y las discusiones llevados a cabo en las escuelas teológicas de Córdoba, en que se mantenía vivo y fresco el espíritu curioso de la filosofía griega, precedieron y condicionaron indiscutiblemente el Renacimiento y, de manera indirecta, impulsaron el movimiento de la Reforma en Occidente. La difusión de la cultura griega iniciaba en Bagdad, los intermediarios musulmanes y judíos la llevaban a España y de ahí, eruditos judíos y monjes cristianos itinerantes la propagaban por Europa. La creación de la famosa Escuela de Toledo –cuya relevancia y prestigio fueron largamente explicados en el Capítulo VI 5, 6 y 8– fue de vital importancia. En el siglo X los fundamentos de la vida hispánica estaban profundamente influenciados por el Islam y, con la Reconquista de Toledo, esta influencia se extendió al resto de Europa.

El avance y la expansión del Islam se produjeron de forma paulatina. Comenzó a partir del profeta Mohammad (la paz sea con él y con sus descendientes) en el sur y el centro de la península arábiga durante el califato de Omar (634-644). La conquista más importante de la época tuvo lugar en Persia, en el período comprendido entre la batalla de Qadesiya y Ctisfón (636) y la batalla de Nehavand (642). La respuesta de los iraníes hacia el Islam ha sido siempre positiva, de agradecimiento manifiesto, lo que demuestra la natural concordancia entre el espíritu islámico y el alma iraní. Esta conexión está en armonía con la ancestral unión espiritual de los pobladores nativos –no arios– de la meseta de Irán con las gentes que habitaban en todo Oriente Próximo y, sobre todo, en la Mesopotamia. El material arqueológico prueba la convivencia entre los grupos, especialmente en el sector occidental de la meseta irania, y las transformaciones culturales y políticas que resultaron de estos contactos en toda la Mesopotamia.

Cuando Darío I, el Grande, estableció las cinco ciudades de su imperio, una de ellas se encontraba en Susa. Aquella era la tierra de los elamitas, los nativos del suroeste de Irán. Los sumerios los mencionan en sus registros a partir del año 2700 a. C., si bien, la cultura elamita había comenzado a desarrollarse, por lo menos, cinco siglos antes. Había adoptado, ella misma, la escritura cuneiforme sumeria que, posteriormente, se desarrolló adaptándose a las necesidades de los usuarios iranios. El **protoelamita** (c. 3200 a 2700 a. C.) es el sistema más antiguo de escritura conocido en Irán. Constaba de unos 1000 signos que servían para mantener registros administrativo-contables en tablillas. Si bien la decodificación de sus pictogramas sigue en curso, se ha determinado que ya utilizaban el sistema decimal. A partir de él, se desarrolló el **elamita lineal** (c. 2300 a 1900 a.C.) con unos 100 signos con que escriben inscripciones monumentales –famosa, la del "Vaso de Gunagi", dedicado a una divinidad femenina–. La variante más prolífica de escritura elamita es la **cuneiforme** (c. 2500 a 331 a.C.) cuyo corpus contiene más de 20.000 tablillas. Para el cuneiforme, adaptaron el de sus vecinos acadios; crearon una escritura logo-silábica de 130 signos –frente a los cientos del sistema cuneiforme mesopotámico–. Los textos incluían extensos registros administrativos del Imperio Persa, donde el elamita era la lengua oficial; también, inscripciones reales y en monumentos, textos legales y religiosos, epistolarios y glosarios para los estudiantes del idioma. Es importante mencionar que en Elam se han encontrado, además, numerosísimos textos escritos en sumerio y acadio, lo que refleja la influencia recíproca y las interacciones culturales con toda la Mesopotamia.

Cuando los grupos arios llegaron a Irán, reconocieron y aceptaron la cultura de los pobladores autóctonos, más avanzada que la de sus propias tribus. El mismo mecanismo se repitió posteriormente con la cultura islámica cuando, en el siglo VII, los árabes invadieron la zona. En este caso, la cultura irania, avanzada y defensora de sanos principios, encontró una respuesta a la problemática moral generada por el grado de corrupción que había alcanzado el Imperio sasánida. Los habitantes de Irán se sintieron en consonancia con el pensamiento islámico y su focalización en la justicia social y la igualdad de todas las criaturas a los ojos de Dios. Tras la aparición del Islam y la formación del gobierno islámico –entendido como la reunión de diferentes naciones bajo la bandera del Islam, se cristalizó el fenómeno socio cultural sin precedentes en la historia, denominado "civilización islámica" por los estudiosos del siglo XIX. Desde aquel entonces, la integran en sentido estricto diversas naciones de Asia, África y Europa (Balcanes, Turquía y Albania). Desde ya, la mayoría de los iraníes estuvieron presentes en la conformación de la civilización islámica desde el primer momento.

Los iraníes se sintieron en consonancia con los valores sociales ofrecidos por el Islam, pero muchas otras naciones conquistadas –aunque tuviesen sus particulares concepciones religiosas y sus respectivos valores sociales– también reaccionaron del mismo modo frente a estos principios. Cabe preguntarse si el Islam concretamente potenció la creatividad de los pueblos que a él adhirieron.

Irán, una de las primeras naciones conquistadas por el Islam más temprano, disfrutaba de una civilización milenaria y rica, pero acepta el Islam por su mensaje de justicia e igualdad. En los pueblos donde había excelencia, el Islam estimuló el talento y creatividad. Durante los califatos omeya y abasida se tradujeron los libros iraníes. Los musulmanes aplicaron los sistemas administrativos de Irán; las oficinas y los departamentos del Estado califal funcionaban imitando el estilo de las antiguas oficinas y departamentos de Irán.

Entre los años 41 y 132 de la hégira lunar, el Califato omeya instigó las discriminaciones raciales entre los árabes y los no árabes, práctica que el Islam rechaza de manera contundente. Los iraníes, de antiquísima y fina cultura, reaccionaron a las discriminaciones para salvaguardar su propia identidad. Hubo revueltas y agitaciones de rechazo contra los Omeyas que derivaron en el levantamiento de Abu Muslim y sus seguidores en el noreste de la provincia irania de Khorasan. El califato omeya fue derrocado. Lo sustituyó el de los abasidas, descendientes de Abas, el tío del Profeta. A diferencia de sus predecesores, los abasidas simpatizaban con los iraníes, pues los habían ayudado activamente a acceder al poder.

Para consolidar su califato, los abasidas, mudaron la capital de Damasco a Bagdad, la nueva ciudad fundada por el califa al-Mansur a orillas del río Tigris y confiaron a los iranios los puestos clave del califato. Los califas abasidas alentaban a escritores y poetas para que escribieran en contra de los árabes y compusiesen poemas en farsi. El idioma farsi actual, que es diferente del antiguo o mediano persa, se desarrolló bajo el ala de los califas abasidas, pues no querían que el árabe circulara y se hablara entre las masas iraníes. Gracias a esto, el farsi se recuperó, siguió evolucionando y sirvió de vehículo para la transmisión del Islam en la región de Transoxiana (hoy partes de Uzbekistán, Tayikistán, Kirguistán y Turkmenistán) y de la India, en zonas en que el Islam se iba propagando.

Durante la época de la dinastía abasí, el Islam clásico irradia su esplendor cultural al mundo entero, sin distinguir entre Cercano Oriente y Occidente. Esto se debe a que los abasidas respetaron, admiraron y se adaptaron a la forma de vida de los persas, antiquísima y, a todas luces, avanzada. Los árabes primitivos, de extracción nómada e infinitamente menos refinada que la civilización persa, descubrieron el tesoro literario y cultural que la alternativa persa ofrecía al Islam. Los iranios vivían cotidianamente en el marco del *Adab*, que podría explicarse como "buenos modales / etiqueta / cortesía, buenas conducta". Una actitud para la buena convivencia social en el respeto hacia los demás, especialmente hacia los mayores, maestros o figuras de autoridad; una impostación que consideraba los aspectos de la educación, la exquisitez, el cultivo intelectual y moral. *Adab* se referían también a la educación humanística refinada, pues los buenos modales implicaban, en casos específicos, un conocimiento amplio de la poesía, la oratoria, la historia, la gramática y la filosofía. Una persona con *Adab* era alguien bien educado, cultivado y con un carácter moralmente recto.

En el mundo árabe moderno, *Adab* se usa para referirse a la prosa y la poesía de alta calidad estética y didáctica. En un sentido espiritual y ético, *Adab* también se refiere a la disciplina del alma y el esfuerzo por cultivar cualidades internas y externas en armonía con los principios islámicos. Implica el conocer los propios límites humanos y comportarse de una manera que agrade a Dios. No se limita solo a las reglas formales de una situación. El *Adab* es una actitud general de respeto, virtud y cultura. Es indudable que la cultura del desierto de los árabes incorporó de buen grado el protocolo, el estilo de vida y la educación persas, que procedían de una civilización antiquísima y avanzada.

La población irania de la región histórica de Jorasán (Khorasan), hoy está dividida en tres provincias: Jorasán Razavíá cuya capital, Mashhad, es la segunda ciudad más importante después de Teherán, Jorasán del Norte y Jorasán del Sur. La contribución de sus habitantes fue crucial para la subida al poder de la dinastía Abasí en el siglo VIII. De hecho, la Revolución Abasí se gestó y encontró la base de apoyo en esta vasta región oriental del Califato Omeya gracias al deseo de independencia del Tahir gobernador del Jurasan, cuya dinastía (820-872) había sido fundada por Tahir ibn Husayn. Como consecuencia de esta dinámica, Bagdad, la nueva metrópoli del Islam, era una ciudad de estilo persa, con una planta circular – de c. 2,3 km de diámetro– semejante a la de los modelos del este de Irán. En consonancia con claros principios geométricos, el centro lo ocupaban los edificios majestuosos: la mezquita y el palacio del califa.

La historia del proceso del Renacimiento iraní está ligada a la dinastía Samaní. Se trataba de emires formalmente dependientes de los califas, pero en la práctica, autónomos. En el siglo X dominaban en Jurasán –pasillo que se abre entre el Caspio y el Mar de Aral– y se expandieron hacia el sur hasta las puertas de la misma Bagdad. Durante esta dinastía, las ciudades de Bujara y Samarcanda rivalizaban en esplendor con Bagdad. El Imperio samaní (siglos IX–X) gobernó en gran parte de Asia Central y el este de Irán. Este período corresponde al Renacimiento de Persia por el florecimiento de la cultura, la ciencia y la literatura persas.

La difusión del Islam aumentaba espontánea y naturalmente. Su aceptación fue un proceso que se desarrolló a lo largo de varios siglos tras la conquista árabe del Imperio Sasánida (siglo VII). La conversión de la gente no fue instantánea, sino que estuvo marcada por una interacción dinámica entre el poder iraní y los invasores árabes mientras el zoroastrismo se diluyó. La civilización islámica floreció en su totalidad gracias a los inestimables y valiosos aportes transmitidos desde Irán. Ya se han mencionado los múltiples ejemplos del arte sasánida en el arte y la arquitectura islámicas. Pero, mirando hacia el pasado, pruebas irrefutables atestiguan que el espíritu de la civilización irania –consustanciado con las que le fueron sucediendo: meda, aqueménida, parta, sasánida y musulmana–, se mantiene vivo con una continuidad de treinta siglos. No sucedió en Irán lo que sí sucedió en tantas otras regiones, en las cuales el Islam quebró la continuidad con las creencias autóctonas existentes.

En Irán la continuidad espiritual primitiva no sólo se ha mantenido sino que, al ser atravesada por el Islam, se ha consolidado. Irán es tal vez uno de los únicos países en el mundo en que se registra este fenómeno de persistencia y evolución de un pensamiento espiritual que se ennoblece hacia adentro y que enriquece a los que directa o indirectamente entran en contacto con él a través de los siglos. Recordemos cuanto ya hemos explicado sobre Ciro el Grande, rey de Persia, dueño y señor de Babilonia, cuyas palabras cita el Antiguo Testamento –Esdras 1:2-4–: "Así dice Ciro, rey de Persia: 'Jehová, el Dios de los cielos, me ha dado todos los reinos de la tierra; y él me ha encargado que le edifique casa en Jerusalén, que está en Judá. Quien de entre vosotros sea de todo su pueblo, sea su Dios con él, y suba a Jerusalén, que está en Judá, y edifique la casa de Jehová Dios de Israel (él es el Dios que está en Jerusalén). Y a todo aquel que haya quedado, en cualquier lugar donde more, ayúdenle los hombres de su lugar con plata y oro, y con bienes y con bestias, además de las ofrendas voluntarias para la casa de Dios que está en Jerusalén.'" Esta es, sin duda, la primera carta mundial de los derechos humanos. Ejemplo de inclusión y empatía.

Se podrían dar miles de ejemplos de anticipaciones iranias en el campo científico. Baste volver a mencionar a al-Khwarizmi, "padre del álgebra", en cuyo *Kitab al-*

jabr wa'lmuqabala, tal como se ha explicado en el Capítulo VI.6., se exponen los resultados de las investigaciones de eruditos musulmanes. A un ojo experto, su obra muestra también la influencia de los estudios precedentes, tales como la división del mundo habitado en siete zonas o valles, argumento que no aparece en Ptolomeo. La doctrina de los siete valles se remonta a autores griegos de tiempos tan remotos como los de Eratóstenes. Profundizando en la red de influencias, se observa que la teoría de la división del mundo habitado ya estaba presente en la astronomía persa-babilónica, teniendo en cuenta que tal noción era un eje en torno al cual giraban los estudios musulmanes de geografía.

Los musulmanes, antes de adherir a las concepciones griegas, analizaban aquellas que la ciencia de Oriente les ofrecía. Y justamente, la literatura pahlavi ya contenía en su cosmografía mítica la creencia de la división del mundo creado en siete valles. Relata la mitología zoroastriana la creación del mundo y su posterior división en siete "países" –*keshvars*–. Esta situación está íntimamente ligada a la acción de Tishtar, divinidad de la fertilidad y el agua: después de la creación inicial del mundo y de la degradación generada por Ahriman, Tishtar produjo un diluvio cómico purificador, tras el cual, se separaron la tierra de los mares y la tierra resultó dividida en siete sectores. Según el *Avesta*, los seres humanos habitan en la zona central y más grande, separada de las otras por agua, montañas o bosques. Es lícito afirmar que esta narración, generada por mentes iranias, es un perfecto ejemplo de proto-geografía. Hace referencia a las ideas, conocimientos y representaciones sobre el espacio y el mundo anteriores al desarrollo formal de la geografía como ciencia, constituyendo su raíz y antecedente.

La arquitectura islámica tuvo que recurrir a la fina técnica persa. Los conquistadores musulmanes no tenían la capacidad para ir más allá de los edificios con finalidades prácticas que sus albañiles levantaban. La milenaria conciencia estética de la civilización irania cambió radicalmente la concepción de la ornamentación y organización del espacio que luego se expandió por Occidente. Los musulmanes adaptaron numerosos elementos sasánidas preislámicos, la construcción de cuatro pórtico abiertos (*iwán*), la ubicación de bóvedas y la ornamentación en yeso de las fachadas de las mezquitas con el estilo tridimensional mocárabe. Uno de los elementos más distintivos de la arquitectura gótica europea es el arco apuntado. El arco apuntado fue fundamental para la distribución de cargas, permitiendo levantar edificios más altos, con muros más delgados y grandes ventanales. Si bien algunas otras culturas lo habían usado esporádicamente, los persas sasánidas lo emplearon de manera significativa en sus construcciones.

Los comienzos del arte islámico se remontan al tiempo en que gobernaban los llamados "Califas bien guiados", es decir, los cuatro primeros líderes que guiaron a la comunidad después de la muerte del Profeta entre los años 632 y 661 d. C. Posteriormente, se desarrolló durante el reinado de la dinastía omeya sobre todo en Siria, Palestina, Transjordania e Irak. Un gran número de mezquitas e incontables palacios y villas y sobre todo el singular monumento de la Cúpula de la Roca en Jerusalén son ejemplo del arte islámico de aquel momento.

Es fundamental recordar que la decoración persa preislámica era figurativa. Había alcanzado un alto nivel en el cuidado de detalles para la representación de la figura humana, en especial, la del rey y las divinidades, lo mismo que en el diseño de animales, tanto reales como míticos. La representación de seres vivientes era un componente central y dominante del arte persa, utilizado para propósitos políticos, religiosos y narrativos. Esta tradición figurativa estaba en contraste con el aniconismo islámico, que intentaba evitar la idolatría. Entonces, los arquitectos y decoradores iranios se adaptaron a lo que el Islam esperaba de ellos. Sin embargo, esta rama del arte persa continuaría en otros ámbitos, con una rica tradición figurativa, especialmente mediante imitaciones o creaciones en la miniatura y la ilustración de libros.

Un ejemplo más ligero es el del juego de ajedrez moderno que se practica en todos los países de Occidente. Es el descendiente directo del chaturanga, antiguo juego de estrategia hindú, adoptado por los persas. Los persas lo enseñaron a los musulmanes y ellos, lo introdujeron en Europa cristiana.

Por donde se quiera considerar, la milenaria cultura persa no desapareció en absoluto con la llegada del Islam. Haciendo propios los códigos islámicos, se fusionó con el Islam y adaptó la inconfundible impronta irania al nuevo mosaico sociocultural. Desde dentro del propio corazón del Islam, la civilización persa siguió irradiando con luz propia su excepcional impronta, crisol en que se funden lo singular con lo social, lo individual con lo universal, la cotidianidad con el plano trascendente. Los pueblos del mundo, todos quienes de un modo u otro entraron en contacto con el Cercano Oriente, incluso sin proponérselo, incluso sin saberlo, son representantes culturales (no lingüísticos) de Irán y portadores de su cultura.

Capítulo X. COSMOVISIÓN MÍSTICA DE IRÁN

1. La literatura mística en Irán

El término griego μυστικός –secreto/arcano– proviene del protoindoeuropeo *mewH –cerrar–. Se refiere a la idea de "cerrar los ojos/la boca" y, por extensión, mantener algo en secreto. La "mística" estaba reservada a un grupo especial de gente que se cerraba a los estímulos sensoriales para vivir experiencias espirituales trascendentales.

El erudito profesor de cultura persa, Abdolhossein Zarrinkub (1923-1999) subraya la profunda humanidad de la literatura mística que la antigua cultura irania irradió por el mundo. Ninguna de sus expresiones es tan humana como su literatura mística. La mística irania puede considerarse tanto desde un punto vista cultural como social. Por un lado, el enfoque cultural asocia la mística con un tipo de espiritualidad; por otro, el enfoque social en el mundo islámico identifica a "místicos" con "sufíes".

El concepto de "mística" tiene un carácter dialéctico, pues implica tanto la quietud de la contemplación en la concentración más profunda, como el movimiento hacia una meta. El misticismo cabal es acción. Por lo tanto es lícito asociar la idea de misticismo a compromiso y a lucha, si la mirada mística, mirada contemplativa, tiene por objeto la realidad. Se trata de una mística operante y compartida por espíritus profundamente enlazados y, a veces, íntimamente unificados.

La mística ocupa un espacio ecuménico importante, traspasa las barreras teológicas de las religiones entre quienes desean vivenciar esa experiencia, tal es el caso de monjes budistas tibetanos que recitan a San Juan de la Cruz o a Santa Teresa de Ávila y el de los cristianos que se reconocen en las palabras de los sufíes musulmanes.

Desde el enfoque científico cultural la vivencia mística tiene dos dimensiones. Una es la práctica, que explica y define las relaciones y deberes del hombre consigo mismo, con el mundo y con Dios. Los místicos la llaman "el camino y el comportamiento" que se transita para alcanzar la cima más alta de la humanidad –el monoteísmo (sinónimo de *tawhid*)–. Hay que recorrerlo en etapas, en compañía de un guía, el cual ya lo hecho con éxito. Durante este camino el místico alcanzará al convencimiento de que el monoteísmo, es decir, el "Ser verdadero", es monopolio de Dios. Dios es la "existencia", todo el resto es "apariencia". La otra dimensión es la teórica, la que define la existencia; la existencia de Dios, del mundo y del hombre. En su dimensión teórica, la mística es filosofía. Y no sólo filosofía. Pues mientras la filosofía se limita al plano racional, la mística entiende la existencia mediante la revelación. Mientras que el filósofo, usando la razón, llega a pensar sobre el Creador y a percibir sus atributos, el místico, yendo mucho más allá, abre su corazón a la revelación y percibe la esencia divina. El monoteísmo místico resignifica la unicidad de la existencia al sostener que, excepto Dios y sus dignidades, nombres, atributos y manifestaciones, no existe nada más.

El camino y el comportamiento místico difieren del ascetismo islámico. "El camino y el comportamiento" implica el amor de Dios, la anulación del místico fundido en la esencia de Dios que se manifiesta en su corazón místico. El amor divino, infinito, alcanza a cada partícula de cada una de las partículas del mundo; en él ha de fundirse el místico Esto no tiene que ver con el ascetismo islámico. E1861l ascetismo es instrumento y herramienta para la purificación, en cambio, el misticismo en una trayectoria, un objetivo que se aspira cumplir. El camino místico tampoco es la Ley islámica, ya que en el camino surgen problemas que la jurisprudencia desconoce.

La literatura mística –rama de la cultura islámica–, se ha desarrollado sin interrupción. Nace del deseo de registrar experiencias espirituales profundas. No sufre los cambios de otros estilos, cuyos vínculos con la literatura mundial responde, en especial modo, a intereses históricos o humanos. La epopeya nacional, la poesía lírica, el cuento, la historiografía, etc. cambian, se alteran. Todas ellas han entrado en contacto con la literatura mística de Irán. La mística ha purificado de toda inhumanidad asuntos sobre condiciones raciales, ambientales y de opresión social, ha revisado lo inauténtico, imitativo o inmoral con el objetivo de elevar el nivel de ideales, el horizonte de visión y el conocimiento humano.

Por vez primera en la historia, la literatura mística de Irán –inspirada en el Corán– les presta atención y da la palabra a las clases oprimidas. Las obras de poetas y escritores sufíes hablan acerca de los pobres y marginados evidenciando la injusticia social. Durante la Edad Media, cuando el mundo padecía revueltas, hambrunas, las Cruzadas y las invasiones mongoles, el mensaje humano contenido en la literatura mística irania ofreció nuevas esperanzas a los corazones doloridos de los hombres. La cosmología mística –que no es filosófica ni racional– se apoya en la noción de la unicidad en la multiplicidad; marca la armonía entre todas las criaturas existentes. Es la base y el ideal artístico del sufismo y concede a la literatura mística de Irán la dimensión universal y, aun, cósmica. El místico concentra su visión en la unicidad de la que es testigo; no presta atención a la multiplicidad mundana. Quien vivencia la unicidad, experimenta la contemplación de la luz de la existencia. Lo primero que ve el místico, cuando posa sus ojos en cualquier criatura, es a Dios. Nicolás Malebranche (1638-1715) –filósofo y teólogo cristiano francés de inclinación mística– explica la contemplación directa de Dios: primero, el intelecto percibe a Dios; posteriormente ve el mundo de los cuerpos sólidos a través de la contemplación del justo (en realidad, indirectamente). Como los sufíes musulmanes, considera que Dios es la verdadera causa de los estados del mundo; los medios y motivos son meras causas ocasionales. Estas ideas estaban presentes en los antiguos predicadores del Islam. Lo que el filósofo alcanza con la razón, el místico lo descubre con su propia experiencia cuando se sumerge en la Justicia espiritual suprema, hasta el punto de que percibe a las personas que se arrogan poder y comando terreno como ilusiones vacías de realidad. Cuando se ha percibido la Unicidad, según el místico, se aplanan o disuelven las otras elevaciones: tanto el último de los pobladores como el rey tienen la misma entidad y prestarles atención en igual medida a ambos, vehiculiza la unión con lo Justo.

El místico constata que la diferencia entre las religiones es sólo aparente y que se apoya en la retórica. Si todas buscan a Dios y su unicidad, aunque por diferentes caminos, entonces, ¿por qué los creyentes de unas llaman apóstatas a los de las otras? Una postura de tal envergadura demuestra que el universo del pensamiento sufista es pura espiritualidad e inteligencia. Todo lo creado glorifica a Dios, las piedras, los seres inanimados y los animados, recibieron de Él por igual la vida en este mundo. La idea se conecta con la antiquísima espiritualidad indo-irania y es común a las religiones cósmicas no abrahámicas. Mucho después, aparecerá expresada con claridad en el sagrado Corán e inspirará al místico en su vida cotidiana: "Glorifica a Dios lo que hay en los cielos y la Tierra y Él es el Todopoderoso, el Sabio"[208]. Los filósofos europeos –como G. T. Fechner (1801-1887), R. H. Lotze (1817-1881), F. Paulsen (1846-1908), A. N. Whitehead (1861-1941)–, que se propusieron ir más allá del dualismo cartesiano y representantes del panpsiquismo, a veces trabajando desde el idealismo, a veces explorando los puntos comunes entre lo material y lo psíquico, también adhieren a esta idea. Fechner atribuye vida a las piedras y las plantas y habla del espíritu de las estrellas y de la Tierra. Para Lotze, el mundo de los sentidos es el velo sobre el territorio interminable de la vida. Para Paulsen es probable que las criaturas vivientes inferiores también gocen de percepción e inteligencia. El místico percibe la común-unión entre el ser humano y todas las otras criaturas. Llama al amor y la fraternidad con todo el mundo y lo invita a la paz y a la sinceridad.

La tendencia interpretativa del sufismo abarca incluso las historias del sagrado Corán. La atención del sufismo a la alegoría y la interpretación hace que la literatura mística de Irán sea extraordinariamente filosófica y humana. Incluso la poesía amatoria del sufismo está basada en alegorías y metonimias; supera el amor corporal y apunta al amor trascendente, a la vuelta del hombre a Dios.

---

[208] González Bórnez, Raúl, *El Corán*, Centro de traducciones del Sagrado Corán, Qum, Islamic Republic of Iran, 2011, p. 538, aleya 1 del sura 57.

La mística es crítica y rebeldía frente a los formalismos religiosos e intelectuales. El sufí considera un deber cumplir con la Ley islámica; entiende que al hacerlo, se acerca al objetivo de satisfacer al Justo y alcanzar la unión con Él –no como los ascetas y devotos oficiales, cuyo objetivo es entrar al Paraíso–. El sufismo rechaza las imitaciones intelectuales, considera que el conocimiento racional es incompleto pues se ocupa de la apariencia y no de la Esencia. El camino hacia el conocimiento se recorre mediante la purificación interior para llegar al Justo. Para ello, es indispensable vaciar el corazón de las ataduras mundanas e, incluso, liberarse de los postulados de ciencias y leyes. Como consecuencia, la poesía sufí expresa un pensamiento libertario, rebelde e innovador. Debido a su carácter, la literatura mística de Irán aparece, se conforma y encuentra admiradores, seguidores e imitadores mucho más allá del ambiente del sufismo y de las cofradías sufíes.

La literatura mística irania no se limita a las emociones y el entusiasmo de la seductora poesía amatoria. Emprende, también, la tarea de la predicación y la investigación penetra en la variación y en el símbolo. Tiene la capacidad de manifestarse en todas las ramas literarias: la poesía amatoria, encomiástica, épica, moral, de comportamiento y de evocación. Además, los autores y artífices de su evolución no dependen de la aparición u ocaso de Estados y dinastías (como sí, la literatura oficial). La evolución se mueve en torno de la aparición y el ocaso de los estados espirituales, de los corazones. El corazón es el espejo del mundo, refleja la imagen de toda la humanidad. Cualquier corazón, a través de él, puede reconocer su verdadero rostro.

En el panorama internacional del medioevo oriental tuvo lugar una de las catástrofes más terribles, con el asedio y la caída de Bagdad en manos de las hordas mongolas (enero-febrero de 1258). Tras la victoria final, los invasores bajo las órdenes de Hülagü Khan –nieto de Gengis Khan– hicieron el saqueo y la carnicería considerados entre los más demoledores en la historia del Islam. Esto marcó el fin del Califato Abasí, la "Edad de Oro" del mundo islámico. Afortunadamente para la humanidad toda,–como fue explicado detalladamente en el Capítulo VI– los pensadores, intelectuales y científicos ya estaban propagando por Occidente la filosofía y el invalorable bagaje de conocimientos que fertilizaron la tierra para el futuro Renacimiento, el descubrimiento del nuevo continente y la Reforma.

Contra todas las previsiones, la ruinosa devastación de 1258 no fue un final, sino el comienzo de algo nuevo: el islamismo se regeneró desde sus cenizas. Las hordas mongolas ocuparon el imperio y los descendientes directos de Hülagü Khan, los ilkanes recibieron el encargo de gobernar Persia. Los invasores, como es natural, se fueron integrando a las comunidades y, en muchos casos, incluso, cambiando sus nombres por nombres musulmanes o abrazando la fe islámica. Pero, ni siquiera había pasado una década desde su designación cuando, en 1295, el gobernador de Persia y Mesopotamia, el conquistador mongol Ghazan Khan, se convirtió al Islam y adoptó su cultura. Desde su corte, irradió la "persianización" de los otros territorios conquistados, acelerando la consolidación de una nueva realidad. Ghazan Khan se convirtió al Islam bajo la guía de un jeque sufí llamado Sadr al-Din Ibrahim Hamuwayi, según consta en la monumental obra del visir e historiador Rashid al-Din Hamadani (1247-

1318). El hermano y sucesor de Ghazan Khan, Öljaitü – budista y ulteriormente, cristiano– cambió su nombre por Muhammad Khudabanda y también se convirtió al Islam.

En el siglo XVI la dinastía Safávida – que en sus orígenes era sufí– declara religión oficial de Irán el chiismo duodecimano, para reforzar la nueva identidad del Estado. Para certificar su poder, los safávidas confirieron protagonismo a los ulemas chiíes en la estructura político-religiosa. Los ulemas desacreditaron las prácticas introspectivas purificadoras del misticismo iranio porque ellos aplican la razón y el estudio para producir la jurisprudencia, de allí que se los califique como pertenecientes al "Islam legalista".

2. La integración espiritual en la Unidad suprema. Mística, Erfan y Sufismo.

"*Erfan*" es una dimensión teórica y filosófica, se utiliza para referirse al concepto de conocimiento espiritual –la *gnosis*– en el Islam, cuya finalidad es lograr la comprensión profunda e intuitiva de Dios. ¿Cómo se alcanza este conocimiento? Se alcanza mediante la comprensión que llega a través de la purificación del alma y la contemplación. El *erfan* no es el conocimiento intelectual, al que nos ha habituado la limitante idea de inteligencia tan difundida en Occidente. Tal proceso de conocimiento *erfan*– implica diversas prácticas: el ascetismo, el seguir la guía de un iniciado, la contemplación, la repetición de los nombres de Dios para traer al foco de la mente el recuerdo de su esencia, la obediencia de la ley islámica, el reunirse con los otros seres que también buscan el conocimiento, el ponerse al servicio de los necesitados, etc. El *erfan* no hace listas de informaciones ni memoriza datos, no conecta resultados ni hace experimentos. Es conocimiento absolutamente intuitivo, directo y efectivo –que trasciende los datos que se pueden percibir con los sentidos– para lograr la comprensión interna de la realidad de Dios, las criaturas y el universo.

Si bien la noción de *erfan* se relaciona con la de "sufismo", no son lo mismo y no son intercambiables. Comparten, sí, la característica de que ambas nociones participan de la dimensión espiritual, mística, del Islam. Tanto en la rama sunita como en la chiita se habla de sufismo para referirse al camino de la búsqueda. La noción de sufismo pone el acento en el tipo de prácticas rituales, acciones y órdenes espirituales (*tariqas*) que guían al buscador en "el camino y el comportamiento"

Todo sufismo es una forma de mística, pero no toda mística es sufismo. Baste recordar a Sta. Teresa de Ávila y San Juan de la Cruz (cristianismo), a Milarepa y Bodhidharma (budismo tibetano), a Isaac Luria y Baal Shem Tov (judaísmo), para no ir más lejos en el elenco de los místicos más conocidos.

El sufismo es el medio de transporte, el vehículo, un método eficaz para llegar a la mística/espiritualidad inefable islámica, y el *erfan* es el conocimiento que se logra alcanzar. El sufí busca el *erfan*; el *erfan* se alcanza, la mayoría de las veces, gracias a las prácticas sufíes. Personalidades representativas del chiismo, especialmente en Irán, como el ya mencionado Imam Jomeini (que Dios lo bendiga) poseen el conocimiento divino y la cercanía a Dios en el ámbito del *erfan*.

La dimensión universal de la mística sufista conlleva la visión ecuménica que es indispensable para el acercamiento y la transformación del mundo. La mística y la idea de transformación de este mundo están indisolublemente conectadas cuando ambas confluyen en el mismo objetivo. Nizami Ganyawi (1141-1209), sabio y poeta místico persa, en su famosa epopeya **Layli y Majnun** expresa la participación en una sola alma de los cuerpos que se perciben como elementos retirados:

گر چه تن دوریم، جانِ من نزد توست
هیچ دمی نه جداست از هست توست

دانم غم تو، چه سود این را که من
اینجا نشستم و تو رنج می‌کشی؟

"Aunque nuestros cuerpos estén separados, mi alma está contigo, ni por un instante se aparta de tu ser.

Conozco tu dolor, ¿de qué sirve que yo esté aquí sentado mientras tú sufres? ¿Acaso no te consuela mi presencia?"

Desde esta óptica, resulta que la felicidad y la prosperidad del ser humano están conectadas con la dimensión humana esotérica y no dependen de la cantidad de bienes y propiedades que se llegue a poseer. La verdadera felicidad se obtiene como consecuencia de la íntima satisfacción del alma.

A lo largo de la historia del Islam, los piadosos místicos de origen iraní han sido pioneros en la conformación del sufismo y sus respectivas escuelas –hermandades u órdenes–. El más antiguo de ellos, de familia irania, Hasan al-Basri (642-728), nació en Basora (Irak). En aquel entonces era una ciudad cosmopolita gracias al importantísimo puerto en torno al cual giraba la actividad comercial, por eso se suele decir que Basora es la cuna de la mística islámica. Aunque no era de ninguna manera un místico anhelante de la unión con Dios, todos los sufíes lo respetan pues predicaba el concepto coránico del temor de Dios (*taqwa*) y del ideal de la renuncia al mundo (*zuhd*).

El teólogo, filósofo y místico más significativo del mundo islámico sunní nació en Tus, al noreste del actual Irán. Se llamaba Imam Mohammad al-Gazzali (1058-1111); la Europa medieval lo conoció como Algazel. El pensamiento de al-Gazzali sigue vigente aún hoy entre los creyentes musulmanes. Logró conciliar por primera vez, en una síntesis teológica magistral, el Islam legalista –personificado en los ulemas– y el Islam místico de los sufíes en la época neoclásica. Con respecto al Islam, Al-Gazzali –como para el cristianismo, Santo Tomás de Aquino (1225-1274)– se cuenta entre los *doctores communes* (doctores universales) según la historia del derecho y la filosofía medieval y renacentista. Ambos trazaron un antes y un después, como teólogos paradigmáticos.

3. El sufismo y el chiismo

El chiismo y el sufismo coinciden en la creencia en el Profeta y su descendencia, a quienes ambos consideran como guías de la espiritualidad musulmana y principal fuente de sabiduría. También coinciden en la noción de la unicidad de la existencia (*wahdat voyud*) predicado por Ibn Arabí, cuyo aporte al pensamiento islámico explica ampliamente el Capítulo VI. 5. El pensamiento sufí de la unicidad de la existencia causó una revolución en el ámbito filosófico y luego se ha extendido en toda la sociedad islámica, proponiendo un nuevo horizonte de influencia y poder a sus seguidores en la convicción de que "(…) las teologías, los dogmas, las ideologías y cosmologías... más bien dividen, mientras que la mística une, porque intenta, acepta y experimenta la unión con Dios, de ese Dios que, sea cual sea el nombre que le otorguemos, es el Dios Único, mediante el camino interior; y ahí concuerdan todas las religiones"[209]

El aspecto místico del chiismo se evidencia en todas las oraciones de los Imames, colmadas de espiritualidad y de súplicas dirigidas a Dios. Es exactamente lo mismo que aparece en los libros de oración de sufíes, llenos de glorificación a Dios y a su mensajero Mohammad (la paz sea con él y con sus descendientes).

La milenaria civilización de Irán contaba, desde ya, con fuentes místicas desde tiempos inmemoriales. El misticismo puro del Irán sasánida fue enriquecido con el concepto del *fana'* (anulación mística), expuesto en detalle por el sufí persa Bayazid Bastami, nieto de un mago zoroastra. Bastami (siglo II de la Hégira) y una de las figuras más descollantes del misticismo islámico de todos los tiempos. El proceso de autoanulación místico del sufismo es semejante al del budismo (nirvana). Se trata de realizar un desapego radical del yo ilusorio y de los deseos mundanos como vía hacia un estado de liberación y paz profunda. No obstante la semejanza del proceso en ambas prácticas místicas, las cosmovisiones subyacentes y el objetivo de la autoanulación son muy diferentes. El sufismo pertenece a la tradición teísta y el fin último es

---

[209] Arana, María José, "La mística y el trabajo del corazón para revitalizar el mundo", Desclée, Bilbao, 1999, p. 8, en *Mujeres, diálogo y religiones*, op. cit.

la disolución del ego en la conciencia de Dios para perpetuarse en la "subsistencia en Dios" (*baqa'*). En cambio, el budismo pertenece a la tradición no-teísta, entonces, la disolución de la ilusión del "yo" no implica la unión con una deidad o una realidad trascendente.

La anteriormente mencionada costumbre de los iraníes de jurar por la luz se remonta a la espiritualidad atávica de la sacralidad del fuego. Como ya ha sido indicado, la asociación fuego/luz/divinidad estaba presente en el mazdeísmo, el zoroastrismo y el maniqueísmo. Recordemos que en la Biblia, Dios se le manifiesta a Moisés en la forma de una zarza ardiente (Éxodo 3:1-15). Esta asociación fuego/divinidad, eminentemente persa y mesopotámica, fue adoptada por la mística islámica. Así se deduce de la grandiosa obra místico-filosófica de Shahab ad-Din Sohrawardi (siglo XII), *Hikmat al-Ishraq* (Teosofía de la luz).

Sohrawardi fundó la escuela teosófica de *Ishraq* (Luz) y *Hayakil an-nur* (Los altares de la luz). En Sohrawardi. se combina la influencia de Avicena, el helenismo y el pensamiento iraní y de Oriente antiguos. Fue ejecutado por herejía en España (siglo XVI) y sus seguidores, llamados "*ishraqiyun*" –literalmente "iluminados" o "alumbrados"–, fueron perseguidos. Ejecutado a la edad de 36 años, dejó escritas más de 40 obras, la principal de las cuales, *Hikmat al-Ishraq,* se considera como testimonio de sabiduría de la antigua Persia renacida. *Ishraq,* que significa "esplendor aureolar", remite al "resplandor primordial". Es la fuente, la "Luz de gloria" que en el Avesta se llama *Xvarna* y tiene relevancia primordial en la cosmología y antropología del mazdeísmo.

La lucha contra las fuerzas del mal es uno de los pilares del sufismo en el Islam y tiene dos categorías. Por un lado, la lucha contra las propias pasiones y debilidades constituye el gran *Yihad* –combate mayor– más difícil y duro que cualquier combate físico. Por otro, la pequeña *Yihad*, guerra contra un enemigo exterior. El chiismo como, de forma más acentuada, el sufismo, integran la gran y pequeña *Yihad* en sus prácticas. El misticismo persa antiguo, con sus constituyentes de dualidad, purificación, búsqueda de conocimiento y simbolismo, funcionó como rico telón de fondo cultural y filosófico para el desarrollo de estas nociones de *Yihad*, especialmente en el sufismo, enriqueciendo su dimensión espiritual y esotérica.

A lo largo de la historia, chiismo y sufismo se acercaban o distanciaban según las clases dirigentes de turno y de los jurisconsultos de la ley que en aquellos momentos actuaban. Se unieron para hacer frente común cuando el político y erudito de la ley, el suní Ibn Taymiyyah (1263-1328), se batió por la vuelta a una interpretación literal del Corán y se declaró enemigo de sufíes y chiitas, cuyas prácticas se ajustaban a la evolución histórica. Mohammad Ibn Makki Yazini Ameli –el primer mártir– es uno de los cinco jurisprudentes de la ley religiosa (*foquha*) más destacados en la zona chiita de Yabal Amel (sur del Líbano). Explica que "la primera condición del (verdadero sufí) para cumplir los objetivos correspondientes del conocimiento y la sabiduría, es poseer la virtud de la pobreza y la justicia y lo más importante es no desviarse del verdadero chiismo"[210]. Desde esta perspectiva, debido a

---

[210] Al-shibi, Kamel Mostafa, "El chiismo en Siria y en Egipto", cap. IV de *El chiísmo y el sufismo hasta el siglo XII de Hégira (Tashayo*

que el misticismo es inherente a la esencia chií, se podría deducir que el sufismo, como manifestación autónoma, es un fenómeno esencialmente sunní.

En el chiismo, la mística ya está muy bien desarrollado gracias a la imamología y a la teología de la "amistad divina" (*valayat*). Los chiíes no carecen de la dirección carismática espiritual ni de la especulación teosófica que los sunníes buscan encontrar en el sufismo. La mística chií se basa en la doctrina de la Ocultación y en la esperanza en la pronta aparición y manifestación del duodécimo Imam, Mahdí, "el que está guiado". Esta esperanza alienta en cada momento a la comunidad chií para que no renuncie jamás a la reivindicación política ni a la mística. La esperanza alienta a los creyentes para que juzguen a los gobernantes a partir de sus actos, los cuales deben corresponderse necesariamente con el principio islámico de la justicia. La esperanza mantiene atentos los espíritus en la reforma continua de los estados, con la finalidad de que se acerquen al utópico reino de justicia que establecerá, cuando aparezca, el duodécimo Imam.

El acercamiento y la posterior unión del sufismo sunní con el sufismo chií se produjo mediante un largo proceso. Ciertas congregaciones sufíes –siempre vinculadas al sunnismo– en la región de Anatolia e Irán, desarrollaron hasta el S. XV el culto a Alí, que es el primer Imam para los chiitas, y a los once Imames que le sucedieron. Esta situación generó un notable acercamiento hacia los chiitas. Incluso hubo órdenes sufíes sunnitas, como la orden *kobraviya* –fundada en Anatolia en el siglo XIII por Najm

va Tasawof ta garne bistome heyri), Ediciones Amir Kabir, Teherán, 2001, pp. 148 – 149.

al-Dīn Kubrā, predicador del amor como camino para alcanzar a Dios– que se pasaron al chiismo.

4. La mística iranio-islámica y su influencia en el misticismo hispánico

El misticismo es una parte constitutiva de todas las religiones, especialmente de las monoteístas. La península ibérica fue cuna de una rica tradición mística, en especial, durante el Siglo de Oro español, cuyos autores más representativos dejaron testimonio de exquisitas visiones y vivencias espirituales. El pensamiento de grandes filósofos místicos islámicos iraníes y no iraníes –Avicena, Ibn Árabe, Mowlawi (al Rumi), Sohrawardi, Hafez– entraron a Occidente a través del estado islámico de la península ibérica. Los movimientos reformistas espirituales cristianos, las carmelitas y los alumbrados, se desarrollan como una línea natural a partir del misticismo islámico.

Los místicos más conocidos en España son, sin duda, Sta. Teresa de Ávila y San Juan de la Cruz. Sin embargo, la mística española del Siglo de Oro es más rica y diversa y, dentro de ella, existieron diversas corrientes.

Un precursor del misticismo fue el asceta dominico **Fray Luis de Granada** (1504-1588). En *Guía de pecadores* y *De la oración y consideración* propuso las experiencias místicas de la meditación y la piedad como guías del alma hacia la unión con Dios. La obra *Audi Filia* del Doctor de la Iglesia **San Juan de Ávila** (1499/1500-1569), predicador y asceta, así como el *Tercer Abecedario Espiritual* del franciscano **Fray Francisco de Osuna** (c. 1492-1540) marcaron la renovación espiritual de su época y, en especial, influyeron en Sta. Teresa de Ávila.

Otro franciscano, **San Pedro de Alcántara** (1499-1562), reformador y director espiritual de Sta. Teresa de Ávila, escribió *Tratado de la oración y meditación*, promoviendo una intensa vida interior y un camino de renuncia y mortificación para alcanzar la unión divina.

Fray Luis de León (1527-1591) de la orden agustiniana, fue el famoso poeta, humanista y teólogo, cuyo *De los nombres de Cristo* es una obra maestra de la prosa ascética y mística. Su obra lírica y su prosa reflejan el profundo anhelo de la unión con Dios y la búsqueda de la paz interior a través de la contemplación de la naturaleza y la fe en el Supremo. En una prosa ascética y mística de gran belleza literaria, *La conversión de la Magdalena*, **Pedro Malón de Chaide** (c. 1540-1589), otro agustino, describió las etapas del camino espiritual. **Miguel de Molinos** (1628-1696), autor de la *Guía Espiritual*, fue el principal exponente del Quietismo, movimiento que defendía la inacción del alma y el abandono pasivo a Dios; a pesar de que padeció personalmente la condena de la Inquisición, sus ideas ejercieron gran influencia y tuvo muchos seguidores.

Sor María de Jesús de Ágreda (1602-1665), perteneciente a la orden de las franciscanas concepcionistas y consultora espiritual del rey Felipe IV, basándose en sus propias experiencias, escribió una biografía de la Virgen María, *Mística Ciudad de Dios*. La **Venerable Ana de Jesús** (1545-1621), monja carmelita descalza que trabajó con Sta. Teresa en la expansión de la reforma carmelita en Francia y Bélgica, dejó notables reflexiones escritas de valor místico. Otro franciscano, **Diego de Estella** (c. 1524-1578) escribió dos obras de ascesis y contemplación interior, *Libro de la vanidad del mundo*" y "*Meditaciones devotísimas del Amor de Dios*.

¡Pero, no sólo místicos españoles nos ha regalado la tierra ibérica!, ya que Portugal también ha colaborado con lo propio. Uno de los precursores de la tradición mística portuguesa fue el ermitaño **Amador de Portugal** (siglo XV), de la región de Arrábida, al sur de Lisboa. A él se le atribuyen numerosas experiencias místicas y una vida de profunda contemplación. En efecto, la mística portuguesa es internacionalmente menos conocida que la española, sin embargo, produjo figuras de gran relevancia, como por ejemplo, **Fray Tomé de Jesús** (1529-1582), el monje agustino, autor de *Trabalhos de Jesus* (Los trabajos de Jesús). Se trata de una obra sobre la vida de Cristo, de profunda piedad y ascetismo, que escribió durante su cautiverio en Marruecos. Medita sobre el sufrimiento como camino de unión con Dios.

Sor Mariana Alcoforado (1640-1723), si bien es mejor conocida por sus *Cartas Portuguesas*, de carácter amoroso y pasional, su vida como monja en el convento de Beja refleja la actividad de honda contemplación interior, aunque no haya sistematizado una mística doctrinal: el ardor de su expresión produjo exégesis sobre la conexión entre el amor humano y el divino en su contexto.

La mística ibérica testimonia la emoción de la experiencia personal de Dios, la importancia de la oración mental y contemplativa y la búsqueda de una unión transformadora con lo divino, a menudo expresada en prosa o poesía de extraordinaria belleza. A veces, los estudiosos cuestionan la "autonomía" de la mística peninsular debido a que, en todos los planos de la cultura, la península ibérica ha incorporado a lo largo de la historia innumerables ingredientes semíticos. No sería esta la excepción. La península ibérica en general y España en especial ha sido el escenario de encuentro de culturas entre Occidente y Oriente –islámica, cristiana y judía–, conexión sofocada por la Inquisición y la expulsión física de los judíos y musulmanes.

Las Cruzadas no lograron el objetivo principal de mantener la Tierra Santa bajo control cristiano permanente, pero no pueden ser consideradas un fracaso absoluto para Occidente pues tuvieron consecuencias incluso positivas desde la perspectiva europea. Ciertamente, Europa intensificó sus contactos intelectuales con el Islam mediante el emirato nazarí de Granada. Los intelectuales europeos se han acercado al movimiento místico del Islam deseando comprender su origen. Al respecto es lícito afirmar que el sagrado *Corán* y las exégesis coránicas son la semilla del movimiento místico sufí, el cual recibe y adapta elementos secundarios de otros movimientos místicos –persa, zoroastriano, hindú, etc.,– que confluyen en una novedosa experiencia mística en la visión del *Corán*.

Además de esta nueva exégesis del sagrado *Corán*, el misticismo islámico se alimenta con la guía de los califas espiritualmente legítimos y con la "puerta de la Iniciación": el Profeta del Islam, su hija Fátima (la paz sea con ella) –llamada *Dhat al Ahzan* (Dama del Dolor) o *Batul* (virgen)–, los doce Imames Inmaculados, desde Alí (la paz sea con él) hasta Mahdí (la paz sea con él). El misticismo islámico, en especial el chiismo, da gran importancia al Imam Alí: es *Sha'sha'ani* –luz excelsa de Dios–. Entonces, los *tariqas*, caminos sufís, se enlazan espiritualmente con el Imam Alí (la paz sea con él).

La comunicación de la misteriosa experiencia espiritual recurre a instrumentos expresivos que exceden el lenguaje poético convencional. El místico entra en contacto con el infinito y, para compartir su vivencia, recurre a estrategias que le permitan poner en palabras aquella dimensión ilimitada. Es por eso por lo que la composición mística abunda en símbolos y metáforas. La lengua árabe posee la notable característica de generar una extensa red de referencias semánticas a partir de una sola raíz, lo que le otorga gran flexibilidad a la expresión y una considerable capacidad alusiva. Incluso los místicos persas recurren al árabe para transmitir sus sentimientos. Así, **San Juan de la Cruz**, para resolver el eterno problema de un lenguaje que se demuestra insuficiente para devanar la mística, hace suya la solución poética musulmana: obliga a sus palabras a dispararse hacia la plurivalencia y a una distorsión caleidoscópica muy poco occidentales. Lo mismo sucede con la escritura de Sta. Teresa de Jesús y otros ya mencionados.

El legado neoplatónico, a la base del sufismo, llegó al cristianismo de la mano de la cultura musulmana. Para probar esta idea de modo irrebatible, no conviene leer hasta el cansancio a los eruditos que así lo señalan. La mejor prueba la ofrece la *reductio ad absurdum*: no existen evidencias históricas contundentes que demuestren que las zonas que no recibieron contribución cultural musulmana directa, sin intermediarios, en otras palabras, el misticismo protestante –ni en las temáticas, ni en los recursos lingüísticos, ni en la expresión del ascetismo o el trance de conexión con el absoluto– hayan sido influenciadas por el misticismo musulmán (sufismo).

San Juan de la Cruz tuvo una personalidad polifacética y variados intereses. Fue poeta, místico, artista, asceta, teólogo, maestro espiritual, escritor. Pocos saben que se le atribuye un famoso y emblemático dibujo conocido como *Cristo de San Juan de la Cruz*. Es un dibujo muy pequeño hecho con tinta sobre papel. Representa a Cristo en la cruz visto desde una perspectiva cenital (desde arriba). Se dice que lo dibujó luego de una visión mística. Lo relevante es que no es una obra artística en el sentido profesional, sino un testimonio visual de su experiencia mística. Salvador Dalí, el artista surrealista, se inspiró directamente en el dibujo de San Juan de la Cruz para pintar en 1951 su famoso cuadro del mismo nombre.

Su pensamiento es inductivo, aunque pueda parecer lo contrario. Experimenta su vida en términos de gracia y pecado, de éxito y fracaso. Sobre esta base construye su sistema doctrinal implícito tras la expresión poética de la soledad, la plegaria, sus viajes, su vida fraterna y comunitaria. La simbología literaria de la mística iraní, con la que San Juan de la Cruz entró en contacto a través de los movimientos sufíes de la península ibérica y del norte de África, está presente en su literatura. Las tablas comparativas entre los textos de San Juan y los místicos islámicos incluyen los temas del vino o la **embriaguez mística**, embriaguez extática, la noche oscura del alma, noche de los sentidos, noche espiritual[211]. El arabista Miguel Asín palacios asoció la **noche oscura** del alma sanjuanista a la de Ibn-'Abbad de Ronda y Abu-l-Hasan al-Shadili[212]. El

---

[211] López-Baralt, Luce, "Simbología mística 'secreta' musulmana en San Juan de la Cruz", cap. VI, de *San Juan de la Cruz y el Islam*, Hiperión, Madrid, 1990, p. 237.

[212] En su ensayo *Un precursor hispano-musulmán de San Juan de la Cruz* y en su libro póstumo *Shadilies y alumbrados*.

de la noche oscura es un símbolo recurrente en los poetas místicos persas; Hafez, Sa'di y Shabastari, describen como la eterna noche oscura se transforma en noche mística "luminosa", cuyo eco resuena en la noche de San Juan, "más clara que la luz del mediodía". En la lista de paralelismos aparece la **llama** de amor viva y las lámparas de fuego de los místicos persas. Sin duda, la luz es un símbolo en todas las religiones. En el misticismo islámico, el símil de la iluminación –en que se fusionan ideas antiquísimas de Persia, de los zoroastristas y neoplatónicas– está presente desde muy temprano. El sagrado Corán dice: "Dios es la luz de los cielos y de la tierra. Su luz es comparable a una hornacina en la que hay un pábilo encendido. El pábilo está en un recipiente de vidrio, que es como si fuera una estrella fulgurante. Se enciende de un árbol bendito, un olivo, que no es del Oriente ni del Occidente, y cuyo aceite alumbra aun sin haber sido tocado por el fuego. ¡Luz sobre Luz! Dios dirige a Su Luz a quién Él quiere. Dios propone parábolas a los hombres. Dios es omnisciente"[213].

El maestro de la filosofía de la iluminación (*sheyj olishraq*) del Islam, nacido en Sohraward en el noroeste de Irán y ejecutado en Alepo (Siria) por herejía, es Shohabed-din Suhrawardi (1155-1191). Recibió la influencia de Avicena (980-1037), el helenismo y de otros elementos iraníes y orientales antiguos. La luz es una de las etapas místicas o estados extáticos para llegar a unirse con Dios. Ibn Árabe enseña que el corazón es la habitación de Dios y el gnóstico debe "alumbrarlo con las lámparas de las virtudes celestiales y divinas hasta que su luz penetre en

---

[213] Cortés, Julio, *El Corán*, Herder, Barcelona, 1999, p. 463, aleya 35, sura XXIV.

todos sus rincones[214]. Es curioso que hoy los iraníes juren por la luz, pues es un elemento sagrado. Según la mística islámica, Dios ha encendido una lámpara de luz en el corazón del creyente y lo ilustra por la luz de justicia y su bondad de misericordia. Para los iluminados, hay que eliminar los velos que impiden la unión espiritual con Dios.

Siguiendo con los paralelos, existe el proceso de purificación que culmina en iluminación. Tanto San Juan como los sufíes pulen el espejo de su alma hasta que, bien bruñido, pueda reflejar la luz de Dios. Al-Sharani, San Juan de la Cruz y Sta Teresa de Jesús se detienen en los siete grados o estados concéntricos del alma, aunque cada uno lo llame de diferente modo: en San Juan se trata de grados o bodegas de amor; en Sta Teresa, de los **siete castillos** interiores del alma; Farid ad-din Attar Nishaburi (1142-1220), el gran poeta místico persa, habla de los siete valles del amor. La fuente primaria de los siete grados o estados concéntricos del alma en la mística islámica está en el sagrado Corán: el viaje nocturno o *isra* del profeta Mohammad (P) al séptimo cielo, donde se encuentra con el Trono de su Hacedor. Se trata de la leyenda del *Mi'ray* o Escala de Mohammad, que deviene célebre a lo largo de la Edad Media y que probablemente haya inspirado el diseño espacial del Infierno de Dante.

Otra coincidencia es la del **agua** como fuente interior del alma. Agua y llama son símbolos de vida eterna desde tiempos inmemoriales. Con el aire y la tierra son los elementos sagrados del zoroastrismo y los "cuatro elementos" del mundo, según los griegos. En el Islam, el agua es

---

[214] Asín Palacios, Miguel, *El Islam cristianizado*, p. 423; cit. por López-Baralt, L., "Simbología mística musulmana", op. cit., p. 252.

purificadora de la impureza, en el cristianismo limpia del pecado original. Los grandes maestros del misticismo islámico hablan del agua del alma acarreada por canales, como Algazel (1058-1111), en *Ihya* y Yalal ad-din. Por otra parte, el agua es el paradigma del conocimiento. Nuri de Bagdad, místico del siglo IX, habla del agua mística del alma, cuya afluencia en el corazón del místico devela la sabiduría de los secretos de Dios y simboliza la certeza de ese conocimiento de Dios. El conocimiento ha de matizarse con la fe. San Juan de la Cruz en su *Cántico espiritual* menciona la "cristalina fuente", es decir, la fe, según las glosas al poema. En el misticismo islámico la coherencia entre fe y certeza es evidente. La evidencia es tan precisa, que el segundo grado de la fe en el sufismo es "La fuente de la certeza" (*ainu'l-yaqin*). Esta terminología aproxima aún más el misticismo islámico a San Juan de la Cruz. La aniquilación en la contemplación que expone Ibn Árabe en su enigmático verso de Taryuman (p. 51) tiene ecos en San Juan de la Cruz: la insoportable agonía del éxtasis prefigurada en unos ojos divinos cuya mirada apenas se puede sostener. En la lengua árabe, tanto "fuente" como "ojo/ojos" derivan de la palabra *'ain*, que significa a la vez "ojo" y "fuente". Aunque el modo en que los místicos peninsulares reelaboraron las fuentes sea poco claro, es evidente que recurren al simbolismo de la herencia cultural islámica.

Uno de los símbolos famosos de San Juan de la Cruz es el **ascenso del monte**. He aquí la quinta coincidencia: para subir al monte del alma, hay que aniquilarse en todo. Los místicos y San Juan, para explicar la subida del monte recurren a grabados, en los cuales resuena el eco de la metáfora de la subida al Sinaí del alma. Parecería una elaboración cristiana, sin embargo, la mística musulmana ya había obtenido la imagen de la subida al Sión o Sinaí. La religión islámica es abrahámica, por lo tanto, el sagrado Corán hereda las Escrituras y el Sinaí es el monte sagrado también para el Islam. De este modo, la imagen de la subida de San Juan de la Cruz está íntimamente emparentada con sus antepasados sufíes.

La sexta coincidencia es la del **ave solitaria**. Para aclarar y conocer el esquemático pájaro místico del alma de San Juan, las claves más fecundas son orientales. El pájaro como símbolo del alma es tan antiguo, que ya está documentado en el antiguo Egipto. Así lo retomaron los autores de todas las épocas, como San Buenaventura, el Beato Orozco, Víctor Hugo, Laredo, incluso textos anónimos medievales como el *Libro das aves* portugués y el *Ancren Riwle* (*The Nun's Rule*), de una desconocida anacoreta inglesa del siglo XIII. El Libro de los Reyes 4:33 de la Biblia menciona el enorme conocimiento del rey Salomón sobre las aves y los animales, pero no su capacidad para hablar con ellos. El sagrado *Corán* (sura 27:16) es la fuente religiosa más directa y explícita de que Salomón conocía el lenguaje de los pájaros. Durante la Edad Media, sobre el ave mística los musulmanes escriben tratados, con los cuales San Juan de la Cruz coincide acerca de las "propiedades" del pájaro: es el símbolo místico de la soledad, el desprendimiento, la pureza y la aspiración divina; un modelo de la vida contemplativa que el alma debe seguir para alcanzar la más alta unión con Dios. En San Juan es clara la influencia del gran místico persa Bayazid Bastami (m. 877), que se autodescribe como "un pájaro cuyo cuerpo es la unidad", vuela "en singularidad" y sus alas son "de eternidad". El pájaro de Yalal od-din Rumi se aleja de lo material, el de San Juan de la Cruz "ha de subir sobre todas las cosas transitorias".

La coincidencia entre el gran místico persa Hallay (857-922) y San Juan es la altura del vuelo. Hallay habla del "vuelo con mis alas hacia mi amado"; mientras que en el de San Juan "el espíritu se pone en altísima contemplación". En ambos el conocimiento trasciende toda razón. La coincidencia más interesante es con el pájaro contemplativo de Suhrawardi. Para San Juan el espíritu perfecto representado por el pájaro no tiene "determinación en ninguna cosa" y es incoloro. El *Simurg* de Suhrawardi, cuatro siglos antes, hablaba en términos similares de su pájaro solitario: "En él existen todos los colores, pero él es incoloro". La ausencia de color apunta al vacío de todo elemento material. También hay coincidencia sobre el pájaro celestial con el poeta persa Farid ad-Din Mohammad ben Ibrahim, conocido como Attar Nishaburi (1120-1190): en su libro *El lenguaje de los pájaros* (*Mantiq al-Tair*), treinta y cinco pájaros inician una peregrinación para descubrir a su rey, el pájaro legendario, Simorg. Al final del viaje lleno de peligros, lo encuentran y en él reconocen su propia esencia, hasta entonces desconocida e ignorada por ellos mismos: una metáfora de cómo estamos alejados de aquello que nos es tan cercano.

El **combate ascético** es la séptima coincidencia. Se trata del combate contra las fuerzas del mal (demonio, apetitos sensuales vivos) durante el camino espiritual que debe recorrer un místico. El *Taqwa* (Piedad) islámico es igual al combate ascético. En el Islam existen dos tipos de *Yihad* (combate por Dios): *Yihad-e Asghar* y *Yihad-e Akbar*. El *Yihad-e Asghar* consiste en la lucha contra el enemigo exterior del Islam; el *Yihad-e Akbar* (combate mayor) es la lucha interna contra las propias pasiones. El combate espiritual es ya una metáfora en el Islam: "el caballero espiritual" combate desde el castillo de su alma, lleno de torreones y circundado por cercos alegóricos. En San Juan de la Cruz aparecen el "cerco y las murallas del corazón". La alegoría del combate ascético resultaría misteriosa y forzada hasta que el contexto islámico la va poniendo en una perspectiva más familiar.

El símil de los castillos está muy arraigado en la tradición cristiana. San Agustín, Padre de la Iglesia, habla de las etapas que el alma ha de recorrer para lograr la contemplación mística. La "mansión" es el último grado contemplativo. Santa Teresa de Jesús habla de siete palacios del alma; el demonio, encarnado en distintos animales, quiere entrar las moradas progresivas del camino místico. Dios está en el último palacio o morada donde el alma se une con Él. Tanto en Sta. Teresa como en los místicos islámicos la oración es la puerta del castillo y los sentidos y las potencias del alma, en constante actividad, son los servidores del castillo. Para el arabista Miguel Asín Palacios (1871-1944), el símbolo originario del castillo del alma nace con Abu Hamid Algazel en el siglo XII y que luego se perfecciona con el texto anónimo de los *Nawadir*, curiosa compilación de relatos y pensamientos religiosos atribuida a Ahmad al-Qalyubi y redactada a finales del siglo XVI. Allí dice que Dios creó siete castillos para los seres humanos. En su interior está Él, fuera, Satanás que intenta infiltrarse. Santa Teresa de Jesús lleva a cabo una exhaustiva reelaboración de los siete castillos concéntricos del alma. Abu-l-Hasan al-Nuri de Bagdad, filósofo místico del siglo IX, habla justamente de las *Maqamat al-qulub* (Moradas de los corazones). El capítulo o morada VIII –en un pasaje casi calcado de los *Nawadir*– ilustra el camino que el alma recorre hasta Dios con el símbolo de siete castillos concéntricos.

El concepto islámico de *maqam* o morada trae a la memoria el famoso pasaje del evangelista San Juan (XIV, 2) acerca de que "En la casa de mi Padre hay muchas moradas; si así no fuera, yo os lo hubiera dicho; voy, pues, a preparar lugar para vosotros". Cristo avisa que Él está yendo primero para unirse a su Padre y preparar el recibimiento de los hombres. Las siete moradas del alma en la literatura mística islámica y su asociación con las siete órbitas celestiales hunden sus raíces en la historia: el zigurat babilonio tiene siete plataformas, hay que hacer un giro de noventa grados para subir de una a la otra hasta alcanzar la séptima.

Para los sufíes, para los místicos musulmanes y para los peninsulares, en la séptima morada, donde no tiene acceso Satanás, se encuentra Dios y es ahí donde el hombre se une con Él. Así lo ha hecho el Profeta Mohammad (la paz sea con él y con sus descendientes) en su viaje nocturno, recorriendo los siete cielos y uniéndose con Dios. El sagrado *Corán* dedica un sura entero al tema. Se trata del sura *Asra* (viaje nocturno). Comienza diciendo "¡Gloria a Quién hizo viajar a Su Siervo de noche, desde la Mezquita Sagrada a la Mezquita Lejana, cuyos alrededores hemos bendecidos, para mostrarle parte de Nuestros signos! Él es Quién todo lo oye, todo lo ve"[215].

5. Mística y filosofía, intuición o racionalidad

Ramon Llull (1235-1315) es quizás el mejor filósofo y místico hispánico de todos los tiempos. En *Ars Magna* (El gran arte) –o *Ars generalis* (Arte general)– propone un sistema lógico y combinatorio, ideado para demostrar

---

[215] Cortés, Julio, op. cit., p. 364.

las verdades de la fe cristiana de forma racional y universalmente válida. No distinguía la filosofía de la teología, o la razón de la fe, como hacían los averroístas y los fideistas. Para él, por el contrario, mediante la razón y la lógica, podían demostrarse las verdades más elevadas de la fe, incluso misterios como la Trinidad o la Encarnación. Creía seriamente en la posibilidad de convencer a la fe mediante la razón. El objetivo del *Ars Magna* era el de ofrecer argumentos racionales y "razones necesarias" que persuadieran a judíos, musulmanes y otros "infieles" sobre la verdad del cristianismo. Él no intentaba simplemente que la gente cambiara sus creencias por otras, sino que pasara de "creer" a "comprender". Llull fue el pionero del diálogo interreligioso. Viajó por todo el Mediterráneo y aprendió árabe para poder debatir con sabios musulmanes y judíos. No estaba de acuerdo con la imposición de creencias, sino con la convergencia a través de la lógica, partiendo de puntos comunes y llegando a la demostración racional.

Llull decía –en consonancia con las ideas franciscanas– que la mística se manifiesta por medio de una "doctrina del ascenso del alma hacia la contemplación". El mismo Llull fue un franciscano seglar, llamado "Doctor iluminado". Para él, el alma tiene cinco potencias: la negativa, la sensitiva, la imaginativa, la motriz y la racional. A su vez, el alma racional tiene tres potencias: la memoria, el entendimiento y la voluntad, y cinco "sentidos" intelectuales capaces de aprehender las realidades espirituales. Trabaja valiéndose de letras, diagramas y combinaciones, con lo cual se presenta como un precursor temprano de la lógica simbólica.

En línea con el pensamiento aristotélico-agustiniano, Llull cree que se deben combinar la doctrina de la abstracción y la de la iluminación interior: mediante la abstracción y a la iluminación, el alma se desprende del conocimiento sensitivo y "asciende". La actividad de los sentidos espirituales, base de la contemplación en Dios, prevalece sobre el conocimiento racional. Según su doctrina, además de la oración, existe otra instancia que comprende al amor como ciencia. El amor es una ciencia que confiere conocimiento acerca de uno mismo y de los demás. El Amor ha de conducir el diálogo entre Sabiduría y Prudencia y entre Bondad y Grandeza para construir a partir de las diferencias.

En *Libro de la Filosofía del Amor* analiza los tres elementos constitutivos: el Amado (Dios), el Amigo (el hombre) y el Amor. Hace una conexión entre los contenidos de *El árbol de la ciencia* y el *Libro de la Filosofía del Amor*. Como resultado presenta los ramos del Amor: pláticas y consultas que el Amigo dirige al Amado (no son oraciones propiamente dichas). Llull se ocupa, entonces, de la liberalidad, la belleza y el consuelo –las tres cualidades principales del Amor–. La Fe ilumina el proceso y hace más profunda la experiencia amorosa. Para Llull el amor no es sólo un juego de imágenes, están en acto los impulsos vitales y la lucha entre el todo y el poco del enamorado; es entregarse a la totalidad (*majoritat*) o a la particularidad (*minoritat*).

La semántica y la simbología, sin duda, interesaban a Ramon Llull. En su obra, el significado metafísico de sonidos y letras de la lengua árabe –lengua sagrada del Islam– es de crucial importancia, así como son importantes los aspectos esotéricos y místicos del sufismo y el chiismo. Las obras de Ibn Arabí –erudito y maestro fundamental del Islam, ya analizado en el Capítulo VI– no fueron traducidas directamente al latín. La influencia de Ibn Arabí y del sufismo en general llegó mediante la acción de la Orden del Temple y los Fieles del amor (los Templarios), cuyos iniciados cultivaban el interés por los contactos esotéricos entre el Islam y el cristianismo.

La causa de la influencia entre Islam y cristianismo supera la explicación estrictamente histórica, para adentrarse en el plano de las similitudes y simetrías que nutren la espiritual de una y otra religión. Existen algunos interesantes estudios sobre la influencia indirecta de Ibn Arabí en la *Divina Comedia* de Dante[216] y muchos, acerca de la recibida por Ramon Llul, tanto de Ibn Arabí como del sufismo. La influencia en Llul, directa, se manifiesta en profundos paralelismos conceptuales y lexicales gracias a su vasto conocimiento de la cultura árabe.

El místico y filósofo persa, contemporáneo de Ibn Arabí, Shihāb al-Dīn Yaḥyā ibn Ḥabash Suhrawardī (1154-1191) –conocido como Sohrawardi– fue el fundador de la teosofía de la luz (*Hikmat al-Ishraq*). También hay muchos puntos de coincidencia entre su pensamiento y el de Ramon Llull. Durante la Edad Media judíos, cristianos y musulmanes se identificaban con muchísimas nociones del hermetismo[217], la corriente esotérica que

---

[216] Asín Palacios, Miguel. *La escatología musulmana en la Divina Comedia*. Madrid: Imprenta de la Hija de J. Ducazcal, 1919.

[217] La corriente filosófico-religiosa y esotérica originada en la antiguedad tardía (siglo I a.C. a IV d.C.) en Egipto, atribuida a Hermes Trismegisto (Hermes, tres veces grande), una figura mítica y legendaria que es la combinación sincrética del dios griego Hermes y el dios egipcio Thot.

buscaba la gnosis divina mediante la comprensión de la naturaleza de la realidad, la mente y la interconexión de todas las cosas. Se trataba de una concepción monoteísta en que la luz es la esencia divina de la que emana la Creación. La realidad se divide en niveles o escalones –divino, intelectual, anímico, material–; el ser humano, como microcosmos, contiene elementos de todos ellos.

A partir de todo lo expuesto se deduce que durante la Edad Media, el diálogo concreto entre los filósofos y estudiosos de la ciencia que buscaban respuestas, tanto en Oriente como en Occidente, fue una realidad tangible. Es posible, desde todos los puntos de vista, demostrar que de manera directa o indirecta hubo un diálogo fructífero entre estas civilizaciones. Que siempre haya existido el mismo deseo de encontrar una vía para comprender la naturaleza de lo creado y al Creador es evidente y esta certeza constituye un excelente vehículo para el diálogo y la discusión constructiva.

Capítulo XI. FRENTE A FRENTE: ¿PARA EL COMBATE O PARA EL DIÁLOGO ENTRE CIVILIZACIONES?

1. ¿E pluribus unum[218]?

El Capítulo II introdujo las ideas de Seyed Mohammad Khatamí, expresidente de la República Islámica de Irán. La filosofía de sus mensajes enfatiza sin descanso la importancia de la razón, la lógica, la confianza mutua y la coexistencia pacífica como pilares para construir un orden mundial más estable y justo. Pero ¿es posible llegar a la paz duradera a través del diálogo? ¿Hay que rechazar la posibilidad de una ciencia o una filosofía comparativa de la religión?

Durante la "Guerra fría", los presidentes norteamericanos adoptaron la idea de que la fuerza militar era imprescindible para evitar la expansión del comunismo, mantener el equilibrio de poder, evitar una guerra total y asegurar la paz mundial: Harry S. Truman, con la Doctrina Truman y la política de contención; Dwight D. Eisenhower, con la represalia masiva; John F. Kennedy, con la Doctrina Kennedy y el aumento de la intervención militar; Ronald Reagan, con la Iniciativa de Defensa Estratégica o "Guerra de las Galaxias". Tras la agresión del 11 de septiembre de 2001, George W. Bush lanzó la "Guerra contra el Terrorismo". Su doctrina de seguridad

---

[218] Locución latina que significa "De muchos, uno". Es el lema tradicional de los Estados Unidos de América –no el oficial, que es "In God we trust" (En Dios confiamos)–. Se acuñó en el período de la unificación de las trece colonias originales en una sola nación. Aludiría a la integración de las diversas etnias con sus tradiciones, culturas y creencias.

nacional postulaba la necesidad de ataques preventivos y el uso de la fuerza militar contra países de fe islámica para neutralizar a los actores antes de que concretaran sus amenazas. Eran medidas esenciales para la seguridad de Estados Unidos y, por extensión, según lo que ellos decían, para la paz global. Así se justificó la invasión de Irak: para eliminar una amenaza percibida y sentar las bases para la democracia y la estabilidad en la región. En realidad, como consecuencia se generó una sucesión de atentados suicidas por parte de ciertos activistas islámicos. Una vez más se vio que la paz y la reconciliación no se logran con medidas bélicas. Por el contrario, contribuyen a aumentar la tensión en todas partes.

Raimon Panikkar (1918-2010), filósofo, teólogo y sacerdote católico español, de madre española católica y padre indio hindú, testimonió con su vida su "doble pertenencia" y su compromiso con el diálogo intercultural e interreligioso. Consideraba que era necesario el diálogo, no un diálogo comparativo entre religiones diferentes que las vuelva islotes inexpugnables. Es preferible partir de la premisa de la singularidad irreductible de cada y aprender el lenguaje dialógico para comprender y reconocer quién es el otro. El objetivo es comprender la otra cultura y no, trazar esquemas. Proponía un diálogo auténtico, sin prejuicios, sin deseos de presionar o convencer sino de escuchar –en el verdadero sentido de la palabra– qué piensa el otro de sí mismo. Panikkar creyó en la reconstrucción de la unidad y la universalidad a través de la pluralidad de las religiones, porque el hombre es plural en su naturaleza. Argumentaba que existen múltiples caminos auténticos hacia la verdad y la realidad última y que ninguna tradición posee su monopolio.

Con el fin de la Guerra Fría y la polarización que la caracterizaba, las comunidades, por las condiciones que impone el mercado y la industrialización, sintió la concreta necesidad de relacionarse y concordarse con otras culturas y civilizaciones. Hoy estamos estrechamente interconectados. El pluralismo cultural y religioso pide que se establezca una base de paz y convivencia para evitar más guerras de religión, nacidas de prejuicios e intereses. Si, estando convencidos de que Dios es único y ama la paz para sus criaturas, se rechaza el aspecto racional de los dogmas religiosos, entonces es posible lograrlo.

Pero el engranaje no funciona si, incluso con las mejores intenciones (concediendo el beneficio de la duda), los pueblos que unilateralmente consideran que su cultura es superior y que, objetivamente, poseen más riqueza y poder de negociación, aguijoneados por el deseo de extender su injerencia, intervienen en la vida político económica de quienes juzgan inferiores. Llegan con el anhelo de ayudar a que otros "se superen", mediante la infusión y/o trasplante de los procedimientos y modos que hicieron, del interviniente, un factor de primer orden en la historia de su tiempo. Y supongamos el caso más favorable, es decir, una acción sobre lo estrictamente indispensable, el uso del poder para que el "educando" se sujete mansamente a la acción educadora en todos sus órdenes, impartida por generosidad y humana cooperación. Aun así, se plantearía que se observara una condición ineludible y necesaria: el respeto recíproco y la permanencia real de ambas idiosincrasias, de ambas naturalezas. Es en este respeto que reside la garantía de la única supervivencia que vale la pena, no la del grupo "educador" ni la del grupo "educando", sino la de la especie humana, de todas las expresiones culturales en su conjunto.

La preocupación no es ociosa pues corresponde a una realidad muy frecuente, que repite en las relaciones étnicas lo que en las personales. Cuántos maestros, padres, formadores, etc., en vez de ayudar a construir un juicio crítico, en vez de acompañar a quienes están formando para que descubran su propio estilo y adopten actitudes y modalidades constructivas, piensan que lo suyo es siempre lo mejor e imponen lo que para ellos funciona. Ahogando las manifestaciones originales de los educandos, unifican ideas y comportamientos, dando por descontado que esa es la clave del éxito. Por propiedad transitiva, la homologación del pensamiento y el carácter de los discípulos, cuando se aplica a las comunidades y en sentido amplio, a las civilizaciones, aniquila el espíritu original de un pueblo, priva a los contemporáneos y a las generaciones por venir de enriquecerse social y espiritualmente con el consiguiente mejoramiento del mundo todo.

En estos tiempos, las declaraciones de Trump (2° presidencia) de que "hará 'otra vez' grande América" son una verdadera provocación, pues para que un Estado se auto proclame "grande", la premisa es que otros han de ser "pequeños". Esto supera ampliamente el plano de la economía; es el modo en que se forja la injusticia. Como objetivamente preside un país que ejerce amplio poder geopolítico, se arroga el derecho de interferir e imponer ideas, de ignorar el derecho (que es igual para todos) a la autodeterminación, so pena de alianzas, aranceles, bombardeos sorpresivos *a piacere* . Esta es una versión posmoderna de las históricas modalidades de los conquistadores y colonizadores que entra en el campo competitivo; en su discurso inaugural de 2017 ya había dicho: *"From this day forward, it's going to be only America First – America First."*. Una propuesta intrínsecamente bélica,

318

un modo simple y claro de presentar armas incluso con las palabras: si América tiene que ser la primera, han de pisotearse a los que no sean América.

De esta postura deriva la falta de respeto a la mentalidad y el carácter de otros grupos humanos. Hubo casos en que fue impulsada por el instintivo e irreprimible empuje de una idea civilizadora, exuberante de fuerza, que aplastó a los actores más endebles aun sin propósito deliberado. Otras veces nació de una arrogante estimación de lo propio y desprecio de lo ajeno, que apuntó a hacer reformas radicales o eliminar aspectos relevantes "peligrosos" para el colono. En ambos casos, salta a la vista la carencia de preparación sociológica y la ignorancia de los más elementales fundamentos pedagógicos, pues se ignora que la educación fecunda no trasvasa costumbres, creencias y códigos sociales o políticos de un ser humano a otro, como quien pasa agua de un recipiente a otro. Un proceso de enseñanza-aprendizaje de calidad se inspira en el dialogo, el ejemplo, la guía, la revisión de los contenidos propuestos para potenciar hasta el grado más alto la comprensión de la vida y los procedimientos que satisfagan las necesidades materiales y espirituales.

Curiosamente, esta omisión, sea "inocente" o deliberada, en el mecanismo de la colonización/sumisión de un pueblo, se acentúa y se vuelve más frecuente con el paso del tiempo. Las civilizaciones griega y romana sometían militarmente a los pueblos nativos de Europa, a quienes consideraban inferiores en el aspecto cultural. Hay que tener en cuenta que los romanos, conscientes de su propia inferioridad especulativo filosófica con respecto a los griegos, una vez conquistada Grecia e incorporada al Imperio romano, se llevaron a los griegos para emplearlos como educadores de sus hijos. Los romanos aspiraban a tener en casa un παιδαγωγός *(pedagogo: conductor para la formación del niño) helénico y en el seno de las familias patricias, se hablaba cotidianamente griego, no latín.*

Los pueblos bárbaros europeos sumados al Imperio admiraban al conquistador romano y armoniosamente se asimilaron a la forma de vida resultante. La "romanización" fue lentísima y pacífica. Roma exigía los tributos y la lealtad al emperador y a sus representantes en las provincias, lo que trae a la memoria la estrategia civilizadora de Ciro el Grande. De ningún modo se impusieron la religión, las tradiciones, ni siquiera el idioma fuera del campo burocrático. No se alteró el derecho consuetudinario mientras la cuestión no contradijera el Derecho romano de modo frontal. Desarrollaron el *Ius Gentium* (Derecho de Gentes), un cuerpo de leyes flexible que se aplicaba a los extranjeros y a las transacciones entre romanos y no romanos. Este Código incorporaba elementos de las leyes de otros pueblos, mostrando la capacidad de adaptación y la practicidad de la mentalidad romana. Con respecto a las religiones, hubo influencia recíproca sea en la naturaleza de las divinidades, sea en las prácticas rituales. El Capítulo I expone el culto de Mitra en diversas zonas de Europa; del mismo modo, divinidades célticas continentales o británicas, como por ejemplo, Epona, se fusionaron con las romanas afines. Incluso el proto cristianismo, que no se oponía abiertamente a la religión oficial, fue bien tolerado.

Cuando el cristianismo se convirtió en religión oficial, pretendió la uniformidad religiosa. Gana terreno, palmo a palmo; Reyes y emperadores aspiran al reconocimiento papal. Persiguiendo intereses eminentemente políticos, en el sur de Francia, en el Sacro Imperio Romano Germánico, en el norte de Italia, en España y Portugal y en los Estados Pontificios se condenaron por herejía –o perdonaban a cambio de un pago en oro o piedras preciosas y la "conversión a la fe"– a judíos, cátaros, musulmanes, protestantes, supuestas brujas y hechiceros varios, iluminados, sodomitas y bígamos. Si bien la excusa era la de combatir la herejía, la finalidad era la de inculcar un comportamiento en línea con los valores católicos y, por extensión, reforzar el orden político establecido. No obstante los momentos difíciles que en algunos períodos debieron atravesar, la excelsa sabiduría de la civilización persa y el delicado misticismo islámico, mediante el vehículo de la conquista árabe en al-Ándalus, impregnaron cada rincón de Europa.

Hoy la coexistencia de las diferencias es –con suerte y viento a favor– un bello concepto en la retórica de la mayoría de los políticos. Gobierna la arrogancia de los Estados que pretenden imponer un estilo de vida a los habitantes de otras culturas, sin importar de quiénes se trate. Se abalanzan contra los pueblos que caen bajo su área de dominación política con el objetivo de borrar, cueste lo que cueste, toda manifestación cultural y modo de vida de esas civilizaciones. Embisten para imponer los propios, en una manifestación de intransigencia que, si bien no vulnera las creencias religiosas, sí menoscaba otros aspectos igualmente esenciales e íntimos. Esta actitud es la expresión de una condenable vanidad colosal o de la inconcebible –si se trata de dirigentes– ignorancia sobre los procesos subyacentes a la evolución de la humanidad.

A lo largo de la historia, la tierra fecunda para el progreso, la que nutrió a los pueblos que "co-laboraron" en el acervo común de la civilización –no obstante los rencores y el exclusivismo– no se sustenta en un modo único de entender la vida y de externalizar las cualidades del espíritu. ¿Qué postura podría superar la pobreza estratégica de aplicar a todo un mismo molde? ¿Qué práctica menos sagaz, más idiota, utiliza con uniformidad deplorable una homologación opaca? ¿Qué tiranía, justificada sólo por la inseguridad de la fuerza de las propias creencias, asfixia el aliento a la variada actividad de los pueblos? ¿Qué plataforma política se apoya en fundamentos culturales tan débiles, que teme escuchar la voz de otras gentes, para poder enriquecerse lo más posible –reafirmando los propios valores positivos y asimilando otros tal vez más elevados–, en un ejercicio de sincretismo cultural de tradiciones, convicciones e ideales sociales?

Cuando un Estado hegemónico, en vez de aniquilar la cultura de los otros, abraza y fomenta el conocimiento recíproco, se convierte en propulsor de la evolución constante. Tal Estado se convierte en guía y garante de una civilización en que hay convivencia respetuosa, tal Estado se vuelve más resiliente, creativo, empático y próspero. Dentro de su esfera de influencia, gracias al poder que le confiere la coyuntura político-económica, un Estado hegemónico –si es inteligente, previsor, conocedor de las causas profundas de los fenómenos históricos– aprovecha el privilegio de poder hacer circular las diversas modalidades, que son únicas en su género pues emanan de la singular expresión de cada grupo entendido como "sujeto social". Los aportes de todos los sujetos sociales confieren una personalidad insuperable a la civilización de la que forman parte. En caso contrario, la civilización carecerá de brillo y sucumbirá, a mediano o corto plazo, a otras que sí respetaron y asimilaron lo diverso.

Cada "civilización" particular, que haya alcanzado un grado de madurez notable, ha generado su nota distintiva, produciendo la concreción de la esencia que en sus entrañas llevaba el pueblo o pueblos que la produjeron; esa nota distintiva permanecerá siempre en el estrato que fertiliza el terreno de las civilizaciones que la asimilen. Es el fenómeno de la consustanciación de culturas guiadas por idiosincrasias o rumbos diferentes.

Lo que hoy consideramos "civilización universal" se ha construido con la combinación de innumerables factores y componentes. Es imposible, en la práctica concreta, que todos los grupos que transitaron y transitan la historia se apoyen, se concierten y cultiven todos los innumerables factores y componentes al mismo tiempo. Cada grupo, cada pueblo, percibe que algunos ingredientes le son más afines que otros y, entonces, se inclina hacia ellos y los cultiva y profundiza. Cada uno de estos factores e ingredientes tiene su acmé, su forma más perfecta y cálida, en grupos humanos diferentes. Las cualidades y las aptitudes de los ingredientes y componentes que responden a las necesidades humanas –desde los aspectos básicos hasta los más elevados , nunca coexisten reunidas en un solo espíritu; subsisten diseminadas en muchos, según lo prueban, incluso, las representaciones simbólicas que se remontan a los grupos de *Homo heidelbergensis* y *Homo erectus*, que circulaban por el mundo hace casi 400.000 años. Entonces, ¿en qué residiría la ganancia para el acervo común de las civilizaciones, si con prepotencia se cancelara cualquiera de estos factores?, ¿en qué aprovecha a la humanidad toda que un grupo dominante condene a los sometidos a la uniformidad que conlleva una limitación traidora?

Sin duda, nadie es grande y perfecto en todo, sino en alguno de los aspectos que hace que valga la pena vivir con dignidad y respeto por la condición humana. ¿A qué se reduce la existencia cuando se arrasa de la faz de la Tierra la presencia física y/o cultural de alguno de los pueblos que integran la humanidad? Hoy imperan métodos mucho más sutiles que los indiscutiblemente condenables de los campos de concentración hitlerianos, el exterminio cumplido por Pol Pot, el genocidio de Srebrenica o las matanzas sistemáticas aún vigentes en África. Ahora se habla de "operaciones preventivas", de "ofensiva anticipatoria", de "armarse para la paz"; se difunden opiniones sobre la supuesta diabólica y peligrosa ideología de otros pueblos; se invaden los mercados con objetos cuya necesidad se inventa, con el efecto de que se borran de la memoria social valores y costumbres precedentes.

Con estas maniobras, no se suman instrumentos a la sinfonía de la historia de la humanidad. Se hace sonar un único instrumento y se priva a la orquesta de la colaboración de los que se destacan en producir aquellas otras notas que a él le faltan o que no sabría hacer sonar con tan honda y comunicativa vibración. Tal vez, el único instrumento se esfuerce mucho y consiga hacer sonar algo semejante a aquellas notas, pero nunca será la mejor de las melodías, sino un torpe resultado artificial; jamás estará a la altura de aquella, extraída con ligera maestría de los instrumentos que acarician los expertos silenciados.

La historia de Occidente no es la del Islam, las referencias de una civilización no corresponden a las de la otra, los factores que permitieron el renacimiento en un lugar no bastan para hacerlo posible en el otro. La noción de "religión" no designa exactamente lo mismo para cristianos, musulmanes, nativos sudamericanos, etc., por lo tanto, que unos apliquen el término tal como el grupo de pertenencia lo entiende, para analizar las actitudes, usos y costumbres de los otros, es una falacia que conduce inevitablemente a la incomprensión recíproca.

El carácter gregario que apunta a la supervivencia de la especie humana exige que haya colaboración. Para que no se extinga la civilización universal, es imprescindible que coexista la más rica variedad de perspectivas y tradiciones, de modos de analizar y comprender la realidad y de abordar el plano metafísico. Para que la coexistencia enriquecedora se vuelva realidad, es condición irrenunciable que todos respeten la dignidad de todas las diferentes variables. Segundo, pero no menos importante, es necesario que cada grupo reconozca la importancia de su propia contribución, que cuide y cultive el material precioso con el que va a participar, que no defraude a los demás grupos porque todos cuentan con todos. Para que el mecanismo funcione, los pueblos deben mantener una comunicación espiritual continua y sistemática con el fin de conocerse y fecundarse mutuamente, adoptar o asimilar elementos valiosos de los otros. El objetivo de este empeño conjunto es el de dar una dimensión universal a los patrimonios de las civilizaciones nacionales, tanto en lo comunitario como en lo personal, el hombre al servicio del hombre, la civilización al servicio de la civilización. Esta es la mejor alternativa para optimizar, perpetuar y ennoblecer la civilización, cuyo futuro debería preocupar a todos –no sólo a sociólogos o politólogos–, gobernantes y gobernados, gentes de todas las edades educadas en la convivencia cooperativa.

2. El diálogo interreligioso, marco y vehículo para el diálogo intercultural

La síntesis de las religiones mayoritarias y que postulan una misión de alcance universal contiene el cristianismo, el islamismo, el hinduismo y la forma mahayaniana del budismo[219]. La formación y/o el desarrollo de estas religiones tuvo mucho que ver con el encuentro de las culturas locales y la civilización grecorromana. Ante la penetración grecorromana, el Cercano Oriente reaccionó con el surgimiento del cristianismo y del islamismo

Durante casi mil seiscientos años, las culturas de cada rincón de Cercano Oriente fueron permeable al pensamiento grecorromano desde las campañas de conquista cumpletadas por Alejandro Magno (siglo IV a. C.) y la formación de su vasto imperio. A su muerte, lo sucede el comandante Seleuco I Nicátor (apr. 358-281 a. C.) uno de los "*diádocos*" (sucesores) que se repartieron el vasto imperio. Nacido en Macedonia, su padre, Antíoco, ya había sido general de Filipo II, padre de Alejandro. Seleuco fue en el fundador de la dinastía y el Imperio Seléucida, uno de los reinos helenísticos más importantes con vastos territorios de Mesopotamia, Siria, Asia Menor y la meseta iraní. Asumió el título de *basileus* (rey) en el 305 a.C.

---

[219] El Mahayana es una rama muy amplia que incluye muchas sub-tradiciones y escuelas con prácticas y filosofías particulares, como por ejemplo, el Budismo Zen y el Nichiren (Japón), el Chan (China), el Seon (Corea), el Budismo de la Tierra Pura y el Vajrayana o Budismo Tibetano.

El trabajo intelectual sobre el pensamiento grecorromano, las traducciones de los textos y el mejoramiento de nociones y mecanismos para aplicarlos a todas las ramas del saber en Oriente, no se interrumpió con la llegada al poder de los árabes musulmanes primitivos en el siglo VII d. C. e incluso, como ya se ha explicado extensamente, impactó la civilización europea de los siglos XV y XVI. También hemos analizado la particular simbiosis de las culturas islámica y europea en la cultura hispánica y legado islámico que la atraviesa. Sin duda hubo diálogo fructífero entre estas civilizaciones.

¿Cómo se puede ejercitar el dialogo con personas de otras religiones y culturas? Para saber el "cómo" hay que partir de un punto común en las creencias religiosas. Dos de los cuatro sistemas de creencias de las religiones mayoritarias son deístas y monoteístas, así como el judaísmo. De acuerdo con datos recientes, recientes (2023-2025), el número de creyentes a nivel global es aproximadamente el siguiente: de 2.400 millones a 2.640 millones de cristianos en el mundo; el número de musulmanes se sitúa entre los 1.900 millones y 2.000 millones. La población judía mundial se estima entre 15 millones a 15.8 millones de personas. Las tres religiones son abrahámicas, está presente la figura de Abraham como el profeta patriarca, y creen en la existencia de un solo Dios. ¿Puede funcionar este elemento en común como terreno del diálogo interreligioso?

Las tres religiones abrahámicas pueden apoyarse en puntos comunes para fundamentar el dialogo que se ha vuelto imprescindible en la actualidad, dada la globalización cada vez mayor y las crecientes intercambios culturales y tecnológicos en el mundo. De manera natural, en un diálogo honesto y profundo, musulmanes, judíos y cristianos podrían iluminar el origen de sus diferencias y robustecer sus puntos de contacto. Para el teóogo suizo católico Hans Küng (1928), el diálogo entre las religiones debe realizarse sobre la base de postulados éticos comunes. ¿Por qué si, por ejemplo, en la tecnología hay una globalidad total, no debería suceder lo mismo las creencias religiosas?, ¿por qué el hombre no ha avanzado tanto en las creencias religiosas como en otros ámbitos? Para responder a estas preguntas hay que mirar hacia el pasado. La posición dominante que adquirió la Iglesia cristiana en la Edad Media, al mismo tiempo que la espléndida civilización islámica caía en el oscurantismo, son dos nociones que explicarían esta discordia religiosa. Küng incluso invita a los judíos, cristianos y musulmanes a sentarse juntos frente a representantes de religiones de India y China para constatar cuánto tienen en común las tres religiones abrahámicas acerca de cuestiones fundamentales.

En estos tiempos se escuchan los reclamos de los fieles cristianos en consonancia con el Concilio Vaticano II y la teología de la liberación, los cuales coexisten con manifestaciones de otras religiones, tales como de la del fundamentalismo islámico. Se podría pensar que estas expresiones –que pueden ser desde tibias a extremas– provienen de religiones monoteístas, sin embargo las hay también en el seno del hinduismo y del budismo. No son patrimonio de un tipo de religiosidad en particular, son, en cambio, el efecto del vacío de espiritualidad que dejó el fracaso de las promesas del materialismo capitalista. La labor de intelectuales como Mihail Valsan (1885-1935), Léo Schaya (1916-1986), Titus Burckhardt (1908-1984), Gay Eaton (1853-1936) ha tenido efectos precisamente en la renovación profunda del cristianismo, basada en la recuperación de la sabiduría y la espiritualidad. "El presupuesto para esta mediación dialéctica es, desde luego, el reconocimiento de las otras religiones como interlocutores con el mismo valor y con los mismos derechos"[220]

Existe una misteriosa complementariedad entre las tres religiones abrahámicas, que se evidencia si se contempla su esencia más íntima. El judaísmo es el punto de partida y la prehistoria del cristianismo, el cristianismo es el punto de partida y la prehistoria del Islam.

El *Corán* constata y acepta la pluralidad de religiones –que de hecho existe–, entabla un diálogo constante con los no musulmanes y ofrece claras instrucciones para una buena coexistencia y el diálogo con los no musulmanes. La base de una Ecumene abrahámica se encuentra en las siguientes frases coránicas: "Di: ¡Gente de la Escritura! Convengamos en una fórmula aceptable a nosotros y a vosotros, según la cual no serviremos sino a Dios, no Le asociaremos nada y no tomaremos a nadie de entre nosotros como Señor fuera de Dios. Y, si vuelven la espalda, decid: ¡Sed testigos de nuestra sumisión! "[221]. Si todas son monoteístas y son los eslabones que se suceden la una a la otra, ¿cuál es el novedoso aporte del Islam? El Islam es la eterna doctrina de fe del monoteísmo puro, que purificó las leyes que ya existían en otras religiones proféticas, falsificadas luego por mano humana. El Islam, que

---

[220] Arias, Juan, "¿Los rasgos psicológicos de la personalidad de Jesús?", cap. 17 de *Jesús, ese gran desconocido*, Maeva, Madrid, 2001, p. 222

[221] Cortes, Julio, *El Corán*, Herder, Barcelona, 1999, p. 73 , aleya 64, sura 3.

lleva por su propia naturaleza la posibilidad de la adaptación a los cambios, invita a la humanidad a conducir su moralidad a una altura que el espíritu humano ni puede imaginar. El Islam sabe cómo moverse en un contexto dualista –dualistas habían sido sus antepasados en Mesopotamia– y se propone como agente capaz de contribuir a un proyecto alternativo que supere las contradicciones intrínsecas al sistema capitalista, generadoras de tensiones y conflictos constantes en el mundo actual.

Otro punto de coincidencia entre las tres religiones monoteístas es la figura de Jesucristo. Para el judaísmo, Jesús fue un judío de su tiempo, pero no la figura central y divina que representa para el cristianismo. Algunas corrientes judías lo reconocen como un rabino (maestro) judío que vivió en el siglo I. Dentro del judaísmo existe el grupo de los "judíos mesiánicos", que desconociendo la doctrina tradicional, sus fieles (que se presentan como "judeocristianos") reconocen a Jesús como profeta y Mesías y son favorables a aceptarlo como el Salvador prometido. También entre los protestantes existe una tendencia judeocristiana. Para el cristianismo, Jesús es el centro, y en fin; para el Islam, Jesús es un gran profeta, muy querido y apreciado, que apareció antes de Mohammad.

El teólogo Hans Küng elabora un esquema para facilitar el diálogo entre las tres religiones. Es lo que se conoce como "triángulo de los profetas". Dios se ha revelado a la humanidad a lo largo de la historia, gracias a la sucesión de profetas: comienza con Abraham (extendiéndose a figuras como Moisés) para el judaísmo, Jesucristo para el cristianismo y Mohammad para el Islam. El cristianismo y el islamismo utilizan un mismo término, que aparece en el Evangelio de San Juan[222], pero con significado diferente. Se trata de παράκλητος ("paráclito"), término griego que se traduce como "asistente/defensor/mediador/consolador". El cristianismo atribuye tales funciones al Espíritu Santo, la Tercera Persona de la Santísima Trinidad. Sin embargo, existe la interpretación islámica de estos mismos pasajes, en especial los que mencionan la llegada de un Paráclito después de Jesucristo. Esta interpretación sostiene que el Paráclito o Consolador no es el Espíritu Santo, sino el Profeta Mohammad. La afirmación se apoya en que las descripciones se corresponden con las de una persona física, un posible profeta, no con las de una entidad espiritual, como el Espíritu Santo. El Paráclito "hablará lo que escuche, "recordará lo que Jesús ha dicho" y "glorificará a Jesús". De hecho, en su persona, el Profeta Mohammad reúne estas características: recibió revelaciones de Dios, confirmó el mensaje de Jesús y lo glorificó como un gran profeta. Juan 14:16 dice claramente "otro Paráclito", por lo tanto, Jesucristo fue uno y luego ha de llegar otro. Y si es "otro", no puede referirse al Espíritu Santo, porque siendo el Espíritu Santo la Tercera Persona, ya estaba presente en Jesucristo y no habría necesidad de decir que "otro" en un futuro habría de "venir". Jesucristo indica que el "otro" vendrá una vez que Él se haya ido. Por lo tanto, en el Islam es pertinente llenar de significado la palabra "otro" con la llegada, siglos después del Profeta Mohammad. Entonces, para el diálogo interreligioso sería oportuno que los seguidores de las otras dos religiones monoteístas lo aceptan como un enviado de Dios para que su figura completara el triángulo de Hans Küng.

---

[222] Juan 14:16, 26; 15:26; 16:7, 13-16.

Ya se ha explicado en el Capítulo IV, 3.1. que el Profeta Abraham/Ibrahim y su hijo Ismael/Ismail tuvieron un papel protagónico en la construcción de la Mezquita Sagrada de La Meca y el modo en que la estirpe del Profeta se enlaza con aquellos. Un punto en que discrepan el cristianismo y otras religiones es si Jesucristo es o no el "hijo de Dios". En los Evangelios, varias veces otros personajes (testigos presenciales, discípulos, centuriones, demonios) reconocen que es el Hijo de Dios, Jesucristo no los contradice. Pero concretamente se presenta a sí mismo como "Hijo del Hombre", con lo que subraya su propia humanidad y su condición mesiánica. Esta noción evangélica es coherente con las Sagradas Escrituras y el mandamiento bíblico "Yo soy el Señor, tu Dios. No tendrás otros dioses fuera de mí" (Ex 20, 2s), obedecido perfectamente por los creyentes islámicos. Como con las cuestiones anteriormente presentadas, también partiendo de este punto, se abre una puerta para el diálogo.

Es indispensable el diálogo entre civilizaciones para mancomunar los puntos de vista que iluminan la finalidad común, que es lograr la paz mundial para que la disfruten todos los seres humanos. Las tradiciones religiosas mayoritarias portan el mensaje universalizado de paz y amor, entonces, el diálogo interreligioso sólo puede dar como resultado un entendimiento fructífero. El diálogo implica el reconocimiento de la riqueza de la diversidad. El diálogo tiene que ser complementado con un consenso de criterios éticos universales para alcanzar una civilización de la paz. Nada hace suponer que en el futuro inmediato haya una única civilización universal, pero sí, que habrá una civilización mundial compuesta por diferentes culturas, las cuales deberán aprender a coexistir, sumando lo propio a fin de construir una identidad común.

El reconocimiento de los derechos colectivos de los pueblos es condición indispensable para la construcción de un nuevo orden, basado en la solidaridad y la tolerancia. La riqueza de una civilización no pasa por la desaparición de los pueblos participantes, sino por la solidaridad y la cooperación entre comunidades nacionales libres.

El amor humano es un factor de unión, un medio de acercamiento y transformación del mundo en su totalidad. Las religiones mayoritarias postulan los mismos ideales de amor. El amor a las otras Criaturas es lo que tiene que conectarlas, en el respeto de las diferencias. Es este el plano en que las personas se unifican, en la semejanza de los corazones humanos. Adentrándose en la esfera espiritual del otro, sin pretensiones de unificar, es posible transitar el diálogo, percibir las semejanzas, trabajar para el bien común, que es lo que todas las religiones anhelan. Para poner en práctica un buen diálogo interreligioso se debería iniciar por una valoración teológica de las tradiciones religiosas mundiales y de su significado en el plan general de la salvación humana.

En su primera encíclica, *Ecclesiam Suam*, publicada el 6 de agosto de 1964, el papa Pablo VI realiza la declaración de las intenciones de su pontificado, la cual influyó en el espíritu del Concilio Vaticano II que aún estaba en desarrollo. La encíclica, se centra en la necesidad del diálogo por parte de la Iglesia y expone su propuesta de cómo la Iglesia debe relacionarse con el mundo exterior. En la sección "Los caminos del diálogo", Pablo VI traza cuatro círculos concéntricos, desde el más cercano a la Iglesia hasta el más lejano:

- Diálogo **dentro de la Iglesia** –entre todos los clérigos, religiosos y laicos–, diálogo de caridad y obediencia, que busca la unidad y la edificación mutua en la fe.

- Diálogo **Ecuménico** –con los cristianos no católicos ("hermanos separados")–, para lograr la unidad en función de lo que une, no de lo que separa, fomentando la comprensión mutua y la cooperación.

- Diálogo con las **religiones no cristianas** –quienes, en las distintas religiones, creen en Dios, aunque sus caminos hacia Él difieren–, para reconocer valores espirituales y morales compartidos y promover ideales comunes de paz, justicia y fraternidad.

- Diálogo con **toda la humanidad** –las personas de buena voluntad, creyentes o no, con quienes la Iglesia desea dialogar sobre los grandes problemas, esperanzas y aspiraciones de la humanidad–. Busca promover la justicia, la paz, el desarrollo humano integral y el bien común.

A partir de esta iniciativa, al año siguiente, el Concilio Vaticano II realiza la declaración *Nostra Aetate* ("En nuestro tiempo"), un documento revolucionario, promulgado por Pablo VI el 28 de octubre de 1965. Su objetivo es definir la postura de la Iglesia con respecto a las religiones no cristianas. Fue un hito que marcó un cambio en la forma en que el catolicismo se veía a sí mismo en relación con otras tradiciones de fe. Con la premisa de la gran diversidad de creencias en un mundo está cada vez más interconectado, la Iglesia desea fomentar el diálogo, la comprensión y la cooperación con personas de otras religiones, superando prejuicios que habían atizado la hostilidad y la incomprensión. La Declaración tiene un proemio donde reconoce que, en primer lugar, la unidad de la humanidad reside en provenir de un mismo Dios y dirigirse hacia un mismo fin último; en segundo lugar, que cada religión busca respuestas sobre el sentido de la vida, el sufrimiento, la muerte, etc.. Luego desarrolla cuatro secciones principales dedicadas a:

- Diversas religiones no cristianas (**budismo, hinduismo**, etc.,): declara que no rechaza nada de lo que en ellas hay de santo y verdadero, reconoce la presencia de "rayos de aquella Verdad que ilumina a todos los hombres" en sus doctrinas, preceptos y modos de vida. Exhorta a los católicos a reconocer, preservar y promover los valores espirituales y morales que se encuentran en estas religiones.

- La religión musulmana (**Islam**): reconoce que sus fieles adoran al Dios único, creador del cielo y la tierra, omnipotente y misericordioso, y que se esfuerzan por someterse a sus decretos. Destaca la veneración de Jesús como profeta, la reverencia por María, la práctica de la oración, el ayuno y la limosna. Invita a olvidar las enemistades del pasado (las Cruzadas y otros conflictos históricos) y a promover juntos la justicia social, los valores morales, la paz y la libertad para todos los hombres.

- La religión judía (**Judaísmo**): Afirma el vínculo espiritual profundo que une a la Iglesia con el pueblo judío, pues los cristianos reciben el Antiguo Testamento y las raíces de su fe de Israel. Rechaza explícitamente la acusación de deicidio contra el pueblo judío. Condena toda forma de antisemitismo y persecución. Fomenta el conocimiento y la estima mutua entre cristianos y judíos, a través del diálogo y los estudios bíblicos y teológicos.

- Principio de **fraternidad universal y amor**: recuerda que Dios es el Padre de todos los hombres, que la fraternidad universal exige el respeto a todas las personas, condenando toda discriminación o persecución por motivos de raza, color, condición social o religión.

3. Las piezas del puzle para una posible ética mundial

Se habla mucho de ética global o ética mundial, pero ¿a qué se refiere exactamente? El concepto apunta al ejercicio intelectual que intenta identificar valores morales y principios que puedan ser compartidos y bienvenidos por todas las culturas, religiones y naciones que, en la práctica, son diversas entre sí. Su objetivo es establecer un marco común de normas de comportamiento en que todas se reconozcan. Sería una guía para las acciones humanas a nivel internacional para moverse frente a los desafíos globales, borrando la importancia que instrumentalmente se da a las diferencias, limando las asperezas que crean enemistades sin fundamento entre las comunidades de tantos países del mundo. Una ética mundial puede, sin duda, partir de las evidentes coincidencias entre las diversas religiones para construir, mediante el diálogo, un instrumento para la comunicación efectiva entre los pueblos.

Para decidir sobre conflictos apremiantes –tales como la violación de los derechos humanos, la pobreza, la injusticia social, el cambio climático– las naciones pueden, efectivamente, apoyarse en los valores fundamentales, que constituyen el patrimonio común de las religiones. No hay ética mundial sin la convivencia pacífica y armónica de todos los integrantes de la sociedad. Cuando se habla de conflictos sociales, radicales y étnicos, se habla concretamente de horrores como el tráfico y abuso de drogas, el crimen organizado, la eco mafia, el hambre por desertificación y guerras, el tráfico de personas, la explotación y el analfabetismo. Las religiones, a pesar de sus fallos históricos, pueden dar esperanzas de vida a la humanidad. Si por una parte, los Estados modernos garantizan la libertad de conciencia y de religión, por otra parte, estos mismos Estados, sin la religión carecen de valores, convicciones y normas vinculares válidos para todos los seres humanos. No hay que dar por descontado que las tradiciones seculares contengan suficiente peso desde el punto de vista ético, ni que sean entendidas y vividas por todos los humanos de buena voluntad, sean o no sean religiosos, con el mismo grado de responsabilidad. Juega en contra el egoísmo, que es un obstáculo para el trato amoroso y respetuoso entre los seres humanos.

El egoísmo es un enorme impedimento a la hora de obrar con justicia. Todos los maltratos se originan en el egoísmo. Una ética global debe condenar el egoísmo como un delito: ningún individuo o grupo humano debe ejercer, buscando exclusivamente su propio beneficio, violencia física, psíquica, económica o social. Es abominable discriminar, incluso eliminar, a comunidades minoritarias (¡o numerosas!) para disfrutar de la insana satisfacción de imponer la propia cultura, supremacía ética, religión y modo de vida.

El cuidado de la economía es un factor imprescindible para mantener las creencias religiosas. La sabiduría popular dice que "sin pan, no hay religión". ¿Quién va a dedicarse a la contemplación religiosa, a reflexionar sobre la fe o los textos sagrados si se está muriendo de hambre? Es por esto por lo que los guías religiosos responsables y sabios ponen el acento en la justicia social y la lucha contra la pobreza para dar dignidad a las personas. Para que desaparezca la pobreza, se requiere que las estructuras de la economía mundial se configuren de una forma más justa. Para que se logre el equilibrio económico es necesaria la participación empática de todos los

Estados del mundo con la autoridad de las organizaciones internacionales. La propiedad y su uso deben contribuir al bien común. En el Islam la justicia social es un valor más importante que la defensa de la propiedad en consonancia con la idea de que el mundo empírico que tenemos delante de los ojos no constituye la realidad y la verdad últimas.

Requiere un esfuerzo notable el asumir el compromiso de actuar según una ética que sea global. Es mucho más simple actuar siguiendo prácticas morales, es decir, las reglas establecidas por una sociedad en un momento determinado de su historia: cuando sube al autobús un anciano, es culturalmente esperable, según las reglas morales, que los más jóvenes le cedan el asiento o, si concurrimos al Teatro de la Ópera, no nos presentemos en *bikini*. Este es el terreno de la moral. Actuar dentro de un marco ético implica el ejercicio del pensamiento y la reflexión sobre la validez y la justicia de nociones fundamentales de la existencia. La ética está subyacente en la moralidad. Las costumbres morales pueden manifestarse de forma diversa y particular en los diferentes grupos, aunque se fundamenten en los mismos principios éticos. Por eso, la ética es común a todos, mientras que la moral, no. Los textos sagrados ofrecen la referencia ética máxima para cada religión, mientras que la declaración de una ética mundial pretende trazar un sistema de referencia mínimo y común para la humanidad toda. A través de la comunicación y del diálogo interreligioso, el mundo puede ampliar y profundizar sus fundamentos éticos.

Llegar a una ética mundial común es un desafío para los creyentes de las diversas religiones del mundo. La palabra alemána *Weltethos* es un término que adquirió carácter programático a partir del texto fundacional de Küng, que expone su visión por primera vez de manera sistemática. En él resuenan, sin duda alguna, los postulados revolucionarios de la encíclica, *Ecclesiam Suam* y de la declaración *Nostra Aetate*. Y de manera transparente, lleva ante los ojos de los filósofos, de los religiosos de todas las confesiones, de sociólogos y políticos los versos coránicos de valor universal:

* Sura Al-Baqarah (2):256; *"No hay imposición en la religión" (La ilaha illa Allah, la ikraha fi al-din)*. La idea de que la fe debe ser una elección libre y personal sienta la base para el respeto a las creencias ajenas Si la fe no puede ser impuesta, entonces la convivencia pacífica y el diálogo se tornan necesarios para trabajar por el bien común.

* Sura Al-Ma'idah (5):48 : *"Si Alláh así lo hubiese querido, habría hecho de todos vosotros una única comunidad; pero quiso poneros a la prueba en lo que a cada uno os ha dado. Así pues, competid en hacer buenas obras."* Este pasaje sienta las bases para el respeto mutuo y la colaboración en el bien. Reconoce explícitamente la diversidad religiosa como parte del plan divino. Dios ha presentado diferentes caminos y legislaciones a diferentes comunidades porque no quiere la uniformidad, sino la sana competencia en las buenas obras. Las diferencias religiosas son una oportunidad para la superación.

* Sura Al-Ankabut (29):46: *"No discutáis con la Gente del Libro [judíos y cristianos] sino de la mejor manera (…) Y decid: 'Creemos en lo que nos fue revelado y en lo que os fue revelado a vosotros. Nuestro Dios y vuestro Dios es Uno, y a Él nos sometemos'."* Esta es una clara invitación al diálogo respetuoso y conciliador con judíos y cristianos –Gente del Libro–, con quienes

comparte la fe en un mismo Dios y las revelaciones, un punto de partida ideal para la comprensión mutua.

- Sura Al-Kafirun (109):1-6: "(...) *No adoro lo que adoráis, ni vosotros adoráis lo que adoro. (...) A vosotros vuestra religión y a mí la mía'.*". Esta es una declaración de respeto por la libertad de culto, instaura un principio de coexistencia pacífica con el respeto a las diferentes identidades religiosas, sin intentar forzar la conversión.
- Sura An-Nahl (16):125: "*Invítalos a la senda de tu Señor con sabiduría y buen consejo. Y discute con ellos de la mejor manera.*" Aquí el Corán establece un principio general para la prédica y la discusión que es aplicable al diálogo interreligioso. Insiste en el uso de la sabiduría para evitar la confrontación y agresiones, buscando la comprensión y el respeto mutuo.

Los versículos citados proporcionan una base coránica para el diálogo y la coexistencia. Para llegar a un consenso entre las religiones del mundo, ninguna debe considerarse a sí misma superior a las otras. A pesar de la globalización económica y tecnológica y de la masificación de los medios de comunicación, todavía perduran o se agravan los conflictos étnicos y religiosos, lo que pone en peligro a toda la humanidad

Una crítica a las Iglesias cristianas es su actividad evangelizadora para lograr conversiones. Se puede pensar que a ciertos sectores de la Iglesia no le interesaría llevar el diálogo interreligioso a zonas donde el cristianismo es mayoría. Sin embargo, –considerando la religión como el elemento más profundo de la identidad individual y de grupo, y asimismo considerando que una comunidad religiosa está integrada por individuos que forman como una misma familia dentro de esta comunidad– hay que señalar que privar a los creyentes (de la fe que sea) del diálogo interreligioso, intentando la conversión de cada individuo de esta comunidad es una violación de los derechos de sus integrantes. La estrategia más eficiente para el diálogo es la democratización y la modernización de nuestras sociedades, es decir, practicar una forma de secularización que tome en serio la aportación constructiva de la religión a la sociedad. Esta forma de secularización es lo contrario de un secularismo al margen de la religión.

En la conformación de una ética global, hay que considerar que existen los grupos fundamentalistas. No sólo no aprecian el diálogo sino que lo consideran un signo de debilidad y de vacío de la fe, que es fundamental para ellos. El fundamentalismo se convierte en violento y peligroso cuando se politiza. Por cierto, hoy, en muchas partes del mundo domina el conflicto y no el diálogo interreligioso. Por ejemplo, en la India, con la diversidad de religiones que contiene, la mayoría hindú intenta ser la única válida y considera "extranjeras" a otras religiones –¡hablamos del Islam y el cristianismo![223]–. ¿Qué práctica más autodestructiva de una comunidad puede superar a la del desprecio y la discriminación de los otros?

El *comunalismo* se refiere a que un grupo que, perteneciendo a la misma religión, casta y grupo lingüístico, comparte los mismos intereses económicos y políticos. Este *comunalismo*, si es mayoritario, adopta una postura con respecto a los grupos minoritario. Sería deseable y

---

[223] La población musulmana en India se estimaba en 2024 en alrededor de 204.76 millones y la cristiana, 71.12 millones.

esperable que el aparato del Estado permaneciera neutral ante estas realidades, que no tomara partido y que incentivara la construcción de una sociedad multi-religiosa. Sería óptimo que el Estado garantizara el reconocimiento, el respeto y la aceptación de cada una de las comunidades religiosas, dándoles posibilidad de contribuir al bienestar de la comunidad toda. La verdadera democracia es llegar al consenso entre diferentes comunidades y no la imposición de la comunidad mayoritaria.

Un punto muy importante en la ética mundial se refiere a los obstáculos que existen para llevar a buen término el diálogo interreligioso; se sintetizan en cuatro dificultades:

1-   Hay tensiones en toda sociedad multi-religiosa, lo que requiere tacto y atención.

2-   La gente no olvida fácilmente las agresiones sufridas.

3-   Las religiones tienden a creerse superiores a otras, con el riesgo de volverse fundamentalistas y agresivas.

4-   Los actores de los diálogos interreligiosos no siempre tienen claro sus objetivos ni expresan bien la finalidad que los mueve. En cada religión existen motivaciones y condiciones diferentes para establecer diálogo interreligioso, entonces, antes de sentarse a dialogar, cada grupo ha de ser muy consciente de ellas.

4. La narrativa deshonesta del "con estos no se puede hablar"

...Había una vez, en EE.UU. un grupo teológico de protestantes ultraconservadores. Veían que se distorsionaba la interpretación del mensaje de las Sagradas Escrituras y, como consecuencia, la gente se alejaba del recto camino. La primera *Niagara Bible Conference* (Conferencia Bíblica de Niágara) se celebró en Niagara-on-the-Lake, Ontario, Canadá en 1883 y se repitió allí durante muchos años. Los asistentes profundizaban su credo religioso para fundar una doctrina positiva de santificación. La continuidad en el tiempo de la Conferencia Bíblica de Niágara tuvo un impacto determinante en el surgimiento del fundamentalismo en Estados Unidos. Por imitación, se expandió la práctica de la organización de conferencias bíblicas y a la creación de institutos bíblicos.

Los ultraconservadores y sus simpatizantes se llamaban a sí mismos "defensores de los fundamentos". Publicaron entre 1910 y 1915 la serie de ensayos titulada *The Fundamentals* (Los fundamentos). Allí sostenían "las verdades fundamentales" del cristianismo evangélico frente al liberalismo teológico y el modernismo: la infalibilidad de la Biblia, el nacimiento virginal de Jesucristo, la autenticidad de sus milagros, su expiación de los pecados en la cruz y la resurrección de su cuerpo. Así nació la palabra "Fundamentalismo" que implica intolerancia, rigidez, y voluntad de imponer una interpretación específica de la doctrina.

El fundamentalismo religioso norteamericano protestante –asociado la con *Christian Right* (Derecha Cristiana) y con el *Christian Nationalism* (Nacionalismo Cristiano)– hoy se trenza de manera indiscutible con en la política estadounidense mediante el Partido Republicano. Esta influencia se manifiesta en las plataformas políticas, con la defensa a ultranza de valores sociales fundamentalistas conservadores: prohibición o limitación severa al aborto; rechazo de los derechos LGBTQ+, del matrimonio entre personas del mismo sexo, de las políticas de género; oposición a la educación sexual integral en las escuelas, revisión de planes de estudios que consideran peligrosamente "progresistas". La política norteamericana refleja que muchas comunidades evangélicas ven el apoyo a Israel como un mandato bíblico precursor de eventos proféticos; en un juego de paralelismos, promueven la idea de que Estados Unidos es una nación "elegida por Dios" con una misión especial en el mundo. Justamente es esta la convicción que agrava el fundamentalismo porque se traduce en el acostumbrado enfoque unilateralista y la susceptibilidad hacia las organizaciones multilaterales. Donald Trump ha construido una relación simbiótica con la *Christian Right* y el *Christian Nationalism*, se erigió frente a ellos como líder idóneo, aunque su conducta como persona no está en consonancia con todas sus normas religiosas. Ha utilizado con pericia los argumentos de la "guerra cultural" y "el ataque espiritual de los enemigos internos y externos" lo que se le ha demostrado pragmáticamente eficaz para lograr sus objetivos políticos. Consiguió el apoyo masivo y devoto de los ultraconservadores, indispensable para el ascenso y la continuidad en el escenario político estadounidense. Siendo los Estados Unidos "LA" nación hegemónica de Occidente, cuando el fundamentalismo accede a su política, se irradia por igual a los países occidentales y cristianos y a los islámicos que se ubican bajo su campana, con consecuencias catastróficas para la posibilidad de dialogar en el marco de la ética mundial.

Desde ya, no es lo mismo ser fundamentalista que ser profundamente religioso. Los místicos cristianos o sufíes estudiados en los capítulos precedentes eran profundamente religiosos, pero no, fundamentalistas. Nadie que esté en su sano juicio afirmaría que San Juan de la Cruz o Miguel de Molinos, Shohab-ed-din Suhrawardi o Asad Abadi eran fundamentalistas religiosos. Con el tiempo, el término resultó útil para ser aplicado a movimientos similares en otras religiones y, aun, a ideologías políticas o seculares con características de intransigencia, "literalismo" y rechazo a la disidencia.

En la actualidad, el Islam y los musulmanes en general se encuentran en posiciones irreales y malparadas. La gente "común" escucha la palabra "Islam" y la asocia a "fundamentalismo". Sin necesidad de recurrir a las disparatadas teorías complotistas, hoy tan de moda, a nadie le pasa inadvertido el poder de los medios de comunicación para influir en la opinión pública y, por ende, para desprestigiar a un grupo. Tanto en Oriente como en Occidente, gobiernos y grupos de poder utilizan las estrategias que, de forma consciente o inconsciente, construyen una narrativa negativa de "los otros".

La propaganda de EE. UU. puso etiquetas simplistas y peyorativas a diversos grupos dentro del Islam, ubicando a todos a los componentes de un mundo complejo y delicado, como es el islamismo, en la misma categoría de fundamentalistas, terroristas, agitadores y locos. El filtraje de información, la información selectiva con tonos sensacionalistas y el uso descarado de *fake news* reduce la posibilidad de que el público de Occidente llegue a formarse una opinión adecuada aplicando el juicio crítico. El resultado es que gracias a la creación de estereotipos, en la mente de los occidentales, es lo mismo un talibán, un takfirista o un soldado de al-Qaeda —que hacen uso sistemático de la violencia con objetivos políticos radicalizados— que todas las escuelas de pensamiento suní —Hanafi, Maliki, Shafi'i, Hanbali— y chií —especialmente la rama Duodecimana, predominante en Irán–, la Media-luna Roja, las asociaciones benéficas y las escuelas islámicas en las mezquitas de cualquier ciudad del planeta, en las cuales la inmensa mayoría de clérigos, académicos y personas musulmanas laicas condenan el terrorismo y la violencia injustificada.

Lo que hoy se califica de fundamentalismo con respecto a los países islámicos surgió como reacción a ciertos problemas coyunturales, tales como la decadencia del Imperio otomano, el colonialismo/imperialismo occidental y de la URSS en los países de mayoría musulmana. La consciencia viva de la intervención prepotente y violenta que tal colonialismo infiere a la identidad espiritual generó la desesperación de sectores islámicos. Ciertos grupos constataron con amargura la pérdida de todas las expectativas, suplantadas por una supuesta "vida moderna": el nacimiento de corrientes laicas o científico-religiosas en las sociedades musulmanas, con el consiguiente debilitamiento de la sociedad tradicional y, finalmente, los innumerables desvíos del verdadero camino del Islam.

La enorme mayoría de los eruditos islámicos y los musulmanes de todo el mundo rechazan las interpretaciones extremistas de los pocos versos que en el Corán hablan del "esfuerzo" o "pequeña lucha" –al-Yihad al-Asghar– para defender la fe de las agresiones externas. En el Capítulo X.3, se ha explicado detalladamente el tema de la Yihad, pero es útil insistir en que el Corán promueve la paz, la justicia y la defensa propia. En el Islam, la agresión y el terrorismo están estrictamente prohibidos.

Los grupos terroristas que actúan en nombre del Islam no adhieren en absoluto a la interpretación consensuada ni mayoritaria del Corán, sino que separan versículos del contexto original y los reinterpretan de manera radical y distorsionada para justificar su violencia. Concretamente, hacen una lectura ultraliteral del sura 8:60, sura 2:191 y sura 9:5, ignorando aposta el contexto histórico puntual al que estos textos hacen referencia: la guerra defensiva contra tribus árabes que habían roto los tratados de paz con los musulmanes de Medina y que estaban lanzando ataques contra ellos. Era un llamado a la preparación militar para disuadir al enemigo durante un conflicto existente. Los grupos terroristas lo usan para justificar la acumulación de armas y la preparación para la guerra ofensiva y el terrorismo global, incluso contra civiles. Además, omiten decir que la *al-Yihad al-Asghar* **siempre** está sujeta a **estrictas normas éticas** que prohíben la destrucción de propiedades, el asesinato de inocentes, etc. Y, algo muy importante, que los terroristas parecen ignorar, es que el Islam no aprueba el suicidio (y por consiguiente los ataques suicidas) en ninguna circunstancia –sura 4:29–.

¿Es posible la ética mundial, cuando la mitad del mundo ignora el pluralismo cultural y la diversidad religiosa de las sociedades musulmanas?, ¿cuándo se calla que hay diferentes interpretaciones de los textos sagrados y diversas concepciones de los sistemas de gobierno? Para comenzar, y prestando atención al punto 4 apenas mencionado, acerca de los obstáculos que crean dificultades para el diálogo interreligioso, los actores deben tener claros sus objetivos, saber qué esperar y sobre todo, quiénes son ellos mismos. La revolución islámica en Irán tuvo y tiene influencia indiscutible entre todos los pueblos de Cercano Oriente. Bien gestionada, la realidad irania puede sostener la hegemonía islámica de la región, en la que –debido a la coexistencia de tantas variantes locales– se crean desequilibrios políticos, sorpresas económicas y vaivenes religiosos.

En un Prólogo de una colección de cuentos populares y anécdotas de la época de la España musulmana, el ganador del Premio Nobel José Samargo (1922-2010) ha escrito: "La violencia mordaz en el Oriente Próximo está aniquilando la historia religiosa, destruyendo la sabiduría humana y envenenando el torrente cultural de judíos, musulmanes y cristianos"[224]. Es una sabia reflexión sobre el legado de coexistencia de judíos, cristianos y musulmanes y del florecimiento cultural que representó al-Ándalus, en el que todos contribuyeron para regalar a la civilización mundial una era de riqueza intelectual y artística. En contraste con esa utopía histórica de convivencia, Saramago lamenta con amargura la violencia y el conflicto que, aún hoy asolan el Cercano Oriente, acabando con vidas humanas, con su rico patrimonio cultural y con la posibilidad de un futuro diálogo constructivo entre los propios musulmanes y entre las tres grandes religiones monoteístas que comparten esa región.

Con el triunfo de la revolución islámica en Irán, liderada por el Imam Jomeini (que Dios lo bendiga), el Islam se manifestó en su forma política, mientras que hasta entonces Occidente y sus gobiernos títeres en los países islámicos querían imponer el modelo de Estado nación laico. La defensa de la libertad religiosa no es responsabilidad directa de los gobiernos teocráticos, sino de los líderes políticos de los Estados independientes. Antes de

---

[224] Saramago, J. "La utopía de al-Andalus". Prólogo en E. Saracho, *Relatos de los tiempos de al-Andalus*. Lumen. (2004).

dialogar, es necesario que estas nociones sean comprendidas y respetadas por todos.

La integración de la diversidad sólo puede ser dinámica y dialéctica, pues un diálogo honesto y bienintencionado no elimina *a priori* ninguno de los ingredientes que podrían entrar en tensión. El pluralismo –explícitamente bienvenido en el Corán– reafirma la innegable originalidad de la diferencia, salvaguarda el realismo histórico sin negar la influencia en ambas direcciones y muestra la independencia de los caminos recorridos por las diversas religiones. El Islam reposa en la idea de que los movimientos proféticos dentro de las religiones rompen el estatismo y hacen avanzar culturalmente la civilización hacia una Verdad trascendente.

Otro interesante fenómeno que demuestra la posibilidad de entendimiento recíproco y buena convivencia es el sincretismo afro-americano-católico en América Latina. Allí es innegable que el respeto de las condiciones específicas produjo un diálogo fructífero, dando buenos resultados de pluralismo efectivo. No sin el sufrimiento generado por el obtuso deseo inicial de imponer la propia religión, al final, los actores se esforzaron para establecer un diálogo real, aprendiendo los unos de los otros. Alimentando una religiosidad nueva y atenta a la dignidad humana de todos.

Estos son los ejemplos en los cuales ha de inspirarse la ética mundial. El secreto no está en insistir con un diálogo al que se le han amputado las creencias religiosas. El diálogo ha de ser interreligioso, con el bagaje de canto a la vida que portan todas las religiones. Las religiones del mundo deben renunciar a sus actitudes provocadoras para consolidar los fundamentos de diálogo. Entonces, cada una, mediante un ejercicio de introspección debe identificar los elementos impropios y purificarse de ellos. A continuación, cada religión debe reforzar la consciencia de la necesidad de respetar los elementos culturales , para lo cual, tiene que ser receptiva y nunca discriminar otros elementos religiosos.

Para entablar un diálogo interreligioso es fundamental conocer y valorar la cualidad del cristianismo y el Islam como religiones abiertas. Son dos religiones abiertas. El Islam no es terrorismo ni el cristianismo es la Inquisición. Son ambas, en esencia, religiones de paz, contrariamente a la confusión que intenta crear cierto sector hegemónico de Occidente. Contienen todos los ingredientes que se necesitan para la nueva ética mundial. Poner como excusa que existe el terrorismo islámico, decirle a la opinión pública que ese es el interlocutor, con el que ciertamente no se puede hablar, es una estrategia siniestra para alimentar desinformación, odio y miedo.

No es una novedad que el terrorismo no es un fenómeno moderno. A lo largo de la historia, se sucedieron los "sicarios" (s. I d. C.) que querían expulsar a los romanos de Judea, los "asesinos" (s. XI a XIII) que buscaban desmoralizar a los cruzados y a otros musulmanes enemigos, el "Reino del terror", puro terrorismo de estado impuesto en Francia tras la Revolución Francesa, los terrorismos de izquierda o de derecha clandestinos o legales (Proceso de reorganización nacional en Argentina, la ETA en España, la IRA en Irlanda, las Brigadas Rojas en Italia) y ahora, el terrorismo islámico, el eco-terrorismo, el terrorismo informático y todos los que vendrán… Hubo terrorismo y seguirá existiendo. Para combatirlo habría que recurrir a las armas del Estado de Derecho, es decir, que todos, incluido el propio Estado, se sometan a las leyes de los derechos humanos internacionales y las hagan cumplir. Sin embargo, las superpotencias, en especial los EE.UU., pilotean el Estado de Derecho, generando injusticia en los ámbitos internacionales.

Entonces, si los gobiernos hegemónicos defraudan las expectativas en cuanto a la justicia internacional y, además, manipulan la idea que los pueblos se forman, mediante declaraciones absurdas, *fake news*, ataques "preventivo-disuasivos" sorpresa a países soberanos, subvencionan golpes de Estado y toda la larga lista de falta de respeto a la humanidad toda, ¿dónde se puede encontrar un punto firme para la convivencia en la paz? La respuesta es en el diálogo desinteresado entre las culturas que pueblan la Tierra.

¿Existe una religión universal para la humanidad? ¿Existe una ética común en la que se basan las creencias? ¿La amistad, la humildad, la bondad, la sabiduría, la familia, la paz, el amor pueden ser o no criterios éticos para la humanidad? Desde luego que sí, estos criterios conllevan un altísimo valor universal y viajan en los corazones de las religiones mayoritarias. Todas advierten que el orgullo y la pasión, el egoísmo, el no ver al otro, son los peores enemigos de la paz interior. Todas ofrecen una variante de misticismo que abre las puertas a la superación y al cultivo de las virtudes espirituales más preciosas. Todas aplauden la tolerancia entre credos y la moderación, todas contienen respuestas a asuntos que volvieron al escenario de la mano de la *New Age*: temas en que hay pocas certezas, como los milagros, los ángeles, la energía del universo, la vida extraterrena, la conexión invisible entre los seres humanos y el plano trascendental.

El anhelo de entender la naturaleza del universo, buscando una entidad que dé sentido a lo creado, en mayor o menor medida dependiendo de la historia personal, es común a las civilizaciones de todas las épocas. En la civilización actual, además de buscar en las religiones tradicionales las personas recurren a nuevas formas de misticismo, como la citada *New Age*: postula la unidad de todo (holismo), la conexión entre la mente y el cuerpo, el ser humano y la naturaleza y la disolución de la separación entre lo humano y lo divino. La búsqueda de la unidad y la interconexión con el universo resuena con la aspiración mística de unirse con lo absoluto. No tratándose de una religión, es una especie de filosofía ante la vida que, como las religiones, busca vislumbrar la esencia divina y la unión universal como en las experiencias místicas. ¿Hay posibilidad de sumar al diálogo global a los millones de seguidores de las creencias [225] *New Age* dentro del marco de la ética mundial? Es una pregunta abierta...

---

[225] Un reciente estudio del Pew Research Center indica que un alto porcentaje de adultos en EE. UU. (seis de cada diez) acepta al menos una de estas creencias –angelología, meditación, visualización, etc. La proyección de esta cifra a nivel mundial, especialmente en Occidente, da la medida del vacío espiritual imperante.

Capítulo XII. DEMOCRATIZAR LA RESPONSA-BILIDAD DE PROMOVER LA COEXISTENCIA

1. Espiritualidad sin fronteras

Irán ha ofrecido a culturas muy diversas, a lo largo de la historia, el escenario geográfico para que desenvolvieran sus vidas cotidianas. La propia Persia no surgió de la nada, fue el resultado de la migración de tantos pueblos que iban llegando, que se mezclaban entre sí y con los que ya estaba asentados. Dependiendo de los vaivenes de las circunstancias locales –estudiando las sociedades en un período de casi siete mil años– Irán albergó creencias religiosas de mil matices, surgidas del asombro ante lo inexplicable. Entre ellas, el judaísmo y el cristianismo encontraron en esta zona una fuente de ideas religiosas y filosóficas que, a través de contactos directos e indirectos, influyeron en la evolución de sus respectivas corrientes místicas. Para admitir la veracidad de esta idea, hay que iluminar el aspecto del diálogo y la interconexión entre las tradiciones y no, insistir en los parámetros de la estricta divergencia. Iluminar la práctica del diálogo, que ciertamente ha existido, es la clave para comprender esta armonía. Sus misticismo se cristalizan en: una lucha meditativa y activa contra el ego (*nafs*) en el Islam y el budismo, la oración y el ascetismo en el cristianismo, la Cábala (saber esotérico) en el judaísmo.

El misticismo cristiano encarna uno de los sentimientos más profundos de la experiencia: lograr la unión del alma humana con Dios mediante el misterio de Cristo. La esencia de Jesucristo es la *transparencia*, la mística cristiana alcanza a Dios, que no se ve, a través de Cristo. Su aprehensión, intuitiva, se consuma en una transformación del alma en Dios sin confundirse con Él. Esta experiencia es el éxtasis, tan bien descriptos por los ya estudiados Sta. Teresa de Jesús y San Juan de la Cruz. Las iglesias cristianas de Oriente atribuyen importancia a la oración y a la contemplación mística.

La mística cristiana peninsular es, cronológicamente hablando, muy joven en relación con otras. Para ver el diseño de este sistema de vasos comunicantes entre las hoy religiones mayoritarias, hay que recordar que Ciro II, el Grande, el año 550 a. C. –cómo y por qué fue analizado en los capítulos iniciales de esta obra– unificó miles de pueblos bajo su liderazgo, con la clara intención de construir un Imperio justo y respetuoso de la diversidad. Tras el breve reinado de su hijo, Cambises, llega al poder Darío, que extiende el Imperio, nada menos que en tres continentes, proyectándose hacia la India y el sudeste asiático. Así se veía en el año 490 c. C.:

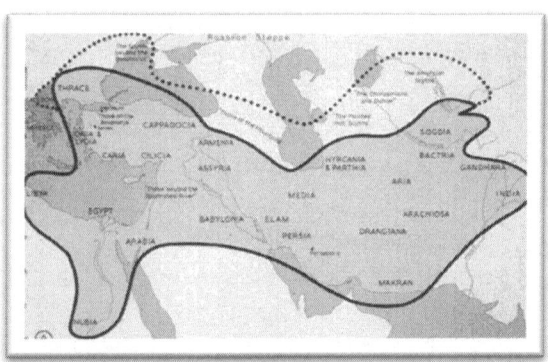

Los gobernantes que se fueron sucediendo a la cabeza del Imperio persa (helénico-macedonios, partos, sasánidas) no discutían las creencias locales, eran permeables a los sincretismos y las prácticas afines. Cuando los musulmanes islámicos se impusieron, vencedores, ni aun así desapareció la cultura persa, habituada a la convivencia y la tolerancia. Adoptaron el Islam, pero mantuvieron su idioma, su cultura, sus manifestaciones artísticas, adaptándose a la nueva realidad. Simultáneamente, la cultura persa, a su vez, comenzó a influir en el mundo islámico, muy especialmente durante el Califato Abasí. La profundidad e intensidad de las prácticas espirituales persas renovaron la frescura de la mística islámica, la cual, como la cristiana, anhela el éxtasis o unión con Dios.

Otro elemento completa el "triángulo místico" de los pueblos monoteístas que coexistían en la región: los judíos. Han siempre existido comunidades judías en Irán, con su fe y tradiciones en un contexto cultural persa. La coexistencia ha propiciado los intercambios y la absorción de elementos culturales persas en la vida judía iraní. El extenso *corpus* literario judeo-persa (textos escritos en persa con caracteres hebreos) es un testimonio de la fusión cultural y religiosa. La temática abarca documentos administrativos, tratados filosóficos, traducciones de los textos sagrados y, por supuesto, literatura mística. Aunque cada una de las tradiciones mantiene su propia identidad, con respecto a la mística ha habido un intercambio y una convergencia notables a lo largo de la historia, en especial durante la Edad Media en al-Ándalus. La mística judía es la Cábala. Aspira a alcanzar el *devekut* ("adhesión/unión/apego a Dios") y experimentar Su presencia de manera profunda e inefable.

Las tres místicas monoteístas describen una serie de etapas para el progreso espiritual, que implican la purificación del alma, la contemplación, la meditación y la superación del ego. El misticismo judío tiene una valencia oculta; implica el conocimiento misterioso y oculto que persigue una *gnosis* contemplativa para culminar en la unión mística de toda la Creación con el Creador. Los místicos de la Cábala analizan los textos bíblicos para extraer de ellos su significado oculto. Tal práctica espiritual influye, no sólo en la vida judía, sino también en la historia del pensamiento cristiano y en la filosofía moderna.

La mayoría de las grandes religiones tradicionales ha reaccionado positivamente ante el reto de la modernidad. Un caso interesante es el del budismo, por su gran capacidad de adaptación al reto de la sociedad postindustrial, mayor que la de las otras religiones tradicionales. Diferentes escuelas budistas –Theravada, Mahayana, Vajrayana– han encontrado su espacio en Occidente y a menudo se mezclan o influencian mutuamente, creando nuevas prácticas. El budismo moderno ofrece un acceso más universal y democrático a las enseñanzas con creciente participación de las mujeres en roles de liderazgo y práctica. El budismo ha extendido su ética de compasión, no violencia y sabiduría a los desafíos del mundo moderno. El movimiento "Budismo comprometido" aplica los principios budistas a cuestiones sociales, políticas y ambientales. Una de las adaptaciones más evidentes a los nuevos tiempos es la difusión de la meditación y la purificación como medio indispensable para el autoconocimiento, la conexión con los otros seres humanos y la unión con un plano inmaterial trascendente. Vista desde otro punto de vista, adhiere a las características de toda mística: el anhelo de trascender la separación entre el yo individual y el Absoluto.

2. ...Y descubrieron el agua tibia

El Islam es un fenómeno social; no, un ítem en una clasificación geopolítica. En toda sociedad islámica, la religión desempeña un papel crucial para la vida de la comunidad. Como ya se ha explicado, la mezquita mayor constituye el corazón del casco urbano y en ella confluyen las diferentes las vías hacia/desde los mercados, verdaderos teatros de la vida de sus habitantes. La socialización corre por las venas del mundo islámico. Los intereses político-económicos insisten en subrayar los antagonismos en lugar de construir a partir de la diversidad.

El Islam y el cristianismo han convivido durante casi mil cuatrocientos años, siempre como vecinos, casi siempre como rivales y demasiadas veces como enemigos. De hecho, se los podría considerar correligionarios, dado que comparten la misma herencia judía, helénica y oriental. Sus conflictos han sido amargos, precisamente, porque tienen orígenes comunes. En realidad, las similitudes los han dividido más que sus diferencias. El Islam estuvo en Europa por casi ochocientos años y no se empeñó en dividir ni arrastrar al colapso la civilización de Occidente; por el contrario, condujo a una simbiosis única y fructífera entre el Islam, el cristianismo y el judaísmo y a un irrepetible florecimiento de la ciencia, la filosofía, la cultura y el arte. Al final de la Edad Media, tanto el Islam como el judaísmo eran elementos constitutivos de la Europa renacentista.

En Occidente, la palabra "minoría" antes del estallido de la Primera Guerra Mundial se refería al número de integrantes de los partidos políticos en las legislaturas nacionales. A partir de la Conferencia de Paz de París (1919-1920), se comenzó a usar con el significado que tiene hoy, para sentar las bases de la protección de los derechos de minorías religiosas, raciales, lingüísticas, etc. La conceptualización siguió evolucionando hasta la redacción del "Estudio sobre los derechos de las personas pertenecientes a minorías étnicas, religiosas o lingüísticas" del jurista italiano Francesco Capotorti[226].

Se trataría de uno de los hitos más encomiables del derecho internacional en la historia de la humanidad, si no fuera porque los fundamentos seculares de las sociedades del Cercano Oriente, plurales y socialmente complejas, son, desde hace miles de años, el respeto y la tolerancia de quienes tienen otras creencias, de los extranjeros, de los pueblos que hablan otras lenguas, etc. La tolerancia de otras creencias religiosas está explicitada en el Sagrado Corán, que deja libres a los humanos para que elijan sus credos y condena cualquier hostilidad contra otros; sólo admite la defensa en caso de padecer una agresión armada en una guerra declarada contra el Islam. La gran novedad, el hallazgo revolucionario que surgió en el Occidente de postguerra es una noción completamente obvia, elemental y ya conocida por todos en el Islam.

La palabra árabe *millat* (ملة) deriva de una raíz –*mim-lam-lam*– cuyo significado apunta a "abrazar un credo". La lingüística comparada sugiere que podría tener raíces

---

[226] Presentado ante la Subcomisión de Prevención de Discriminaciones y Protección a las Minorías de la ONU en 1979 (documento E/CN.4/Sub.2/384/Rev.1).

mucho más antiguas, es decir, en hebreo y arameo. Este significado principal en árabe, en general, se refiere a una comunidad religiosa particular: el Corán menciona con frecuencia la "*Millat Ibrahim*" ("religión de Abraham"). Sin embargo, en lengua persa resemantiza el término y le da un significado más abarcador: no sólo designa a los creyentes de otras religiones, sino que se extiende a TODAS las personas que, no siendo musulmanas, viven en el seno de la sociedad. ¡La lengua persa ya había acuñado un término para mencionar a las minorías! Gracias a la variante del significado en el idioma persa, en el propio uso del árabe *millat* evolucionó de "persona que abraza una religión que no es el Islam" a designar, en contexto laico, las naciones étnicas y políticas que surgieron en Cercano Oriente en el siglo XIX debido al colonialismo y la injerencia europea. El sistema de la *millet* (según la variante turca) fue la estructura administrativa y social que permitió organizar y gestionar colectivamente a las poblaciones *dimmíes* dentro de los grandes imperios. En el Capítulo IV 3.1. se ha mencionado que para la *Shari'a*, históricamente las *dimmies* –comunidades protegidas, judíos y cristianos– disfrutaban de estatuto autónomo en las ciudades islámicas.

Durante los imperios, las diferentes comunidades religiosas no musulmanas –cristianos, ortodoxos griegos, armenios apostólicos, judíos, etc.,– constituían el cuerpo de "las minorías". Entonces, se organizaban separadamente como *millets*, cada una con un líder religioso (por ejemplo, el Patriarca ortodoxo, el Rabino principal, etc.,) que actuaba como representante de su comunidad ante el sultán otomano. Las *millets* gozaban de un grado de autonomía muy elevado para administrar sus propios asuntos internos, incluyendo sus propias leyes tradicionales para matrimonios, divorcios, herencias, etc.; sus propios hospitales, escuelas, tribunales religiosos, etc.; la recaudación de impuestos, que el líder de la *millet* recolectaba para enviar al organismo fiscal central.

Una minoría que ha padecido discriminación y persecuciones tras la desintegración del imperio otomano ha sido la de los descendientes de los arameos. El "Genocidio armenio" es uno de los más deplorables de la historia contemporánea. Se trata de comunidades cristianas siríacas-asirias-caldeas que, a pesar de las enormes dificultades, han mantenido hasta hoy, variantes de la lengua aramea moderna (neoarameo) como lengua vernácula y litúrgica. Es una minoría lingüística de unos quinientos mil hablantes. La lengua está en peligro de extinción, sin embargo existen esfuerzos para revitalizarla y transmitirla a las nuevas generaciones a través de escuelas e instituciones religiosas.

Actualmente, la comunidad armenia en Irán es una de las minorías religiosas reconocidas y protegidas por la Constitución de la República Islámica. Esto le otorga derechos y libertades que no tienen otras minorías religiosas, respetadas y toleradas pero no reconocidas para acceder a la esfera política. Tienen representantes en el Parlamento, practican su fe cristiana apostólica armenia en iglesias, tienen escuelas armenias donde se transmite a las nuevas generaciones su idioma y cultura, y celebran sus festividades religiosas. La Catedral del Santo Salvador en Isfahán es un ejemplo de la fusión entre la maravillosa arquitectura persa (islámica) y la armenia (cristiana), un edificio que es otro símbolo de la diversidad cultural y religiosa de Irán.

Capítulo XIII. PARA CONCLUIR: IRÁN Y EL ISLAM EN EL DIÁLOGO ENTRE LAS CIVILIZACIONES

En este complicado momento de la historia de la humanidad, los medios de información contribuyen a inundarnos con noticias en que hay conceptos distorsionados sacados de su contexto natural. ¿Qué persona que escucha el noticiero o lee los titulares en la *app* de su móvil pierde unos segundos para aclarar en su mente, por ejemplo, qué es el "integrismo", palabrita que está tan de moda? Como postula el Prólogo de esta obra, carecemos del tiempo necesario para metabolizar la marea de informaciones que nos embiste. Quienes transitan por fecha de nacimiento desde el siglo XX al XXI han visto defraudada su aspiración de una convivencia sociopolítica serena.

En el mundo globalizado, donde el diálogo intercultural es crucial e imprescindible, la mayoría de los occidentales ignora que el término "integrismo" surgió en el contexto de debates teológicos y políticos en España y Francia (fin del s. XIX - comienzo del s. XX) en el ámbito del catolicismo. Una génesis muy similar a la "fundamentalismo". Se trata de una corriente de pensamiento que busca la "integridad" de la doctrina católica y su aplicación estricta en todos los ámbitos de la vida, incluyendo la política y la sociedad. Igual que los "defensores de los fundamentos" norteamericanos, estos católicos respondían así contra el liberalismo, el modernismo y otros peligros para las tradiciones y la autoridad de la Iglesia. En España, por ejemplo, el término se usó para describir un partido político fundado a fines del siglo XIX que defendía la integridad de la tradición española y católica. El sustantivo "integrismo" y la clasificación "integristas" no tienen una atribución individual, sino que emergen del contexto del catolicismo conservador. Por lo tanto, es tendencioso y en mala fe cargar las tintas acerca del integrismo islámico, cada vez que hay que hablar de Cercano Oriente, en lugar de iluminar alguna de sus realidades concretas, mostrar que sí hay voluntad de convivencia en la pluralidad en sus comunidades o, simplemente, conversar sobre un sistema de pensamiento en una zona determinada.

A lo largo de los capítulos de esta obra, se analiza en profundidad cada uno de los argumentos sobre los cuales, como se postula desde el comienzo, se habla mucho y se reflexiona poco. La rica y complejísima interacción entre culturas y civilizaciones en continuo desarrollo en la tradición iraní, antes del Islam y a partir del Islam, da una respuesta concreta y posible a la construcción de la ética mundial. El carácter irrepetible y precioso, desde hace más de siete mil años de evolución, de la civilización persa-irania, proporciona material inagotable para los actuales debates acerca de identidad, pluralismo y el diálogo interreligioso. La belleza y la sabiduría son su tarjeta de presentación. La tradición iraní, gracias a su interacción con todas las culturas –mesopotámicas, mediterráneas y de todas las naciones de la Tierra– ofrece un modelo vigente de pluralismo y tolerancia.

Se podría argumentar que otras culturas de religiones monoteístas de Cercano Oriente tienen una dimensión espiritual derivada de imperativos morales –explícitos en el caso del judaísmo según lo indican las Sagradas Escrituras– que exigen justicia y compasión por los más débiles y los vencidos. Sin embargo, en estas semanas, estamos escuchamos con espanto que ministros y líderes políticos –amparándose en sus filiaciones extremistas político-religiosas y atribuyéndose un rol mesiánico–, por ejemplo los de Israel, prevén y teorizan el exterminio de sus vecinos. Convierten a la religión en carburante de sus decisiones políticas con la clara intención de aniquilar culturas y destruir vidas. Nadie va a negar que a lo largo de la historia las creencias religiosas fueron excusa para cometer atrocidades. Sin embargo, cuando el ser humano se propone como objetivo alcanzar el Bien Supremo debe poner su conciencia al servicio de celebrar la Creación, glorificar al Creador y empatizar con las Creaturas. Cuando por el contrario, en nombre de la religión se cumplen actos brutales, eso no sucede a causa de un mandato intrínseco a la religión, sino debido al equívoco que contamina el deseo de poder, dado que también infinidad de gobiernos laicos y/o ateos cometieron brutalidades.

Las concepciones y los valores fundacionales de la civilización persa fueron el factor determinante e indefectiblemente necesario en el crisol de culturas de al-Ándalus. En su geografía, durante más de siete siglos, cohabitaron musulmanes, cristianos y judíos. El Islam en todo ese tiempo no se activó para aniquilar vecinos ni perdedores. No tuvo actitudes de sistemático exterminio de las comunidades *dimmíes* ni en Oriente ni en Europa. Desde ya, que es anacrónico y fuera de lugar hablar de "democracia" en la Edad Media –o en la Antigüedad, fuera del especial contexto de las Ciudades-estado griegas–, sin embargo, la tolerancia y la coexistencia plural armoniosa encontró su escenario en la civilización islámica.

Desgraciadamente, en la actualidad nos movemos por *slogans*, en cambio, en vez de repetirlos, sería muy útil analizar cuál es la raíz del veneno que conduce a los políticos de turno a inocular en las personas la idea de exterminar a un pueblo. Parece que tantas películas y tantos sentidos manifiestos, por ejemplo, contra la *Shoah*, no han tenido la fuerza de conmover las conciencias. Entonces, la única forma de extirpar el fanatismo, el fundamentalismo ciego, el integrismo intransigente que puede germinar en todas las religiones –sin importar que sean monoteístas o politeístas– es la de DIALOGAR volviendo la mirada a las fuentes. La estrategia consiste en sentarse en un círculo (como se sientan los alumnos y sus maestros en las escuelas coránicas) sobre la base común de la ética mundial consonante y hablar sobre los puntos compartidos por todas las religiones: el amor, la aceptación de los otros, el tender la mano a quien lo necesita.

El camino no es fácil, porque exige que quienes participan del diálogo ignoren el reclamo de los egoísmos individuales. En este aspecto, la mística islámica sufí brinda un firme soporte. A ello se suma el hecho de que por amor a la paz del mundo, los sabios islámicos chiitas han realizado y siguen realizando una revisión constante e ininterrumpida de los textos de la tradición. Para separar lo esencial de lo contingente, para dar sentido universal a la Palabra, para poner los versos referidos a un acontecimiento histórico puntual en la perspectiva que les corresponde en el mundo de hoy. Jesucristo, considerado un profeta muy importante en el Islam, explicó, sin mayores vueltas, que el amor por Dios y por el prójimo es el principal mandamiento que hay que obedecer. Sobre esta idea medular, centro especulativo precedente, el Corán desarrolló una guía para alcanzar el Bien Supremo y para practicar la justicia social por el amor del Creador.

El movimiento islámico ha de sentarse a dialogar no como si fuera el movimiento de un grupo particular de un pueblo, sino como portador de la conciencia en marcha de toda la nación. Al movimiento islámico no le agrada la expresión "lucha de clases", porque no son las clases las que han de enfrentarse entre sí. Considera que solamente el Islam es capaz de terminar con toda forma de injusticia y de explotación en el interior de la sociedad. Mientras tanto, la democratización en los países islámicos se desarrollará a través de las mejoras económicas de sus masas desheredadas y del diálogo interreligioso, en especial, islámico-cristiano.

Irán, ha sido, es y será un cruce de caminos entre Oriente y Occidente. Desde hace miles de años viene facilitando el intercambio de ideas, conceptos filosóficos y espirituales. Gracias a la circulación de las rutas comerciales, de los centros de conocimiento y de los movimientos de personas, hizo realidad la difusión de ideas que influyeron directa o indirectamente en el desarrollo de la civilización mundial. Irán es un ejemplo de autorreflexión para trabajar por los objetivos comunes de la justicia social, los bienes morales, la paz y la libertad para todos los hombres.

A modo de epílogo. UN DIÁLOGO DESDE LA AMISTAD Y EL ENTENDIMIENTO

En febrero de 1989 tuve la oportunidad de visitar la República Islámica de Irán. Fue un viaje en el que coincidimos periodistas, estudiosos del Islam, musulmanes españoles, economistas y un católico como yo, muy interesado en conocer directamente sobre el terreno, este proceso revolucionario que había logrado unir la URSS, Estados Unidos, las monarquías árabes y la mayoría de los países europeos en sus críticas al Imam Jomeini y la obra que se estaba desarrollando. Me llamaba mucho la atención que desde posturas políticas, económicas, sociales, religiosas y culturales tan antagónicas hubiese esa unanimidad, tan negativa y, a veces, grotesca y disparatada. Quería descubrir las razones de estas críticas tan furibundas. El chiismo, mayoritario en el Islam iraní, despertaba mi curiosidad, por lo que, venciendo mi pánico a volar, me dirigí a Barajas para enfrentarme a una realidad que se me antojaba muy, muy lejana.

La llegada a Teherán, el ambiente que se vivía en el hotel donde estábamos alojados todos los visitantes extranjeros –el Laleh– y los encuentros y actividades diarias me fueron descubriendo una realidad que nada tenía que ver con esas críticas que yo tantas veces había oído y leído. Me encontré con hombres y mujeres orgullosos y muy felices de ser protagonistas en la construcción de una sociedad más justa, igualitaria, libre y fraterna, desde una perspectiva islámica.

Fui a la casi totalidad de las actividades organizadas: visita a las líneas del frente (se vivía un alto el fuego con el Irak de Saddam), la cárcel de Evin, empresas militares, exposiciones de arte, a los familiares de los mártires de la guerra, a grandes almacenes, mezquitas y muchos otros monumentos, todos ellos de una belleza exquisita e inolvidable. Aproveché también para hacer alguna que otra escapada, por libre, al Gran Bazar o a callejear por la capital de Irán, encontrando siempre alegría, amabilidad y una sonrisa. Me llamó mucho la atención ver que nadie pedía limosna por la calle y el fervor con que miles y miles de personas acudían los viernes a la oración, que se celebraba en el campus de la Universidad de Teherán.

Fue en estas inolvidables semanas, en que conocí a Seyed Mohammad Hosseini, el intérprete de nuestro grupo de españoles e hispanoparlantes. Muy pronto descubrí en él a una persona atenta, muy interesada en saber todo lo posible de la cultura española, siempre dispuesto a solucionarnos cualquier contratiempo o darnos una respuesta amable a toda cuestión que le planteábamos. Su sola presencia nos alegraba a todos. Antes de volver a España, le regalé el libro que me había llevado para leer en el avión, *León el Africano* del escritor de origen libanés Amin Maalouf. Creo que desde España le escribí alguna que otra carta, pero luego perdí todo contacto.

El pasado jueves 29 de mayo, presenté en la Husseiniya (centro religioso chiita) de Madrid mi libro *Alí Shariati (1933-1977) Breve introducción a su vida y su obra*. Al final del acto, se me acercó una persona que había comprado varios ejemplares y estaba muy interesada en hablar conmigo. Me dio su tarjeta de visita y quedamos en vernos. Posteriormente coincidimos en muchos otros eventos hasta que, de manera casual, nos dimos cuenta de que yo era aquel español que le había regalado un libro en Teherán hacía casi cuarenta años y él, ese interprete, alto, delgado y siempre sonriente. El recuerdo de aquellos días creo que es el motivo por el que me ha pedido que escriba este epílogo, pues estoy seguro de que hay personas con muchos más méritos que yo para hacerlo.

Estas casi 400 páginas –fruto de diez años de trabajo, lecturas, visitas a bibliotecas y horas de escritura– se inspiran en la tesis doctoral presentada en la Facultad de Derecho de la Universidad de Valencia en el 2009. Son trece capítulos dedicados a demostrar cómo Irán siempre ha sido un país muy interesado en impulsar el diálogo entre las religiones, el pluralismo y el diálogo interreligioso, base imprescindible y necesaria para cimentar un mundo muy distinto al que nos ha tocado vivir en estos tiempos convulsos, con Donald Trump como cara visible de la arrogancia, la prepotencia, la manipulación religiosa y el materialismo más atroz y salvaje. Para Seyed Mohammad, al-Ándalus es un ejemplo concreto de esta convivencia, tolerancia y diálogo constructivo entre las religiones judía, cristiana y el Islam.

El capítulo II nos demuestra cómo el papel de la mujer en el Islam verdadero está muy lejos de los tópicos habituales que nos presentan los medios de comunicación, de manera reiterada y sistemática.

El capítulo IV es de los más esclarecedores e interesantes pues explica que el Islam, además de ser una religión, es también un proyecto social. Aquí está la clave del motivo por el que la República Islámica de Irán y el chiismo sufren los constantes ataques de unos y otros, de quienes quieren un modelo religioso al margen de cualquier realidad política, económica y social y de quienes pretenden hacer del hecho religioso una ideología más.

Los capítulos VI, VII y VIII nos recuerdan las numerosas aportaciones culturales y sociales del Islam a lo largo de los siglos y, muy especialmente, de la nación iraní. Repasa lo que es el Islam en nuestros días y la confusión que resulta al asociarlo –malintencionadamente– con el integrismo y el fundamentalismo, cuando en realidad no tienen absolutamente nada que ver. El fundamentalismo nació del cristianismo evangélico norteamericano entre 1910-1915 y es todo lo contrario al mensaje de amor, respeto y caridad que predican las religiones del Libro (Judaísmo, Cristianismo e Islam).

La mística, el sufismo, Roger Garaudy, Ibn Arabi, Shariati o el expresidente iraní Khatami aparecen en este libro como algunos referentes de un Islam atractivo, diferente y enemigo rotundo de la globalización neoliberal que hoy produce tanta injusticia, dolor y muerte en todo el mundo. Un Islam revolucionario, transformador, que combate a los opresores, defiende a los oprimidos, denuncia las injusticias, señala a los arrogantes y mantiene siempre viva la memoria de quienes han caído luchando por la causa de Dios. Entre otros muchos, me gusta destacar al mártir Imam Hussein, el nieto del Profeta, o –en un contexto espaciotemporal e ideológico muy diferente– el gesto de Monseñor Oscar A. Romero. Este es el Islam que se vive en la República Islámica de Irán, que recoge el rico bagaje cultural de la sociedad persa, que combate todo formalismo ritualista, todo concepto hueco y vacío de la religión, todo gesto de intolerancia e imposición, es decir, de todo aquello que impide el diálogo interreligioso e intercultural, como pide en el capítulo XI.

En los dos capítulos que cierran esta excelente y muy útil obra, apuesta nuestro querido autor por un futuro de justicia social, valores morales, paz y libertad entre los hombres y los pueblos, que terminen con la pobreza, el analfabetismo, el hambre, cualquier tipo de discriminación y los efectos del cambio climático.

De gran utilidad son las notas que acompañan el texto, y la bibliografía citada al final.

Creo que estas páginas suponen una valiosa aportación para descubrir ese Islam que nos quieren ocultar, que resulta muy molesto por su apoyo indiscutible a la causa palestina y su denuncia constante del genocidio que se está cometiendo contra el pueblo de Gaza. Ese Islam que considera que no se puede separar la lucha por la edificación interior (lucha espiritual) de la lucha exterior por la justicia social. Como católico, le agradezco enormemente esta fundada, firme, y contundente llamada al diálogo, el entendimiento y la colaboración entre las religiones. La Catedral del Santo Salvador en Isfahán (Irán) representa para Seyed Mohammad la fusión entre la aportación persa (islámica) y la armenia (cristiana) y manifiesta la diversidad cultural y religiosa de Irán, dónde la comunidad armenia está reconocida y protegida por la vigente Constitución de la República Islámica.

El Irán de hoy, el del ayatolá Ali Jamenei, sigue siendo un cruce de caminos entre Oriente y Occidente y tiene mucho que aportar a un diálogo fecundo y constructivo, como bien ha expuesto a lo largo de estas páginas Seyed Mohammad Hosseini. Esta imagen real y concreta es la que se deforma a diario en los medios de comunicación, la que provocó el ataque de EE. UU. e Israel en el pasado mes de junio; la imagen con que se quiere terminar a base de ataques terroristas, complots, sanciones económicas y otras medidas, todas ellas, muy "democráticas". Este Irán representa un gran peligro para los intereses imperialistas, el expansionismo del gobierno del Sr. Netanyahu, los poderes económicos internacionales, los especuladores del clima y de todos aquellos que no buscan el bien común, sino su propio interés, siempre egoístas, insolidarios, cuyo objetivo prioritario es obtener la mayor cantidad de beneficios en el menor tiempo posible. Eso sí, todo esto bajo la bandera de la "democracia", la "libertad" y los "derechos humanos".

Pongo ya el punto final a este epílogo en Sepúlveda, la villa segoviana de las siete puertas, conquistada en dos ocasiones (años 979 y 984) por el político y militar andalusí Almanzor y que aparece en las crónicas árabes de la época con el nombre de *Santbulbiqa*.

Por cierto, al leer estas páginas, he descubierto que la tradición de que las murallas de las ciudades islámicas tengan siete puertas tiene su origen en la inspiración coránica, en correspondencia con los siete cielos. Junto a una de sus siete puertas, frente al lienzo mejor conservado de la muralla árabe de la villa, quiero darte las gracias, amigo, por tu amistad, por tu gran trabajo, por buscar siempre el entendimiento entre los pueblos y las culturas, y, muy especialmente, por tu empeño en el diálogo islamo-cristiano, derribando muros y levantando puentes.

Javier ONRUBIA REBUELTA
Sepúlveda/Santbulbiqa, 15 de agosto de 2025,
Asunción de la Virgen María al cielo.

Bibliografía

Adelkhah, Fariba, *La revolución bajo el velo. Mujer iraní y régimen islamista*, Bellaterra, Barcelona, 1996.

Al Shibi, Kamel Mostafa, *El chiísmo y el sfismo hasta el siglo XII de Hégira (Tashayo va tasawof ta garne bistome heyri)*, Amir Kabir, Teherán, 2001.

Altamira, Rafael, *Filosofía de la Historia*, Ediciones de la lectura, Madrid, 1915.

Amaladoss, Michael S.J., ("Dificultades del diálogo interreligioso"), *Iglesia Viva*, 208, Oct.- Dic. 2001.

Arana, María José, *Mujeres, diálogo y religiones*, Desclée, Bilbao, 1999.

Arias, Juan, *Jesús, ese gran desconocido*, Maeva, Madrid, 2001.

Asín Palacios, Miguel, *El Islam cristianizado*, Plutarco, Madrid, 1931.

Sadilies y alumbrados, Hiperion, Madrid, 1990.

Bahar, Mehrdad, *Az osture ta tarij (desde la Mitología hasta la Historia)*, Cheshme, Teherán, 1988.

Ballesteros, Jesús, *Repensar la paz*, Ediciones Internacionales Universitarias, Madrid, 2006.

Bautista, Esperanza, *El ecumenismo y la teología feminista*, de *Mujeres, diálogo y religiones*, (María José Arana, Dir.), Desclée, Bilbao, 1999.

Bosch, Juan, *Para comprender el ecumenismo*, Verbo Divino, Btella, 1991.

Boumaza, Bachir, *Ni emires, ni ayatollahs*, Encuentro, Madrid, 1984.

Bramon, Dolors, *Una introducción al Islam: religión, historia y cultura*, Crítica, Barcelona, 2002.

Brosse, Jaques, *Islam. Los maestros espirituales*, Alianza Editorial, Madrid, 1994.

Bruno, E., *L'Algérie, cultes et révolutions*, Le Senil, Paris, 1977.

Burckhardt, Jacob, *La inmortalidad y sus misterios. La época de Constantino el Grande*, Fondo de Cultura Económica, Madrid, 1982.

Casanovas, Pompeu, *Genesis del pensamiento jurídico contemporaneo*, Proa, Barcelona, 1996.

Cortes, Julio, *El Corán*, Herder Barcelona, 1999.

Champdor, Albert, *Ciro, rey del mundo*, AYMÁ, Barcelona, 1954.

Charfi, Mohamed Abdelmajid, *Islam y libertad*, Institut Europeu de la Mediterrania, Barcelona, 2003.

Delliou, Foudil, *Las contradicciones culturales en el mundo islámico. El caso de Argelia*, Universidad Complutense, Madrid, 1990.

Demann, Paul, *Los judios, fe y destino*, Casal i Vall, Andorra, 1962.

Dieulafoy, Marcel, *Art de l'Espagne et du Portugal*, Hachette, Paris, 1913.

Djait, Hichem, *La personnalité arabo-musulmane et son devenir*, Seuil, Paris, 1974.

Ed Dimischqui, *Nujbat ad-dahr*, ed. -trad. C. M. Frahn y M. A. Mehran, Cosmographia, St. Petersburg, 1866.

Fukuyama, Francis, *The End of History?* , The Nacional Interest, estiu de 1989; trad. castellana en *Claves de razón práctica 1* (abril 1990).

Galindo Aguilar, Emilio, *El fonamentalisme*, Ciruïlla, Barcelona, 1994.

("El Fundamentalismo en el Islam. Aclaración de conceptos"), *Frontera*, 21, enero-marzo 2002.

Garaudy, Roger, *La alternativa*, Cuadernos para el Diálogo, Madrid, 1973.

¿Hacia una guerra de religión? El debate del siglo, PPC, Madrid, 1995.

El Islam en Occidente, Breogan, Madrid, 1987.

El dia de l'home, Claret, Barcelona, 1977.

Girshman, R., *La Perse*, Paris, 1964.

Golo Mann-Alfred Heuss, *Historia universal*, Espasa-Calpe, Madrid, 1985.

González Bórnez, Raúl, *El Corán*, Centro de traducciones del Sagrado Corán, Qum, Islamic Republic of Iran, 2011.

Herrero Miguel, A., *Historia de la civilización*, Sopena, Barcelona, 1941.

Huart, Clement, *Persia antigua y la civilización irania*, Cervantes, Barcelona, 1939.

Huntington, Samuel, *Xoc de civilizacions*, Proa, Barcelona, 1977.

Imara, Muhammad, *Al-amal al-kalima li-yamal al-din al-Afgani*, Ediciones Al-Jatira, Beirut, 1931.

Jabra Jurgi, Edward, *Illuminatións in Islamic Mysticism*, Princeton, 1938.

Jiménez, Alfonso, *Historia del Arte. El Arte islámico, Gráficas Nilo*, Madrid, 1989.

Jomeini, Imán, (P), *Velayat-e faqih (La autoridad del jurisconsulto)*, Fundación para la recopilación y publicación de las obras del Imán Jomeini (P), Teherán, 1999.
Principios políticos, filosóficos y religiosos del Ayatollah Jomeini, Icaria, Barcelona, 1981.

Kepel, Pilles, *La revancha de Dios. Cristianos, judíos y musulmanes a la conquista del mundo*, Anaya, Madrid, 1991.

Khatamí, Seyed Mohammad, *Una aproximación al Presidente Khatamí y sus puntos de vista*, Embajada de la República Islámica de Irán, Madrid, 1998.

Kramers, J. H., *El legado del Islam* (Thomas Arnold y Alfred Guillaume edit.), trad. castellana Enrique de Tapia, Pegaso, Madrid, 1944.

Küng, Hans, *El Islam. Historia, presente, futuro*, Trotta, Madrid, 2006.

Kushel, Kart-josef, *Discordia en la casa de Abrahán*, Verbo Divino, Navarra, 1996.

Lacunza-Balda, Justo, ("Cristianos y musulmanes: es urgente entenderse"), *Iglesia Viva*, 208, oct.-dic. 2001.

Lévy Provençal, Évariste, *Las ciudades y las instituciones urbanas del occidente musulmán en la Edad Media*, Editora Marroquí, Tetuán, 1950.

Ligorio Soarez, Alfonso María, ("Algunos desafíos del diálogo interreligioso en América Latina"), *Iglesia Viva*, 208, octubre-diciembre 2001.

López-Baralt, Luce, *Huellas del Islam en la literatura española*, Hiperión, Madrid, 1985.
San Juan de la Cruz y el Islam, Hiperión, Madrid, 1990.
Los arios, Delban, Madrid, 1968.

Maceiras, Manuel, *El Islam ante el Nuevo Orden Mundial*, Barbarroja, Madrid, 1996.

Martí, Fèlix, *Xoc de civilizacions. A l'entorn de S. P. Huntington i el debat sobre el nou escenari internacional*, Marc Dueñas ed., Proa, Barcelona, 1997.

Massignon, Louis, *Essai sur les origenes du lexique technique de la mystique musulmane*, Paris, 1914-1922.

Meyerovitch, Éva, *Reconstruire la pensée religieuse de l'Islam*, Ediciones Adrien Maisonneuve, paris, 1955.

Meyerovitch, Éva y Mukri, Muhammad, *Le livre de l'éternite. Djavid-Nama*, Albin Michel, Paris, 1962.

Michon, Jean-Louis, *Luces del Islam*, Sophia Perennis, Barcelona, 2000.

Monchon, Francisco, *Economía Básica*, Mac Graw-Hill, Madrid, 1994.

Motahari, Morteza, *Los derechos de la mujer en el Islam*, Resalta, Madrid, 1985.
Jadamat-e moteqabel-e Islam va Irán (Los servicios recíprocos del Islam e Irán), Sadra, Teherán, 1980.

Los movimientos islámicos en los últimos cien años (yonbesh-haye islami dar yeksad sale ajir).

Movassaqi, Seyed Ahmad, *Los seguidores de la escuela del Islam. Seyed Yamal od-Din Asad Abadi, un reformista pensativo y político*, Ed. Bustan-e Ketab, Qom, 2000.

Oller Sala, María Dolores, ("La conciencia de nuestra común humanidad"), *Frontera*, 21, enero-marzo 2002.

Onrubia Rebuelta, Javier, *Ali Shariati (1933-1977) Breve Introducción a su vida y su obra*, Diwan Mayrit, 2025

Panikkar, Raimon, *La experiencia de Dios*, PPC, Madrid, 1994.

Pareja, Félix M., *La religiosidad musulmana*, BAC, Madrid, 1975.

Raimundo Lulio, Beato, *Blanquerna. Valencia, 1552, traducido fielmente en lengua castellana*, Imprenta La Rafa, Madrid, 1929.

Ramon Llull, *Libre d'Amic e Amat*, Claret, Barcelona, 1982.

Ramadan, Tariq, *El reformismo musulmán*, Bellaterra, Barcelona, 2000.

Ramón, Lucía, *Oportunidades y desafíos del decenio ecuménico de las mujeres*, en *Mujeres, diálogo y religiones*, Desclée, Bilbao, 1999.

Ribera y Tarragó, Julian, *Orígenes del justicia de Aragón*, Zaragoza: Comas hermanos, 1897.

Sánchez Dragó, Fernando, *El Islam ante el Nuevo Orden Mundial*, Barbarroja, Madrid, 1996.

Sanderson, Edgar, *Outliness of the World's History*, trad. castellana en *El universo y el mundo en que vivimos*, Sopena, Barcelona, 1941.

Santoni, É., *El judaísmo*, Acento, Madrid, 1994.

Satriaux, Félix, *Las civilizaciones antiguas del Asia menor*, Labor, Barcelona, 1931.

Seignobos, Charles, *Compendio de la historia de la civilización desde los tiempos más remotos hasta nuestros días*, Bouret, París, 1890.

Serjeant, R. B. (ed), *Fez, La ciudad islámica*, Serbal, Barcelona, 1982.

Shafa, Shojaeddin, *De Persia a la España Musulmana*, Universidad de Huelva, Huelva, 2000.

Sols Lucia, Luis, *El Islam, un diálogo necesario*, n° 82 (cuadernos cristianisme i justícia), Barcelona, 1998.

Spengler, Oswald, *La decadencia de Occidente*, Editorial Calpe, Madrid, 1923.

Stieglecker, Hermann, *Die Galubenslehren des Islam*, vols. I-III (Múnich-Paderborn-Viena 1960-1962).

Thomas Arnold y Alfred Guillaume, *El legado del Islam*, Pegaso, Madrid, 1958.

Toynbee, Arnold J., *Estudio de la Historia*, Alianza Editorial, Madrid.
The First Iranian Empire, London &Tehran, 1971.
La civilización puesta a prueba, Emecé, Bs. As., 1960.

Tudela, Juan Antonio, *La religión y lo religioso*, San Esteban, Salamanca, 1995.

Vernet, Juan, *El Corán*, El Mensaje, Barcelona, 1953.

Vidal Gil, Ernesto J., *Filosofía, Derecho y Política en Jean Lacroix*, Dykinson, Madrid, 1998.

Von Stietencron, H. y Küng, H., *El cristianismo y las grandes religiones*, Libros Europa, Madrid, 1987.

Willaime, Jean-Paul, *El fonamentalisme*, Cruïlla, Barcelona, 1994.

Yann, Richard, *El Islam Chií*, Barcelona, 1996.

Yuste, Pilar, *El ecumenismo no pierde el sur*, en *Mujeres, diálogo y religiones*, Desclée, Bilbao, 1999.

Zamora Zaragoza, J. A., ("EE.UU: Religión y Política en el horizonte del 11 de septiembre, Fundamentalismo, Religión y Política"), *Frontera*, 21, enero - marzo 2002.

Zarrinkub, Abdolhossein, *Na Shargui, Na Garbi, Ensani (Ni Este, Ni Oeste, Humano)*, Amir Kabir, Teherán, 1999.

Índice